심리치료와 불교

안도 오사무 지음

인경 스님 · 이필원 옮김

01 현대 심리치료의 발전과 불교

- **서양심리치료의 대중화와 전개**
  - 저항문화의 시대
  - 건강과 자기성장
- **서양사회에 침투하는 불교와 명상**
  - 불교와 심리치료의 만남
  - 불교의 미국 전파
  - 불교에 대한 심리학적 접근
  - 불교는 종교인가 철학인가
  - 심리치료의 태도
  - 심리치료가 추구하는 것

02 불교라는 현대 심리학

- **불교의 기초이론 – 사성제, 네 가지 성스러운 진리**
  - 고제苦諦, 고통이라는 진리
  - 집제集諦, 고통의 원인이라는 진리
  - 멸제滅諦, 고통이 소멸한 상태라는 진리
  - 도제道諦, 고통을 소멸하는 방법이라는 진리
- **불교의 귀중한 심리치료 요소**
  - 계율
  - 의례와 고요함
  - 명상
  - 기원과 자애
- **불교와 선의 기본적인 사고방식**
  - 제행무상諸行無常
  - 제법무아諸法無我
  - 기사구명己事究明과 십우도

03 · 서양
심리학과
불교

● **자아를 둘러싼 물음**
 - 생각으로서의 나
 - 불교의 자아심리학
 - 발달심리학과 불교

● **의식의 흐름으로서의 나**

● **자기실현과 자기초월**
 - 서양심리학의 자기
 - 불교에서 자기
 - 자기실현과 자기초월

● **자기의 발달심리학**
 - 유아의 낙원
 - 신체의 발견
 - 분리의 불안
 - 언어와 자아의식의 형성
 - 가면과 그림자
 - 자기와 비자기
 - 경계의 발견
 - 불교는 희망을 말한다

● **동일화와 집착**
 - 집착의 심리학적 이해
 - 동일화로부터의 해방

● **불교의 병인론病因論과 무명**
 - 무명이라는 근본원인
 - 무명의 인식

● **현대의 삼독**

● **집단적 수면과 고통**

04　현대 심리치료로서의 명상

● 의학에 접목된 명상
- 명상의 유형
- 이완relaxation 반응
- 인지치료로서의 명상
- 인지행동치료의 사고방식과 명상

● 명상과 심리역동적 이해
- 무의식에 작용하는 방법, 명상
- 명상을 적용한 치료의 예
- 무의식론과 명상
- 무의식에 다가가는 왕도로서의 명상
- 의식의 흐름 관찰
- 의식의 배경으로서의 명상
- 퇴행인가 성장인가

● 융파의 명상 이해와 적극적 상상
- 적극적 상상active imagination
- 융의 창조적 퇴행

● 명상으로 이어지는 심리치료의 여러 기법
- 자유연상과 명상
- 이미지 치료로서의 명상
- 포커싱과 체험과정

● 심리치료에 있어서 세 가지 접근
- 심리치료라는 반성작업
- 현상학적 반성과 반성적 목격
- 탈동일화와 명상

● 변성의식의 치료적 의미

● 자기실현과 자기초월의 의미

● 심리치료가를 위한 명상

05 명상치료의 실천

- **스트레스 감소**
  - 스트레스의 심리
  - 스트레스 반응과 스트레스 응답
- **불안·공포·패닉에 대한 대처**
- **통증·고통에 대한 대처**
- **말기의료의 심리적 지지**
- **심리치료의 보조 그리고 통합**
  - 심리치료의 보조
  - 심리치료의 기초
- **명상의 함정**
  - 사고와 감정의 범람, 지각의 변용
  - 현실과의 괴리
  - 신심(身心)에 내포된 함정
  - 지름길로서의 명상
- **명상의 적응과 비적응**

06 알아차림의 심리학

- **심리치료의 목표로서의 알아차림**
  - 알아차림의 심리치료
- **자기의식과 명상**
- **알아차림과 배려**
- **공유공간에 대한 의식**
- **배려를 어떻게 회복할 것인가**
- **일상생활에서 알아차림**
- **깨달은 자들의 가르침**

07 현대사회의 심리치료

- **현대성과 영성**
- **영성이란 무엇인가**
- **일본의 영성**
- **영성의 간결한 정의**
- **현대인의 영성 탐구**
- **개인과 종교**
- **명상의 시대에서 현대사회의 심리치료**

● 서문

　　　　　　　　　　　　　선禪과 불교의 명상이 서양에서 일반
사람들에게 널리 알려져 관심을 모으게 된 것은 주지의 사실이다. 선뿐만
이 아니라, 티베트 불교의 고승 달라이 라마의 말씀이 현대 서양사회에 살
고 있는 많은 사람들에게 적지 않은 영향을 주고 있음도 잘 알려져 있다.

　　　근대의 과학적, 합리적 세계관이 지배하는 현대사회에서는 특히 선
진국들에서 '마음'에 대한 관심이 점점 높아지고 있다. 그리고 이러한 상
황을 배경으로 심리치료와 마음의 치유에 대한 기대도 점점 커졌다. 지
금 서양사회에서 높아지고 있는 불교에 대한 관심 또한 현대인이 처한
독특한 상황 때문에 일어난 현상이다.

　　　이러한 시대적 배경에서 서양에서는 선과 불교에 큰 관심을 가지고,

다양한 명상법을 실천하는 정신과학과 심리치료가들이 확실히 증가하고 있다. 그리고 그러한 사람들로 인해 종래의 치료방법에 주목할 만한 새로운 바람이 불고 있는 것도 확연히 눈에 띈다.

불교가 서양사회에 전파된 것은 근래 20~30년으로, 특히 질적인 성장이 눈부셨다. 오늘날에는 이미 오랫동안 불교 수행법을 실천해서 충분한 지도자격과 능력을 가진 서양인이 다수 배출되고 있는 상황마저 볼 수 있다. 선을 예로 들면, 현재 전 세계 67개 국에 '선 센터'가 있고, 미국의 경우 캘리포니아주에만 150곳 이상이, 미국 전역에는 700곳이 넘는 선 센터가 있다. (하나조노대학 국제선학연구소 공개 데이터)

일본에서는 불교라고 하면 바로 '종교'라는 딱지를 붙인다. 근대의 합리적 정신에 익숙한 현대 지성인은 그 자리에서 불교를 '과학적이지 않은 지식'으로 평가하는 경향이 있다. 그러나, 본문에서 자세히 살펴보겠지만, 그러한 태도는 분명히 선과 불교의 가치를 보는 눈이 왜곡되어 있는 것이다. 왜냐하면 붓다로부터 시작하는 불교 본래의 가르침은 근대적 정신과 전혀 모순되지 않으며, 매우 합리적인 사고로 일관되어 있기 때문이다.

물론 불교가 종교라는 것은 부정할 수 없다. 하지만 불교를 전해 온 수많은 귀중한 전통적 지혜를 통해 볼 수 있는 종교는, 예를 들어 '당신은 종교가 있습니까?'와 같이 사용되는 종교와는 의미가 다른 것이다. 이 경우 종교는 '특정한 신앙과 종파와 신념'을 표현하는 말이다. 그러나 예를 들어 '번뇌를 씻어 버린다.'든가 '집착을 떠나 있는 그대로 살아간다.'와 같은, 불교의 근본에서 유래하는 중요한 말은 이 '특정한 신앙과 종파'와는 관계없이 다시 이해되어야 한다.

불교는 우리가 정신을 구축해 온 주요한 문화적 원류이다. '번뇌를 씻어버린다.'는 말도 인간의 성장에 중요한 것으로서, 얼만 전만 해도 일본인이라면 누구나 인정했을 그런 말이다. 그러나 지금은 술자리에서 사람을 놀리는 말이 되었다.

그런데 흥미로운 것은 번뇌의 가치가 현재 서양사회에서 주목받고 있다는 점이다. 이러한 예에서 알 수 있듯이, 일본의 뛰어난 정신문화를 구축해 온 문화적 원류가 세월이 흐르면서 일본에서는 점차 그 가치를 잃어버린 반면 외국에서 다시 재발견되는 현상은 주목할 만하다. 현대의 합리적 지성에 의해서 그 가치를 잃어버린 것은 물론 많이 있지만, 그럼으로써 귀중한 가치를 새롭게 재발견하는 경우도 있다.

오늘날 재인식하게 된 선과 불교라는 동양의 위대한 전통은 부정적 의미의 '종교'라는 색안경을 벗어버리고, 새로운 시점, 아니 본래의 시점에서 다시 인식될 시대를 맞이하고 있다.

불교에서 축적되어 전해 온 것은, 굳이 말하자면, 인간이 보다 '높은 인격을 추구하고, 주어진 삶을 어떻게 살아가며, 인생의 목표에 도달하고자 하는 길'을 보여주는 중요한 지식이다. 이러한 정신과 지혜는 급속히 진행되어 온 근대화와 과학시대의 진전 때문에 완전히 간과되었다.

물질적인 풍요로움을 손에 넣은 현대의 우리에게 과연 그것에 어울리는 '마음의 풍요로움'이 있는가라는 물음에는 누구도 망설일 수밖에 없는 시대이다. 오랜 기간 구석으로 추방되었던 '보다 높은 인격과 인생의 목표에 도달하고자 하는 정신'은 지금 이 시대에 그 중요성이 다시 인식되고 있다.

전통이 키워 온 뛰어난 정신문화를 새로운 눈으로 발굴하는 작업은 지금 세계 각지에서 강하게 요청되고 있으며, 실천과 탐구가 활발하게 이루어지고 있다. 일본의 경우 그것은 선과 불교만이 아니라 자신들의 눈앞에 있는 뛰어난 문화적 원류와 정신적 전통의 재발견으로 이어지는 것이다. 그러한 작업이 진행된다는 것은 일본뿐만 아니라 전 세계를 위해서도 틀림없이 귀중한 가치가 있는 일이다.

이 책은 이러한 기본적 입장에서 불교와 선을 지금 세계에서 활발하게 이루어지기 시작한 새로운 관점에서, 즉 현대의 학문인 심리학과 심리치료의 관점에서 다시 이해하려는 것이다. 불교와 선도 이러한 세계적 시야에서 다시 이해됨으로써, 지금까지는 없었던 새로운 모습을 보여주리라 생각한다. 그리고 이 작업이 특히 현재 일본 정신문화의 쇠퇴에 대해서도 파문을 일으키기를 기대한다. 보잘것없지만 이 책의 참된 목적은 여기에 있다.

이 책은 심리치료에 어느 정도의 지식이 있는 사람들을 대상으로 하고 있다. 현재 일본에서 심리치료에 관련된 사람들 중에 이런 관점을 지닌 사람은 그다지 많지 않은 듯하지만, 이제는 늘어나리라고 확신한다. 왜냐하면 현대 기술문명의 고도 발달로 인해서 이런 지식이 많은 사람들에게 필요하기 때문이다.

그러한 눈이 먼저 서양에서 생겨난 것도 다 이유가 있다. 그런 의미에서 오늘날 새로운 기대를 모으고 있는 불교적 전통에 관련된 분들과, 마음의 시대에 큰 관심을 가진 일반인들에게도 이 책이 많은 도움이 되길 기원한다.

이러한 접근은 이미 수십 년 사이, 서양의 여러 나라에서는 활발하게 이루어졌다. 그렇지만 유감스럽게도 지금 일본에서는 그러한 관점의 연구는 빈약하기 그지없다. 따라서 우선 서양의 접근법을 소개하면서, 현대 일본의 발전에 이바지할 수 있는 기초적 노력을 하고자 한다. 부족한 곳이 많지만, 현대인이 잃어버린 풍부한 정신문화를 조금이라도 끌어올릴 계기가 되길 간절히 바란다.

안도 오사무 安藤治

● 글을 옮기며
불교명상과 심리치료에 대해

전통적으로 심리치료는 서구에서 발전된 심리학에 기초한 의료적 개념이다. 이런 심리치료가 유행하게 된 배경은 현대사회의 모순과 연결된다. 현대사회는 물질문명의 고도 성장으로 풍요롭지만, 한편으로는 치열한 산업경쟁에 의한 만성적 스트레스와 더불어 환경파괴로 말미암아 대기오염과 같은 환경문제를 야기한다. 이런 속에서 인간의 근본적인 건강으로서 웰빙이 심각한 수준으로 위협받고 있다. 그렇다 보니 명상치료, 독서치료, 웃음치료 등등 많은 종류의 새로운 심리치료들이 우후죽순처럼 대두되고 있다.

이제 심리치료나 각종 테라피는 의사들만 사용하는 전문적인 용어가 아니다. 의료 공간을 넘어서 문화 전반의 보편적인 현상으로 자리 잡고 있다. 테라피는 병원의 환경에서 말하는 고통스런 증상의 소멸,

혹은 환자를 관리하고 통제하는 의미가 아니다. 현대에서 심리치료는 보다 넓은 시야에서 인간의 궁극적인 건강에 대한 관심, 혹은 몸과 마음의 현상이라는 좁은 개념이 아닌, 초월적인 의미에서 영적인 성장을 지향하는 폭넓은 개념으로 사용되고 있다.

사실 이런 관점은 불교 경전에서는 일반적인 흐름의 일부이다. 경전이나 불교 논서 혹은 선어록에 보면, '번뇌를 치료한다'는 표현이 자주 발견된다. 비유적으로 부처님을 의왕醫王이라고 표현하기도 한다. 불교는 곧 심리적인 장애를 치료하는 기술로서 혹은 깨닫는 방식으로서 명상법을 오랜 세월에 걸쳐서 발전시켜왔다. 이런 점에서 불교는 종교라기보다는 오히려 과학이 아니냐는 의견도 있다. 이 책의 저자는 '불교는 과연 종교인가?'라고 질문을 한다. 종교의 의미를 어떻게 정의하느냐에 따라서 대답이 다를 것이다. '어떤 절대자에 대한 믿음'으로 정의하면 불교는 종교가 아니다. 그러나 종교를 '자신의 본성에 대한 스스로의 자각'이라고 정의한다면, 불교는 종교이다.

절대자에 대한 믿음을 강조하는 대표적인 종교는 기독교이다. 반면에 불교는 자신에 대한 철저한 자각에 의한 깨달음을 강조한다. 이 점은 불교 경전과 기독교의 성경을 비교해서 읽어보면, 금방 드러난다. 성경은 역사책을 읽는 기분이 든다. 거기에 등장하는 인물들은 언제나 초월적 존재에 대한 굳건한 믿음을 보여준다. 그런데 불교 경전은 심리학이나 철학적인 논의로 가득 차 있다. 어떤 절대자에 대한 형이상학적인 믿음은 오히려 비판 받고, 고통을 야기하는 번뇌가 어떻게 발생되며, 그것을 어떻게 치료하고 해탈할 것인지를 제시한다.

이런 점에서 불교는 절대자에 대한 숭배보다는 오히려 심리치료적 가르침이라고 말할 수가 있다. 스승은 불교를 깨달음의 종교라고 말한다. 스스로 마음을 알고 스스로 깨닫는 것, 이것이 불교이다. 스스로를 안다는 것이 번뇌가 발생하는 심리학적 측면을 의미한다면, 스스로를 자각한다는 것은 번뇌로부터의 해탈을 경험하는 명상수행의 실천적인 측면을 말한다. 불교를 '자각自覺의 종교'라고 하는 것은 믿음을 강요하거나 주입하지 않는다는 말이다. 진리는 강요나 주입에 의해서 구현되지 않고, 오직 스스로 알고 스스로 체험함으로서 지금 여기에서 그 생명력을 부여받는다는 의미이다.

　　이런 불교적인 특징은 오늘날 입시위주의 주입식 교육이 판을 치는 교육 현장이나, 환자의 고통을 수술로 제거하려는 방식을 취하는 서구에서 발전한 심리치료의 관점에서 보면, 매우 고유하고 특징적인 접근방식을 보여준다. 심리적인 대상이나 장애를 그 자체로 허용하고 수용하면서 혹은 그들을 통제하는 대신에 존재하는 그대로 지켜봄으로써 그것의 본질을 통찰하는 불교 명상의 접근방식은 현대 심리치료에서 매우 적극적으로 활용되고 있다. 다시 말하면 불교 명상을 모르고는 현대 심리치료를 논의할 수 없는 시점에 와 있다.

　　현대 심리치료와 상담의 패러다임은 불교와 불교 명상에 기반한 방식으로 재빠르게 변화되고 있고, 이런 최근 동향은 다시 일본이나 한국에 직접적으로 영향을 주고 있다. 국내에서도 이런 동향은 매우 큰 관심을 받으며 급속도로 퍼져나가고 있는 실정이다. 이러한 때에 이 책의 번역은 의미가 있다고 본다.

　　먼저 이 책은 쉽다. 일반 대중에게 불교와 혹은 불교 명상이 서구 심리치료에 어떻게 연결되고, 어떤 방식으로 활용되며, 직접적으로 불교 명상의 어떤 요소가 심리치료에 기여하는지를 잘 말하고 있다. WHO세계보건기구의 헌장에도 반영되어 있듯이, 현대에서 '건강'이라는 개념은 단순하게 몸에 질병이 없는 상태를 가리키는 것이 아니다. 적극적으로 신체뿐만 아니라 마음과 영적인 측면에 이르기까지 매우 폭넓은 영역으로 확대되어 있다. 이 책이 여러분의 '건강'과 행복한 삶에 작은 도움이 되기를 바란다.

2010년 여름

인경 스님, 이 필원 합장

01

현대
심리치료의
발전과
불교

● 서양심리치료의
대중화와
전개

● 서양사회에
침투하는
불교와 명상

20세기에서 가장 중요한 사건 가운데 하나는
서양사회에 불교가 소개된 것이리라.

- 아놀드 토인비 -

20세기에서 가장 중요한 사건 가운데 하나는
서양사회에 불교가 소개된 것이리라.

마음의 시대라는 말에 누구나 수긍하는 현대 사회. 심리치료에 대한 사회의 수요는 과거에 그 예를 찾아 볼 수 없을 정도로 증대하고 있다. 심리치료는 프로이트에 의해 근대 서양의학에서 탄생한 '질병 치료법'이다. 그러나 현대의 심리치료는 단순한 질병 치료에 그치지 않고, 사회의 다양한 기대에 부응하면서 온갖 꽃이 피어나듯 여러 가지 접근 방식을 포함하게 되었다.

심리치료는 시대의 흐름 속에서 그 범위를 크게 넓혀 왔다. 서양에서는 특히 1960년대 후반 경부터, 종래 질병 치료의 틀을 넘어선 새로운 심리치료가 잇달아 개발되었는데, 이 움직임은 결코 서양에만 국한되지 않고 현대 동북아시아에도 확실하게 그 여파가 미치고 있다.

이러한 현상은 현대사회의 건강에 대한 인식 변화가 그 배경에 크게 작용하고 있기 때문이다. WHO세계보건기구의 헌장에도 반영되어 있듯이, 현대에서 건강의 개념은 단순하게 질병이 없는 상태를 가리키는 것이 아니라, 신체뿐만 아니라 마음의 건전한 성장과 발달을 적극적으로 추구하는 것으로 변화했다. 최근에는 건강의 요소로 '영성'도 포함되어야 한다는 생각이 실제로 WHO에서 검토되고 있다.

이러한 상황 아래에서 마음의 치료 즉 심리치료는 현대인에게 더욱 중요한 의미를 갖게 되었다. 심리치료는 지금 그 본래의 틀인 정신적 질병을 심리적 접근으로 치료하는 차원을 넘어서, 자기성장이나 자기실현을 목적으로 하는 마음의 치료나 심신의 치유라는 틀로 그 범위를 크게 넓히게 되었다.[22]

심리학도 시대의 흐름 속에서 그 틀을 크게 넓혀야 한다는 필요성이 대두되고 있고, 특히 임상의 경우 현대적 접근은 새롭고 다양한 영역에 걸쳐 이루어지고 있다. 그 중에서도 현재 진행형으로 왕성하게 진

행되고 있는 불교나 선[1]에 대한 심리학적 접근은 가장 주목할 만한 중요한 영역이다.[16, 17]

그렇다고 하여 불교나 선에 대한 심리학의 관심이 종래의 틀을 단순하게 확장하는 것은 아니다. 왜냐하면 서양문화를 기반으로 하는 심리학의 역사는 이제 그 기반을 스스로 초월하고자 하는 매우 새로운 노력을 병행하고 있기 때문이다.

심리학이 스스로 초월의 필요성을 자각한 것만으로도 의미는 크다. 그뿐만이 아니라, 서양의 심리학적 노력으로 태어난 이런 종류의 접근은 서양문화와 동양문화, 서양철학과 동양종교, 과학과 종교라는 대립되는 여러 영역을 통합하는 요소를 포함하고 있다. 이러한 접근은 단순히 심리학이란 영역에 머무는 것이 아니라, 서양과 동양의 융합 그리고 통합의 가능성을 찾는, 현대에서 가장 중대하다고 할 과제에 몰두한 결과이다.

현대사회의 다양한 곳에서 진행되고 있는, 가히 혁명이라고도 할 만한 세계화라는 거대한 파도의 영향은 사회체제와 경제, 정보·통신기술의 영역만이 아니라, 사상의 영역에서도 확실하게 일어나고 있다. 그 중에서도 불교와 선에 대한 서양의 관심, 또는 불교와 선 사상의 서양 유입이 인류 역사에서 새로운 시대로 구분 지을 만한 중요한 움직임이라고 생각한다. 동양에서는 아직 이러한 관심이 매우 부족해 보이지만, 세계적 시각에서 보면 이러한 영역에 대한 연구는 활발히 이루어져야 할 것이다.

우선 제1장에서는 불교를 현대적으로 재검토하는 데 필요한 기본적 접근을 쉽게 하기 위해, 서양에서 탄생하여 발전한 근대적 심리치료와 불교와의 접점을 대략적으로 살펴보고자 한다.

┃ 서양심리치료의
　대중화와
　전개

　　　　　　　심리치료는 시대 변화에 민감하게 반응해야 한다. 이에 따라 심리치료를 뒷받침하는 임상 심리학의 역사도 몇 가지 시대로 구분할 수 있는 특징적인 변화가 나타난다. 그 중에서도 근래 수십 년 동안 활발하게 일어난 심리학의 대중화는 심리치료에 주목할 만한 새로운 영향을 수없이 미쳤다.

　　여러분은 아마도 '테라피therapy'라는 말을 들어보았을 것이다. 테라피의 뜻이 치료이기 때문에 특별히 문제 삼을 일은 아니겠지만, 아로마 테라피aroma therapy나 애니멀 테라피animal therapy 등과 같이 요즘 들어 테라피는 의학의 울타리를 넘어서 다양하게 사용되고 있다. 이런 점에서 대중화의 일면을 찾아 볼 수 있을 것이다.

　　테라피는 원래 의학이나 임상심리학에서 심리치료를 줄여서 사용한 말인데, 현대에서는 그 틀을 넘어 매우 폭넓게 사용하고 있다. 사실 마음의 문제에서 현대인은 의학적 치료만이 아니라 - 혹은 의학적 치료에 더해서- 다양한 치료가 필요할지도 모른다.

　　현대에서는 이렇듯 종래의 심리치료가 널리 대중화되면서, 시대의 변화와 함께 부각된 사람들의 다양한 욕구에 부응하는 여러 종류의 새로운 심리적 치료법, 즉 현대적 테라피들이 우후죽순처럼 넘쳐나는 것을 쉽게 볼 수 있다.

　　이러한 움직임은 서양에서 시작되어, 현재는 여러 선진국들에서 다양하게 전개되고 있다. 그리고 당연한 것이지만, 이러한 흐름은 종래의 의학이나 임상심리학에도 새로운 자극을 주게 되었다. 실제로 일반 사회의 이러한 움직임에 영향을 받아서 기존 학문의 영역에서도 새로운 시도를 과감히 용인하게 되었다.

제1장에서는 심리치료가 불교로 접근하는 흐름을 파악하기 위해서, 먼저 서양에서 현대적 테라피가 출현하게 된 배경을 살펴보고자 한다. 이른바 '마음의 시대'라는 것도 그 원류를 서양에서 찾을 수 있다. 마음의 시대는 서양형 문명 발전의 산물이라는 측면을 무시할 수 없다. 그리고 근래에는 동양도 서양과 같은 문명발전의 길을 밟아왔던 까닭에, 일본에서도 거의 같은 상황이 나타나고 있다.

저항문화의 시대

역사를 거슬러 올라가 보면, 이러한 현대적 테라피가 출현한 루트는 1960년대 후반, 즉 저항문화counter culture의 시대에 다다른다. 주지하듯이 60년대 후반은 세계의 선진국들에서 거의 같은 시기에 학생혁명 운동이 일어난 시대이다. 그것은 젊은 이들이 중심이 되어 기성세대의 가치관을 거부하고 새로운 문화적 움직임들을 끊임없이 만들던 거대한 변화의 시대였다. 그 중에서도 미국은 그러한 새로운 문화의 에너지가 가장 집약적으로 분출된 곳이었다. 미국은 60년대 후반의 문화를 특징짓는 대표적인 곳이며, 아울러 다양한 종류의 문화적 움직임을 볼 수 있는 곳이었다.

예를 들면, 히피나 플라워 칠드런Flower children 등으로 불리는 새로운 세대의 출현이 대표적이다. 이러한 움직임은 종래의 가치관을 탈피하고 새로운 삶의 방식을 모색하던 사람들이 만들어낸 거대한 시대적 흐름이었다. 이 움직임은 당시 일어났던 베트남 반전 운동이나 공민권 운동 등을 계기로 하여, 종래의 사회와 제도에 반발하는 형태로 분출되었던 것으로 단순한 표면적 반발이 아니었다.

이 움직임이 뜨거운 열기로 커다란 흐름을 형성하게 된 것은 그때까지의 서양적인 삶의 방식에만 기반을 두었던 자신들의 태도 자체, 즉 개인주의적 합리주의적 과학주의적인 방식 자체에 대한 근본적 의문과 반성, 그리고 그러한 태도가 막다른 길에 이르렀다는 것을 인식하면서 오는 근대 서양문명 전체에 대한 커다란 불신감이 사람들 안에서 싹트고 있었기 때문이었다.

당시 미국에서 분출되었던 에너지는 너무나도 돌발적이고 과격했다. 그러나 그것은 시대적 전환기를 맞이한 근대의 서양이 어쩔 수 없이 노출하게 된 한계였다. 마치 지진처럼 오랜 시간 응축되었던 에너지가 일시에 뿜어져 나왔던 것이다.

건강과 자기성장

청바지와 록 음악은 저항문화의 상징이었다. 그러나 지금은 어떤 위화감도 없이 자연스럽게 대중문화의 하나로 자리 잡고 있다. 그처럼 저항문화는 이전과 같은 열광적인 모습은 사라졌어도 사람들이 인식하지 못하는 사이에 사회의 여러 분야에 스며들어 종래의 가치관을 바꾸면서 착실히 퍼져 갔다.

앞에서도 잠시 언급했지만, 가치관의 변화는 건강의 개념을 단지 아프지 않은 상태에서, 자기성장과 개인 속에 잠들어 있는 잠재능력을 끌어내고자 하는 '인간 잠재성 개발운동Human potential movement'과 같은 온갖 종류의 실험적인 시도를 포함하는 폭넓은 가치관으로 확장시켰다.

근대적인 의료관에서는 자칫하면 빠뜨리기 쉬웠던 자기 치유력에 대한 재인식을 기초로, 이른바 전통의료와 민간의료 그리고 대체의료에도 적극적인 관심을 갖게 되었다. 새로운 의료관을 다양하게 모색하고자 하는 '전일적 건강holistic health 운동' 등도 이러한 의미에서 세계관의 변화로부터 생겨난 시대적 흐름으로 이해할 수 있다. 현대적 테라피가 출현한 것도 이러한 새로운 시대의 움직임 속에서, 이른바 확장된 건강을 요구하는 현대인의 강력한 욕구의 결과로 나타난 것이다.

현대인의 이러한 욕구는 과거에 볼 수 없었던 다채롭고 새로운 실험적인 시도를 낳기도 하였다. 또한 지금까지 사회에서 놓치기 쉬웠던 측면을 계속해서 새롭게 재고再考하게 하였다. 그러한 흐름 속에서 특히 심리치료는 더욱 널리 대중화되었다. 심리치료에서는 종래 중시되지 않았던 요소인 신체 감각이나 신체 운동을 통한 치료적 관여의 중요성이 적극적으로 용인되었다. 또한 지금까지는 오히려 금기시되었던, 신체를 직접 움직여서 치료하는 '바디웍bodywork'의 방법 등도 심리치료의 일환으로 다양하게 시도되었다. ●2

2　서양사회에 침투하는
　　불교와 명상

　　　　　　　　　　　이처럼 실제로 현대 사회에는 다양한 이름의 심리치료가 수없이 많다. 다만 현대의 대표적인 심리치료는 거의가 서양에서 생겨난 것이고, 현재 일본의 임상심리학과 심리치료는 그것을 따라가는 형국이다.

　　이 책의 목표는 진행하고 있는 서양을 따라가는 것이 아니라, 최종적으로 서양에 대한 추종을 뛰어넘는 것이다. 그러기 위해서는 서양을 잘 아는 것이 우선일 것이다. 여기에서는 서양의 상황과 논의를 충분히 살펴보는 것에서부터 이야기를 풀어가고자 한다. 또한 현대의 심리치료와 선·불교라는 주제에 대해 생각할 때도 우선은 서양에서 일어났던 양자兩者의 만남을 살펴보는 것이 필요하다.

불교와 심리치료의 만남

　　　　　　　　　　두말할 필요 없이 불교는 세계 4대 종교 가운데 하나로 서양에서도 오래전부터 그 존재를 알고 있었다. 그렇지만 서양에서 불교를 종교로 인정한 것은 비교적 최근의 일이다.

　　서양의 관련 서적을 참조해 보면, 그 계기가 된 몇 가지 사건을 알 수 있다. 그 가운데 주목할 만한 것은 일본의 선학자 스즈끼 다이세쯔鈴木大拙가 소개한 선禪, ZEN이다. 그것은 실제로 현대의 새로운 심리치료의 발전에도 적지 않은 영향을 주었다. 불교와 선이 서양사회에 널리 알려지게 된 과정은 여러 측면에서 살펴보아야 하는데, 이 책에서는 우선 스즈끼 다이세쯔가 소개한 선을 돌아보고, 선에 대한 서양의 새로운 관점이 어떻게 전개되는지를 살펴보고자 한다.

　　스즈끼 다이세쯔의 영어 저술로는 『선불교 입문』과 『선과 일본문화』 등 다수가 있는데, 신프로이트 학파의 사회심리학자 에리히 프롬과 공저로 출판한 강연집 『선과 정신분석』[152]이 서양사회에 가장 커다란 영향을 미쳤다. 더욱이 이 책에서 프롬은 정신분석적 입장에서 선에 대한 자신의 견해를 밝힘으로써 서양인이 선을 쉽게 이해하는 데 도움을 주었고, 결과적으로 선에 대한 관심 또한 크게 높이게 되었다. 이것은 서양인이 쉽게 이해할 수 있도록 다이세쯔가 선의 핵심을 종교와 무관한 무의식과 같은 용어로 설명한 세심한 배려뿐만 아니라, 프롬 역시 프로이트 이래 종교에 대한 정신분석적 해석을 뛰어넘는 이해, 즉 정신분석이 선과 매우 유사한 목적을 갖고 있음을 서양의 학문적 입장에서 보여주었기 때문에 가능했다고 생각된다.

　　『선과 정신분석』은 1960년 간행되었는데, 그 다음해에는 앨런 왓츠Allan Wilson Watts가 『동양과 서양의 심리치료』[169]를 출판했다. 서양의 지식인들에게 이 저작 역시 매우 커다란 영향을 준 것으로 빠뜨려서는 안 되는 책이다. 왓츠의 이 책은 동양 종교로 묶여지는 다양한 전통적 수행체계가 서양의 심리치료와 같은 것으로 간주될 수 있다는 관점을 ─ 그 내용보다도 책의 제목으로─ 많은 사람들에게 널리 심었다는 점에서 가치가 크다.

　　왓츠의 책을 통해 당시에 이 분야에 대한 관심이 꽤 높았음을 알 수 있다. 그러나 관심의 대상이 된 문헌의 수는 그가 관련문헌을 모두 보았다고 할 만큼 손에 꼽을 정도로 적었다. 그러나 지금은 한 사람이 읽기에는 불가능할 만큼 엄청난 양의 책이 출판되었고, 또 출판되고 있다.

　　여하튼 이 두 저술은 일본과 한국에서 바로 번역되어 출판되었는데, 세계적으로도 대단히 커다란 영향을 끼쳤다. 그러나 그 후의 전개를 보면, 아직 지적 호기심의 차원이나 일부 지식인들의 관심사에 불과

했음을 알 수 있다. 일본에서는 완전히 이 수준에서 머물러 있었던 것인지도 모른다. 그런데 서양사회에서는 60년대 후반이 되면 저항문화운동과 함께 단순한 지적 관심에 머물지 않고 차츰 동양 종교를 구체적으로 실천하는 시대를 맞이하게 되었다. 불교라는 종교적 전통에서 행해졌던 모든 실천이 서양에서 심리치료의 다양한 실험적 시도와 서로 융합하는 계기가 생겨났던 것이다.

불교의 미국 전파

여기에서는 동양종교의 유입과 관련된 미국의 상황만을 간단히 다루고자 한다.

우선 영향력이란 면에서 처음 언급할 것은 일본 선禪, Zen의 보급이다. 1967년 스즈끼 순류鈴木俊隆 선사가 설립한 샌프란시스코 선 센터는 70년대를 거치면서 동양에 주목하는 새로운 문화적 움직임의 메카라고도 할 수 있는 대표적인 존재가 되었다. 선은 이 선 센터를 중심으로 하여, 한정된 지식인들의 관심을 넘어서 구체적 실천을 통해 서양문화에 깊숙이 침투했던 것이다. 실제 샌프란시스코 선 센터에는 당시 많은 저명인이 참여했고, 각종 예술 활동 등 사회적, 문화적으로도 커다란 영향을 미쳤다.

또 이러한 움직임은 선만이 아니라, 인도의 명상 아슈람의 지도자구루나 티베트 불교의 지도자린포체들의 계속된 이주를 통해 널리 퍼지게 되었다. 명상이라는 실천방법에 한정해서 말하면, 당시 가장 일반적으로 퍼져 있던 TM초월명상의 영향을 간과할 수 없다. 또 케네디 대통령이 동남아시아로 파견한 평화부대원들이 현지에서 테라와다[상좌부] 불교 수행을 경험하고 위빠사나를 소개한 것도 커다란 영향을 미쳤다.

이렇듯 구체적인 실천을 통해 다양한 동양종교가 대규모로 유입

되면서, 서양의 많은 일반인들은 그 중심에 놓여있던 명상과 불교를 손쉽게 실천할 수 있는 것으로 받아들이게 되었다.

당연히 합리적이며 과학적 사고를 갖춘 서양인들이 그러한 동양적 사상이나 실천을 순진하게 받아들인 것만은 아니다. 다양한 회의적 의견이나 반발도 일어났고, 활동 영역이 크게 확장되면 당연한 것이지만, 동양에서 온 명상 지도자 중에는 실제로 의심스러운 사람도 있어 커다란 문제가 되기도 했다.

그러나 그 후 반세기도 더 지난 지금은 과거의 난립했던 모습은 사라지고, 그 대신 지속적으로 성장해 온 조직들이 발전하여 명상이나 불교적 실천이 서양사회에 더욱 널리 보급되었다. 앞서 말했듯이, 현재는 오랜 실천을 거쳐 지도자로써 충분한 자격과 능력을 갖춘 서양인이 많이 배출되고 있다.

사회 일반으로 이렇게 확장된 배경에는 명상에 대한 과학적, 심리학적 연구가 있었다. 현재 명상에 관한 과학적 연구논문의 수는 1,500여 개를 넘을 정도로 늘어났다. 명상의 과학적 연구에 대한 상세한 정보는 졸저 『명상의 정신의학』[9]을 참조하면 도움이 될 것이다. 연구 자세나 관점은 선입관이 짙게 깔린 회의적·부정적인 의견이나, 반대로 과도한 찬미가 많았던 초기를 거쳐서, 근래에는 냉정한 관점에서 착실한 연구가 이루어지고 있다.

현재 명상은 이러한 연구노력과도 손을 잡으면서, 심리치료와 의료 현장에도 서서히 도입되기 시작하여, 실제 치료에 도움이 되기 위한 노력이 다양하게 시도되고 있다. 불교와 명상은 종교라는 틀을 완전히 벗어버리고 하나의 심리치료법으로 현대사회 곳곳에서 다양하게 활용되고 있다.

불교에 대한 심리학적 접근

이러한 일반 사회로의 보급과 관심을 배경으로, 심리학 내부에서 새로운 발전이 움튼 것은 매우 자연스러운 일이다. 처음에 불교가 서양사회에 널리 침투한 것은 명상의 실천을 통해서였는데, 점차 의료와 심리치료 현장에서도 다양한 실험적 응용이 이루어짐으로써 학문적 이해의 필요성이 증가되기에 이르렀다.

명상이 심리치료에 응용된다는 것은 학문적으로 정신의학과 임상심리학의 대상이 된다는 의미이다. 그래서 명상을 단순히 테크닉의 차원으로만 접근하는 것이 아니라, 자연스럽게 그 배경에 놓여 있는 불교라는 전통적인 지적 체계에 대해서도 관심을 갖게 되었다.

이러한 움직임과는 별도로 서양사회에 불교가 알려지는 데 위대한 공헌을 한 심리치료가들이 불교에 대해 특별한 관심을 기울이게 된 역사가 있다. 심리치료는 인간이 심리적 고통에서 벗어날 수 있도록 도와주는 것이다. 따라서 이와 같은 일에 관련된 사람이라면 불교에 대해서 조금이나마 배우고 진지한 자세로 주시하게 되면, 동양문화 속에 끊임없이 존재해 온 심오한 지혜의 체계에서 배울 것이 참으로 많음을 느끼게 될 것이다.

융Carl Gustav Jung은 다음과 같이 말했다.

> 치료의 목적이 무엇인지를 진지하게 탐구하는 심리치료가는 영혼의 치유, 즉 인간의 영혼을 완전하게 하기 위한 동양적 방법이 추구하는 궁극적 결과가 무엇인지에 대해서 무관심할 수 없다 [77]

이것은 수많은 예 가운데 하나에 불과하다. 융이 말하는, 영혼에 대한 깊은 탐구는 다른 기회로 미루겠지만, 실제 심리치료에 종사하는 사람이 이러한 융의 발언을 무의미하다거나 비과학적이라 하여 배척한다면 정말이지 둔감한 감성의 소유자일 것이다. 불교에 대한 이러한 관심은 오로지 서양의 학문만을 배워 온 일본의 (또한 한국의) 심리치료가들에게도 공통적으로 생겨나는 문제의식은 아닐까.

그러나 이러한 관심은 단순히 심리치료에 종사하면서 관련된 기술이나 지식을 배운다고 해서 생겨나는 것은 아니다. 문제의 중요성은 심리치료를 보다 넓은 시야에서 바라보고, 현재 자신이 살아가고 있는 사회, 특히 여러 선진국의 사회상황과 관련하여 바라볼 때 비로소 인식되는 것이다. 심리치료와 관련된 일을 하는 사람들 가운데 이러한 문제의식을 갖고 있는 사람은 정말이지 보기 힘들다.

앞서 예로 든 프롬의 경우, 그가 선에 대해 보인 관심에는 이러한 문제의식이 명확히 나타나 있다. 그렇기 때문에 그는 많은 사람들에게 선의 중요성을 인식할 수 있는 기회를 줄 수 있었다. 프롬은 현대사회에서 일어나는 개인의 소외를 일종의 사회병리로 파악했다. 그래서 현대인이 소외에서 벗어날 수 있는 해결책을 모색하는 과정에서 선이 중요한 역할을 할 수 있다고 보고 강한 친밀감과 기대를 표명했던 것이다.

프롬의 저작이 세상에 나온 지 40여 년이 지났지만, 그의 주장은 지금 돌이켜보아도 여전히 유효하다. 오히려 프롬이 지적한 현대사회의 병리는 그 이후에 더욱 더 확대되고 심각해졌다. 프롬이 살던 시대에는 영성spirituality이라는 용어가 거의 사용되지 않았지만, 근래에는 대단히 자주 쓰이고 있다. 이 말 속에는 프롬이 현대인의 당면 과제로 제시했던 내용이 집약되어 있으며, 한편으로 증폭되어 많은 사람들의 의식 속에 나타나 있다. 이에 대해서는 제7장에서 자세히 살펴보고자 한다.

현대사회의 이러한 움직임은 크게는 종교 일반에 대한 재검토라는 주제로 이어진다. 그렇지만 선이나 불교에 대한 관심이 특히 합리적이며 과학적 정신이 강조되는 현대에 크게 증가된 것은 주목할 만하다.

그것은 다른 종교와는 달리 선이나 불교가 지닌 전통적 지혜 체계가 반드시 종교일 필요가 없는 성격, 이른바 현대인이 받아들이기 쉬운 합리적이며 과학적 성격을 갖고 있기 때문이다.

불교는 종교인가 철학인가

불교라고 하면 보통 대부분의 사람들은 종교로서의 불교와 스님들을 떠올린다. 그 점에서 서양사회가 보는 이미지와는 상당한 차이가 있을지도 모르겠다. 그래서 나는 일부러 '불교는 처음부터 종교였을까'라는 물음을 던져보고자 한다. 이 책에서 다루고 있는 선이나 불교는 애초 현대 서양에서 뿌리내리고 있는 Zen이나 Buddhism에서 출발하는 것으로, 동양의 전통사회를 지탱하는 종교로서의 불교 또는 신앙으로서의 불교를 가리키는 것이 아니기 때문이다. 이러한 표현은 아마도 동양인들에게는 매우 생소할지도 모르지만, 현대인들의 일반적인 감각에 비추어볼 때, 앞으로 이러한 접근이 성립할 가능성은 충분하다고 생각한다. 또 현대사회에서 불교가 갖는 무한한 중요성과 가능성은 바로 이러한 점에 있다고 생각한다.

불교는 종교가 아니라고 소리 높여 말할 생각은 없다. 하지만 2,500년 전 고타마 붓다[3]가 설한 사상과 실천을 불교라고 한다면, 그것은 이후 신격화되어 법당 깊숙이 모셔져 있는 석가모니 부처님을 신앙하는 불교와는 다른 것이다. 붓다가 설한 불교의 언어를 역사적 사실이란 측면에서 파악하면, 거기에서 신앙체계의 요소를 끄집어내어 특히 중시할 필요는 없을 듯하다.

인류의 역사 속에서 헤아릴 수 없이 많은 사람들을 보듬어 안고 구원했던 신앙체계를 경시할 생각은 전혀 없다. 그렇지만 불교는 그 기원을 거슬러 올라가 보면, 분명 이 세상을 살아갔던 붓다라고 하는 실재 인물에 기반을 두고 있다. 즉 불교는 붓다가 자신의 특출한 재능을 통해 완성시킨 '인간의 존재 방식과 삶의 방식'에 대한 통찰(지혜), 혹은 학문 체계로 보아야 할 것이다. 불교의 기초적인 사고방식에 대해서는 제2장에서 자세히 살펴보겠다.

불교를 학문적으로 접근하여, 철학으로 받아들이는 사람도 분명 있을 것이다. 실제 학문으로서의 불교는 동양에서도 예부터 인도철학이란 이름으로 대학에서 강의되어 왔다. 그 심원하고 치밀한 지식의 집성을 보면 정말이지 철학이란 이름이 어울리는 것 같다. 그러나 철학을 이성에 의한 예지의 획득을 추구하는 학문이라고 보면, 불교라는 지혜는 결코 이성에 의한 것만이 아니기 때문에 철학과는 구별된다.

또 그것은 제쳐두고라도 현대에서 철학이란 말은 붓다가 설한 인간의 존재방식과 삶의 방식과 비교해 볼 때, 둘 사이에 놓인 간극이 너무 크다. 오늘날 불교를 상징하는 스님들은 마치 장례식이나 법회를 담당하는 전문직으로 간주되고 있고 사찰은 과거에 지어진 뛰어난 건축물이 있는 관광지로 전락해 버린 상황이다. 그와 마찬가지로 철학도 전문직화 되어, 많은 사람들에게 살아 있는 의미를 전해 주는 역할을 잃어버린 듯하다.

불교를 단지 철학으로 구분하여 부르는 것이 ─물론 철학으로서의 불교의 발전이 중요하지만─ 지금 현대를 살아가는 많은 사람들에게 얼마나 유익할까라는 의문을 떨칠 수가 없다. 이런 의미에서 보면 종교학과 불교학이란 용어도 마찬가지일 것이다.

현대에서 불교의 본질을 가장 잘 살릴 수 있는 분야를 꼽으라면, 나는 심리학을 꼽을 것이다. 동양에서 불교는 전통적, 관습적으로 종교라는 인상이 강하기 때문인지, 일반 사람들이나 학자들에게도 이러한 시각이 널리 퍼지지 못하는 것 같다. 그러나 앞서 말한 듯이, 불교를 밖에서 본다는 이점이 있는 서양에서는 불교를 심리학으로 이해하려는 접근이 이미 상당히 진척되어 있다.

『법구경』에 나오는 붓다의 말씀을 인용해 보자.

> 모든 것은 마음●4에 근거하고, 마음을 주인으로 하며, 마음에 의해서 만들어진다. 만약 더러워진 마음으로 말하거나 행동하면, 고통은 그 사람을 따른다.
> 수레를 끄는 소의 발자국에 수레바퀴가 따라 가듯이.
>
> 모든 것은 마음에 근거하고, 마음을 주인으로 하며, 마음에 의해서 만들어진다. 만약 깨끗한 마음으로 말하거나 행동하면, 복락은 그 사람을 따른다.
> 그림자가 그 몸에서 떠나지 않듯이.[36]
>
> _ 『법구경』

이 구절에서 명확하게 드러나듯이, 불교는 무엇보다도 인간의 마음을 깊이 응시한 것이라고 말할 수 있다. 인간의 존재방식과 삶의 방식에 대한 불교의 지혜, 그것은 인간의 마음을 깊이 응시하고 탐구하는 과정에서 얻어진 통찰이다. 그것은 결코 절대적인 신이 만들어 낸 것이 아니다. 때문에 거기에 절대적인 존재나 집단에 대한 신앙을 말하는 요소가 있을 리 없다. 그러한 통찰의 체계를 ―종래의 틀에서 파악하지 않고― 있는 그대로 볼 수 있다면, 불교를 심리학으로 간주하려는 입장은 정말이지 자연스럽게 받아들여질 것이다.●5

현대사회에서 불교가 갖는 중요한 또 하나의 요소는 '고통으로부터 해방'을 위한 실천적 지혜라는 점이다. 고통으로부터 해방이라는 주제는 모든 종교의 특징이라고도 할 수 있지만, 불교는 그것을 위해 결코 특정 개인이나 집단을 믿으라고 강요하지 않는다.

붓다가 처음에 말한 것은 어디까지나 고뇌의 원인을 잘 살펴 아는 것과 마음을 바르게 응시하는 것이다. 즉 고통으로부터의 해방은 원인을 잘 알고, 그것을 제거함으로써 얻어진다는 것을 명확히 조리 있게 심리학적으로 해명한 것이다.

그 접근은 현대 과학과 비교해도 모순되지 않으며, 매우 합리적이라고 말해도 좋다. 불교는 현대의 시각으로 보아도 결코 뒤떨어지지 않는 뛰어난 정신의학이고, 마음을 깊이 응시하는 심리학이며, 고통에서 벗어나기 위한 심리치료이다. 붓다는 실제로 수없이 많은 사람들에게 아주 뛰어난 심리치료를 행한 위대한 의사이자 심리학자이며 심리치료사였다.

심리치료의 태도

붓다가 살았던 시대에는 요즘 말하는 심리치료와 같은 것은 존재하지 않았다. 그렇지만 경전을 보면 현대의 심리치료에 해당하는 마음의 병이나 심리적 고통과 같은 문제를 안고 있는 일반 사람들을 위한 이야기가 전해지고 있다. 불교라는 지혜체계는 그러한 붓다의 실제 경험에서 완성되고 구축된 것은 아닐까. 그렇다고 하면, 그 당시 불교에는 하나로 통합된 매우 뛰어난 심리치료의 이론과 기법이 있었다고 말할 수 있다.

붓다의 임상심리학으로부터 2,500여 년. 현대 심리치료를 바라보면, 그 이론과 기법은 도저히 한 마디로 정리될 만한 것이 아니다. 예를 들면 행동치료와 실존주의에 근거한 이론과 기법 사이에서 어떠한 접점을 찾아내는 것은 쉽지 않다. 그렇지만 그것들이 사람들을 괴로움과 고민에서 벗어날 수 있도록 한다는 점에서는 공통점이 있다고 말할 수 있다.●6

　　다만 여기서 그 공통된 질적 측면이 한결같지 않다는 점은 지적할 수 있다. 이것이 기법과 이론의 상이함에서 기인하는 차이보다도 더 큰 차이를 보일 수 있는 이유이다. 여기에서 말하는 질이란 심리치료에 임하는 치료사의 태도나 자세에 관한 것이다.

　　융의 말을 빌리면, '심리치료는 …… 두 영혼 전체 사이에서 일어나는 대결이고, 여기에서 지식은 모두 단순한 도구에 지나지 않는다.',[77] '치료사의 태도는 심리치료의 이론이나 방법보다도 분명히 더 중요하다.'[7]

　　치료사의 인격과 인생경험에서 비롯된 가치관과 같은 다양한 요소로 인해 치료 방법은 전혀 달라진다. 사실 치료사의 인격 역시 삶의 과정 속에서 학습된 것으로부터 커다란 영향을 받아 형성된 것이다. 따라서 그 영향이 결코 말로는 명확히 표현되지 않는다 해도, 내담자에게 암묵적으로 전해지는 것은 틀림없는 사실이다.

　　치료의 질적 측면으로서 치료사의 인격이나 태도가 갖는 중요성에 대해서는 근래 이루어진 몇몇 과학적 연구에서도 실제 관찰되고 확인되었다. 연구에 따르면 심리치료의 효과는 치료사가 따르는 치료이론과는 사실 거의 관계없다는 놀랄만한 결과도 보이고, 학파의 차이보다도 치료사의 인격이 보다 중요하다는 견해도 있다.[106, 133, 150]

　　또 심리치료가 개인과 개인 사이에서 은밀히 일어나는 것임을 생각하면, 치료사가 의식적, 무의식적으로 갖는 심리적 태도에 매우 주의를 기울여야 하는 것은 상식이다.

　　적절한 예가 아닐지도 모르겠지만, 심리치료가 단순한 비즈니스로 전락하여 일정한 경제적 대가를 얻는 것을 목적으로 하는 경우도 생길 수 있다. 혹은 자신의 명성을 높이기 위해, 어떤 특정의 치료기법이나 이론의 유효성을 널리 세상에 알리려는 행동도 생길 수 있다. 이것들은 치료사의 윤리와 도덕에 관한 문제이다. 현대의 심리치료에서 불교가 갖는 중요성이라고 하면, 그것은 첫째로 치료사의 태도라는 점에서 찾을 수 있을 것이다.

근래 심리치료와 불교의 관계에 대한 저술을 발표한 미국의 심리치료사 가이 왓슨G. Watson은 이에 대해 다음과 같은 기본적인 입장을 표현하고 있다.

> 불교적인 사고방식과 실천은 내담자에게 명확히 무엇인가를 주거나 이론적 틀을 제공하기보다는 치료사 본래의 일에 대해 암묵적으로 어떤 영향을 줄 수 있는 하나의 접근법으로 제시될 수 있다.[168]

심리치료에서 불교가 차지하는 위치에 대해서 이 책도 역시 이러한 견해를 유지하고 있다. 즉 이 책은 현재 존재하는 수많은 심리치료에 또 하나의 새로운 심리치료를 더하고자 하는 것이 아니다. 또 이러한 기본적 태도는 내담자가 불교의 가르침과 이론을 알아야 한다거나, 그것에 공감해야 한다는 것도 아니다.

그렇지만 치료사의 경우에는 불교의 사고방식에 대한 공감적 태도나 선과 명상에 대한 어느 정도의 실천이 권장된다. 왜냐하면 심리치료에 가장 크게 영향을 미치는 치료사의 태도와 관련해서는 불교 이론에 대한 깊은 이해뿐만 아니라 실천에서도 배울 만한 것이 풍부하기 때문이다. 그렇다고 해서 불교에 귀의하거나 믿어야 하는 것은 결코 아님을 다시 한 번 강조한다. 그렇지만 불교와 선에 대한 보다 깊은 이해를 통해 치료사의 태도에 긍정적 변화가 일어나길 바라는 것이 이 책이 의도하는 주된 목적 가운데 하나임은 분명히 밝혀 둔다.

실존주의를 계승하고 있는 정신과 의사 메다드 보스Medard Boss는 2년 전 자신의 논문에서 현재의 심리치료와 관련하여 의미 있는 발언을 하고 있다.

오늘날 심리치료에 특히 필요한 것, 그것은 심리치료사들의 변화이다. 만약 우리의 정신보건에 관한 과학이 보다 효과를 발휘하려면, 심리치료사는 그들의 심리학적 개념과 기법의 지식과 묵상적 자각(알아차림) 사이에서 균형을 잡을 필요가 있다.[32]

심리치료가 추구하는 것

실제 현장에서 이루어지는 심리치료의 목적은 내담자가 의뢰한 내용에 따라 달라진다. 또 그 목적을 달성하는 데 사용되는 기법도 다양하다. 고소공포증을 극복하기 위해 행동치료적 접근을 할 수도 있고, 직장에서 인간관계에 대처하기 위한 교류분석도 있다. 우울증 해소를 목적으로 한 인지치료가 있는가 하면, 암 선고를 받고 삶의 희망을 잃어버린 사람을 위한 실존적 카운슬링도 있을 것이다. 그렇지만 심리치료를 원하는 사람들에게는 그 기법과 이론과 심리학파가 무엇인지는 전혀 중요치 않다.

사람들이 심리치료의 도움을 원하는 것은 더 이상 스스로는 어찌해 볼 수 없는 어떤 감정의 제약이나 행동의 제약에서 자유로워지고 싶기 때문이다. 증상이란 스스로의 힘으로는 통제할 수 없게 된 어떤 경직된 감정적, 행동적 반응 패턴을 말하는 것이다. 끊임없이 되풀이되는 패턴을 바꿀 수 없을 때 그 사람에게 괴로움이 생겨난다. 그것은 자기 자신이 만들어낸 것일지도 모른다. 하지만 자신도 그 이유를 모른다. 그 괴로움에서 벗어날 길이 보이지 않아 스스로는 어찌해 볼 도리가 없다. 그래서 그는 전문가에게 도움을 요청하였다.

심리치료를 원하는 사람들은 누구나 이 괴로움을 만들고 있는 '자신'이 도대체 무엇인지 알고 싶어 한다. 심리치료란 내담자와 치료사의 공동 작업이다. 그렇기 때문에 의식되건 그렇지 않건 언제나 이 주제를 바탕에 두고 이루어진다. 지금 여기에 있는 '자신'을 알고, 그 '자신'에게서 벗어나, 보다 좋은 '자신'이 되는 것이 심리치료가 추구하는 것이다. 그래서 그것을 돕기 위해 가장 좋은 방법이 무엇인지 생각하고 실천하고 키워가는 것, 그것이 심리치료사의 일이다. 따라서 심리치료에 관련된 일을 하는 사람은 '자신'을 어떻게 파악하면 좋을지, '자신'이란 어떻게 이루어져 있는지, 애초 '자신'이란 무엇인지 라는 물음에 무관심해서는 안 된다. 심리치료의 실천과 이론은 언제나 이 물음에서 벗어나지 않는다고 말해도 좋다.

  이것은 서양 심리치료에서 생겨난 심리학만이 아니라, 동양 심리치료에도 동일하게 적용된다. 그렇지만 이 '자신', 혹은 심리학에서 사용하는 용어로는 '자아', '자기'란 개념에 대한 생각은 지금까지 서양과 동양은 전혀 다르다고 할 만큼 상이한 접근법을 취해왔다. 양자의 차이를 보면, 첫째로 서양 심리치료에서는 어떤 일에 대해서도 개인을 출발점으로 하여 생각한다는 점을 지적할 수 있다. 개인이란 사고방식의 탄생은 서양문화가 이루어 낸 근대의 혁명적 사건이다. 왜냐하면 근현대는 모두 이 사고방식에 기초해서 구축되었기 때문이다.

  근현대라는 시대에서 인간은 사회 속에서 개인이라는 자기를 실현하고, 삶을 부여받은 개인으로서 책무를 다하며, 그 능력을 최대한으로 발휘할 수 있도록 하는 것을 목적으로 한다. 따라서 그 성장과 실현을 최선의 방법으로 도와주는 것이 심리치료의 목표가 된다.

  한편 동양 전통에서는 개인과 자기의 실현은 결코 목표가 아니다. 애초 자기라는 개념은 일종의 믿음으로, '자기는 없음[無我]'을 자각하는 것이 목적이다. 이것에 대해서는 제3장에서 자세히 다룰 것이다. 이른바 자기는 실현되어야 하는 존재가 아니라, 초월되어야 하는 존재인 것이다.

이 동양적 사고방식은 지금까지도 서양사회 및 현대사회 속에서는 전근대적인 것, 혹은 비합리적인 것으로 거의 가치를 인정받지 못했다. 과학적 접근이 가장 중요시되는 현대에 이르러서도 그것은 간과되었고, 과학의 한 분과인 심리학에서도 마찬가지였다.

그렇지만 여기에서 간단히 다루었듯이, 동양 혹은 붓다의 사고방식은 서양의 근대적 가치관과는 근본부터 전혀 다른 발상이다. 그것을 전근대적이라고 간단히 무시할 수는 있지만, 지금까지 말해 왔듯이 심리치료에 관련된 사람의 경우는 동양과 붓다의 생각을 결코 무시해서는 안 된다.

서양과 동양의 근본적인 접근의 차이를 보면, 그것들은 일견 어디에도 접점이 없이 완전히 상반되는 견해처럼 보이지만, 결코 그렇지 않다. 이 책에서는 일관되게 이 문제를 염두에 두고 기술될 것이다. 우선 제2장에서는 그 출발점으로서 오랜 불교전통 속에서 살아온 우리에게도 그다지 친숙하지 않은 불교 혹은 붓다의 심리학에 초점을 맞추어 보고자 한다.

각주

[1]

이 책에서는 불교와 선을 종종 같은 의미로 사용하고 있다. 선종은 불교의 한 종파이며, 좌선을 가장 중시한다. 이 책에서는 현대 서양 사회에서 볼 수 있는 것과 같은, 신앙과 종파, 교파라는 요소와 분리된 불교 이해를 중시한다. 실제로 '선 Zen'은 '종교가 아니다'라는 측면에서 자주 사용하고 있다. 그런 의미에서 이 책에서는 불교를 선과 같은 뜻으로 보아도 무방하다. 때로 좌선, 즉 명상의 실천을 강조하는 곳에서는 좌선을 선과 동의어로 사용하고, 또 글의 맥락에 따라 불교를 명상과 동의어로 사용한 곳도 있다.

[2]

이러한 저항문화 이후의 움직임의 근저에는 당시 서양사회, 특히 미국 사회에 널리 만연되어 있던 여러 정신작용과 물질의 유행을 대표하는 의식변용 혹은 변성의식에 대한 커다란 흥미가 있었음도 간과해서는 안 된다.
또 당시를 돌이켜보면, 격리 탱크와 같은 감각차단과 격리상황을 유발하는 실험적인 시도가 이루어지거나, 요가와 명상과 같은 동양의 종교적 실천법에 대한 관심이 크게 퍼지기 시작하였다. 그에 덧붙여, 강렬한 음악과 댄스, 리듬에 따른 의식변화 등도 많은 사람들이 체험할 수 있게 되었다. 그러한 것들을 통해 사람들은 변성의식에 대한 흥미를 더욱 키웠던 것으로 생각된다.
변성의식이라고 부른 것에 대해서는 그때까지는 걸핏하면 그 자리에서 병적이라고 생각하여 위험시하는 태도가 강했다. 그렇지만 그러한 관점은 새로운 문화 조류와 접하면서 차츰 사라졌다. 심리치료적 의의 등에 대해 관심이 높아진 것도 이러한 움직임이 배경에 있음을 고려하면 아주 자연스러운 움직임으로 이해할 수 있을 것이다.

[3]

고타마는 가문의 이름에 해당하는 성姓이고, 개인의 이름은 싯닷타이다. 붓다는 깨달은 사람(음사해서 불타佛陀, 불佛, 의역해서 각자覺者)을 가리키는 말이다. 고타마 붓다는 유럽 및 남방 불교권에서 널리 사용되고 있고, 일본과 중국 등 북방 불교권에서는 석가모니 부처님 또는 줄여서 세존이 널리 사용되고 있다. 석가모니는 사캬 족 출신의 성자라는 뜻이고, 세존은 세상에서 존경받는 사람이라는 의미이다. 붓다는 반드시 고타마 붓다만을 가리키는 호칭은 아니지만, 이 책에서는 석가모니 붓다의 호칭으로 세계적으로 널리 사용되고 있는 붓다를 사용한다.

[4]

원어는 팔리어 manas로 기존에는 意로 번역했다. 하지만 근래 들어 예를 들면 나카무라 하지메中村元 역 『ブッダの眞理のことば·感興のことば』[36]에서는 이해하기 쉽다는 이유로 心으로 번역하고 있다. 영어로는 mind로 번역하는 경우가 많다.

[5]　　이러한 견해는 서양의 과학적 학문의 하나인 심리학에서 받아들일 수 있었던 생각은 아니다. 과학으로 발전해 온 심리학은 이러한 견해를 취하지 않았던 명확한 역사를 가지고 있기 때문이다. 그러나 근래 서양심리학 속에서 제4세력이라고도 불리는 새로운 조류로 트랜스퍼스널 심리학이 탄생하였고, 심리학적 측면에서 이 분야에 적극적으로 임할 것을 표명한 새로운 학문 영역으로 주목받게 되었다. 그 전체적인 모습에 대해서는 필자가 공역한 『テキスト／トランスパーソナル心理學·精神醫學』[137]을 참조하라.

[6]　　이것은 말할 필요 없이 종교적 접근방식에서도 찾을 수 있지만, 심리치료는 특정 신앙에 근거해서 이루어지는 것이 아니라는 전제에 입각하여 여기에서는 다른 것으로 생각하고자 한다. 이 책에서는 불교를 신앙에 근거한 것으로 평가하지 않는다.

02

불교라는
현대심리학

● 불교의 기초이론 -
사성제,
네 가지 성스러운 진리

● 불교의
귀중한
심리치료 요소

● 불교 및 선의
기본적인
사고방식

심리학과 과학을 배우는 서양 사람들에게
새로운 통합의 시기가 다가왔다.
잃어버린 밸런스를 찾기 위해,
모든 전통문화의 심리학에 보이는
사고방식과 개념을 현대 심리학 용어로
번역하는 새로운 통합의 시대가 다가왔다.[115]

- 로버트 오른스타인Robert Ornstein -

불교를 심리학으로 보는 관점은 유감스럽게도 이른바 불교국가가 아니라 서양사회에서 비롯되었다. 서양사회는 일찌감치 그러한 관점의 필요성을 자각하였다. 이것은 학자들의 전문적 관심에서 이루어지기 시작했지만 결코 그뿐만이 아니다. 오히려 그보다도 널리 일반사회의 요구를 배경으로 해서 표면화된 현상이라고 말할 수 있다.

　여기에는 불교와 불교의 실천 명상을 종래와 같이 종교적 구제 체계와 구제 방법으로만 보는 것이 아니라, 심리치료로 보는 시각이 일반사회에서 생겨나기 시작하여 실제 서양의 심리치료 현장에 적용하려는 시도가 큰 영향을 주고 있다. 실제로 이러한 흐름 속에서 근래 미국 등에서는 대학병원 부속의 '스트레스 감소 센터Stress Reduction Center' 와 같은 의료시설에서 불교 전통에서 전승되어 온 명상을 지도하는 모습도 볼 수 있게 되었다.[82] 이에 대해서는 제5장에서 더 자세하게 설명하겠다. 이러한 현상이 현 사회에 출현하여 성장해 온 이유는 현대라는 시대적 사회상황의 변화에서 찾을 수 있다. 그에 대해서는 제7장에서 상세히 검토할 것이다.

　현대에서는 불교가 갖는 신앙과 제도로서의 종교라는 측면을 부가적인 것으로 보는 시각이 많은 사람들에게 가능하게 되었다는 점, 또 그러한 시각에서 보면, 불교와 붓다의 말씀은 합리적, 논리적, 과학적 사고에 익숙한 현대인의 입장에서 보아도, 결코 전근대적이거나 비합리적인 생각이 아니라, 충분히 납득하고 이해할 수 있다는 점을 여기에서는 강조하여 기술할 것이다.

　제2장에서는 이러한 내용을 배경으로 우선 불교의 기초지식과 핵심을 ●1 개괄하고자 한다. 그리고 그 과정에서 불교의 몇 가지 특징적인 측면을 현대 심리학적 이해를 적용하여 재검토하고자 한다.

❘ 불교의 기초이론 -
사성제,
네 가지 성스러운 진리

불교에는 현대 심리치료에서 볼 수 있는 것과 마찬가지로, 다양한 종파 혹은 학파가 있다. 그러나 각 학파는 서로 입장을 달리하더라도, 모두 붓다라고 하는 한 사람의 말씀과 행동에서 유래한 것에는 변함이 없다. 여기에서는 각 학파들의 차이를 논하는 것이 아니라 그 출발점이 된 붓다의 말씀을 직접 살펴보는 것으로, 불교의 기본을 이해하고자 한다. 불교의 사성제를 잘 알고 있는 독자들은 이 부분을 읽지 않아도 좋다.

비구들이여, 태어남도 고통이고, 늙음도 고통이고, 병듦도 고통이고, 죽음도 고통이다. 싫어하는 사람과 만나는 것도(怨憎會) 고통이고, 사랑하는 사람과 헤어지는 것도(愛別離) 고통이며, 구하는 것을 얻지 못하는 것도(求不得) 고통이다. 요약하자면 취하여 집착하는 몸과 마음의 환경(五取蘊)은 모두 고통이라는 것이 고통에 관한 신성한 진리이다.

다음으로 비구들이여, 윤회재생으로 이끄는 기쁨과 탐욕을 동반하고, 가는 곳마다 기뻐하여 즐기려는 열정적인 애욕의 추구(欲愛, 有愛, 無有愛)는 (고통의 원인이라는 것은) 고통이 발생하는 원인에 관한 신성한 진리이다.

다음으로 비구들이여, 위와 같은 열정적인 애욕의 추구(渴愛)를 남김없이 떠나 없애고, 버리고, 벗어나 집착하지 않는 것은 (인생의 참되고 이상적인 목적이라는 것이) 고통의 소멸에 관한 신성한 진리이다.

다음으로 비구들이여, 바른 견해, 바른 사유, 바른 말, 바른 행위, 바른 생계, 바른 정진, 바른 알아차림, 바른 선정이라는 여덟 가지 부분으로 된 신성한 방법(八支聖道)이야말로 (이상을 달성하는 방법이라는 것이) 고통의 소멸로 이끄는 방법에 관한 신성한 진리이다.

『초전법륜경』105

이것은 붓다가 성도 후 행한 최초의 설법으로 다섯 수행자들에게 말씀하신 것이다. 초기불교의 교설을 일반적으로 사성제, 즉 네 가지 성스러운 진리라고 하는데, 그 내용이 이 첫 설법 속에 잘 나타나 있다.

먼저 여기에서는 인생을 고통이라고 할 때, 그 고통과 괴로움에는 어떠한 것이 있는가에[고성제] 대해 고찰해 본다. 그리고 다음으로 그 고통은 어떠한 원인과 이유에서 생겨났을까[고집성제], 그 고통을 없앤 상태는 어떠한 것인가를[고멸성제] 고찰한다. 마지막으로 고통을 없애기 위한 수단, 방법으로[고멸도성제] 제시된 여덟 가지 바른 방법을 알아보겠다. 이것을 간단히 정리하면 사제팔정도라고 한다.

이것을 오늘날 의사가 병 즉 고통을 다루는 방식과 비교해 보아도 전혀 모순되지 않는다. 즉 우선 병으로써의 고통을 바르게 알아 진단하고, 그 원인과 이유를 찾는다. 그리고 병을 치료하기 위해 이상적인 상태와 그러한 상태에 이르기 위한 바른 수단과 방법을 찾아내어 괴로움이 없는 건강한 상태를 얻게 하는 순서이다.

그것은 현대의 과학적, 의학적 접근과 동일하며, 매우 합리적인 사고방식에 근거한다. 의학의 입장에서 이해하면, 이 사제팔정도의 가르침은 이른바 마음의 병을 치료하는 것, 즉 심리치료에 적용해서 생각해 볼 수 있다.

고통으로부터 해방되는 것을 목적으로 하는 것은 모든 종교가 마찬가지지만, 붓다의 말씀 속에는 신앙이나 귀의를 말하는 요소가 거의 발견되지 않는다는 점에 특히 주의해야 한다.

고제苦諦, 고통이라는 진리

이제부터 사제四諦를 하나씩 자세히 살펴보도록 하자.

우선 첫 번째 고통이다. 일체개고一切皆苦라는 말도 있지만, 이 고통은 무상無常, 무아無我와 함께 불교의 가장 기본적인 입장이다. 고통과 무상, 무아는 삼유위상三有爲相 즉 현상계의 세 가지 모습이다. 다만 인생은 고통이라는 명제에 대해서는 그것을 진실이라고 할 수 없다는 반론도 있을 수 있다.

인생은 분명히 고통이다. 그렇지만 고통이 있으면 즐거움도 있지 않은가. 게다가 고통과 즐거움이라고 해도 그것을 받아들이는 사람마다 다르다. 경제적으로 궁핍해 보여도, 하루하루를 즐겁게 보내고 있는 사람도 있지 않은가. 또 비록 외부 환경이 똑같다고 하여도 사람마다 욕망이 다르고 욕망의 구체적인 내용도 그때그때 변한다. 그것을 고통이라고 느낄 때도 있지만, 고통으로 느끼지 않는 때도 있지 않은가.

불교는 이 점에서 때로 비관적, 염세적인 사상체계라는 꼬리표가 붙기도 한다. 그러나 붓다의 가르침은 모두 연기緣起라는 관계성 혹은 인과관계를 맥락으로 한다는 것을 이해할 필요가 있다. 고통은 어디까지나 고통이 소멸된 이상적 상태와의 관계에서 말해진다. 사성제는 고통이 없는 이상의 경지 즉 깨달음이나 열반의 존재를 전제로 설해진 것이고, 그 경지에서 보면 일체의 현상은 모두 고통[一切皆苦]인 것이다.[105]

태어나는 것, 늙는 것, 병드는 것, 죽는 것, 이 모든 것은 ─평범한 보통사람들에게는─ 고통이다. 그리고 미워하고 싫어하는 사람과 만나는 것, 사랑하는 사람과 헤어지는 것을 포함해서 원하는 것을 얻지 못하는 것도 고통이다. 즉 일체의 현상적 존재[五蘊]는 고통인 것이다.

붓다가 처음으로 설한 사제의 가르침은 불교가 고통의 자각을 출발점으로 해서, 고통으로부터 해방을 목표로 떠나는 여정임을 명료하게 보여주고 있다.

집제集諦, 고통의 원인이라는 진리

사제의 두 번째는 집集이다. 집集이란 함께 일어난다, 모여 일어난다는 의미로, 현상이 발생하는 원인 또는 이유를 가리킨다. 경전에 나타나 있듯이, 여기에서는 고의 원인 또는 이유로서 기쁨이나 탐욕을 수반하는 애[渴愛]를 말한다.

애愛는 욕애(欲愛, 감각적·물질적인 욕구), 유애(有愛, 내세의 욕락을 바라는 욕구), 무유애(無有愛, 존재가 없는 허무를 꿈꾸는 욕구)의 세 가지로 구분된다. 여기에서 말하는 애는 갈애라고도 번역되듯이, 갈증 난 사람이 물을 찾는 듯한 격정적인 욕구를 의미한다. 즉 신의 사랑이나 자비와는 전혀 다른 것으로, 실제로는 애증의 감정을 말하는 것이다.

호감이 가는 대상에는 애착과 탐욕을 일으키고, 호감이 가지 않는 불쾌한 대상에는 증오를 일으킨다. 그것은 이상적인 상태로 나아가는 것을 방해하는 마음 작용 또는 성격이나 기질인 번뇌를 가리키는 것이다.

덧붙여서 말하면 가장 기본적인 번뇌는 탐욕, 성냄, 어리석음의 세 가지[三毒]이다. 여기에 교만, 의심, 다섯 가지 삿된 견해[五見]의 일곱 가지를 더하여 10대 번뇌라고 한다.

교만은 자신이 다른 사람보다 뛰어나다고 생각하는 것으로, 자기중심적인 교만한 마음을 말한다. 의심은 선악善惡·인과因果·업보業報·삼세三世·삼보三寶·연기緣起·사제四諦 등을 의심하는 것이다. 다섯 가지 삿된 견해[五見]●2 는 신견身見·변견邊見·사견邪見·견취見取·계금취戒禁取의 다섯 가지 잘못된 견해(도그마)를 가리킨다. ●3

지금까지 번뇌에 대하여 다소 자세한 설명을 했는데, 이것들은 모두 애愛, 즉 격정적인 욕구를 표현한 것이었다. 즉 이것들은 인간의 욕구라는 심리적 요소의 모든 측면을 추출한 것이다.

프로이트 이래 인간 욕구에 대해 현대 임상심리학이 축적한 관련 지식은 매우 풍부하다. 다만 여기에서 번뇌로 언급된 모든 욕구는 어디까지나 이상적인 상태를 획득하는 목표와 관련해서, 그것을 방해하는 요소로 언급되고 있는 점이 특징이다.

불교는 단순한 이론이 아니다. 그것은 현대의 임상심리학과 마찬가지로 실천에 근거해서 기술된 것이며, 그 실천을 위한 매우 실용적인 체계이다. 불교가 이상적 상태로 들고 있는 목표는 현대 심리치료의 목표와는 질적인 면에서 다른 것일지도 모른다. 이에 대해서는 제3장에서 검토하겠다. 그렇지만 인간의 성장이라는 점에서 보면, 여기에서 언급한 번뇌라는 인간의 심리학적 요소들을 현대 심리치료의 관점에서 재검토하고, 그것이 현대 심리치료에서 어떤 의미를 갖는지를 생각해 보는 것은 대단히 의미 있는 일이다.

멸제滅諦, 고통이 소멸한 상태라는 진리

세 번째 멸제는 이상적인 존재방식이다. 갈애와 번뇌가 소멸되면, 그 속박에서 해탈된 이상적인 상태가 된다. 이것은 집착이 없어진, 장애가 없는 자유의 경지, 즉 깨달음을 가리킨다.

이지적理知的인 미혹인 견혹見惑은 사제의 도리 등을 이론적으로 이해함으로써 끊을 수 있다. 이 이론적인 깨달음은 초보적인 것으로 여겨지지만, 적어도 이것을 얻지 못하는 한 성자聖者가 되지 못한다.

또한 견혹을 끊는다 해도, 정의적情意的인 미혹인 수혹修惑이 남아 있는 동안은 습관적인 나쁜 버릇이나 습성 등이 여전히 존재하고, 최고의 깨달음에는 도달할 수 없다고 한다. 수혹은 오랜 기간의 습성에 따른 나쁜 버릇이나 경향이기 때문에, 그것을 없애는 것은 결코 쉬운 일이 아니다. 그렇지만 오랜 기간의 수행을 통해 미혹을 끊게 되면 깨달음의 길이 열리게 된다.

도제道諦, 고통을 소멸하는 방법이라는 진리

멸제인 이상적인 경지에 도달하기까지, 온갖 번뇌를 소멸시키기 위해 수행하는 수단과 방법이 네 번째의 도제이다. 경전에는 정견正見, 정사유正思惟, 정어正語, 정업正業, 정명正命, 정정진正精進, 정념正念, 정정正定의 여덟 가지 방법[八正道]을 언급하고 있다.

팔정도八正道는 욕락과 고행의 극단을 떠난 중도이고, 바른 깨달음으로 이끄는 가장 합리적이고 바른 방법이다. 팔정도 각각에 대한 간단한 설명을 이 장의 끝에 주로 달아놓았다.●4

팔정도를 이해하는 데 중요한 것은 그 각각이 독립해 있는 것이 아니라, 다른 것과 상호 관계 속에서 이해해야 한다는 점이다.

2 불교의 귀중한
심리치료
요소

사제·팔정도는 이른바 붓다가 제시한 심리학의 기초이론체계이다. 당연한 것이겠지만 불교는 단순한 이론적인 지식 체계만이 아니라, 아주 실용적인 실천 체계이기도 하다. 현대에서 불교가 재인식되는 것도 이러한 이유에 기인한 점이 크다. 바로 그렇기 때문에 불교를 심리치료라는 새로운 관점에서 바라보고, 현대에 활용하고자 하는 시도가 큰 의미를 갖는 것이다.

물론 전통적으로 종교로 전승되어 온 실천체계를 그대로 현대의 심리치료 방법으로 적용할 수는 없다. 심리치료와 종교의 영역이 어느 정도 겹쳐지는 부분이 있다고 해도, 심리치료는 결코 종교가 아님을 잊어서는 안 된다. 한 마디로 말하면, 심리치료는 결코 신앙의 체계가 아니라는 점이다.

신앙의 치료적 기능에 대해서 솔직히 부정할 생각은 없다. 하지만, 구체적 실천에서 치료자와 내담자에게 합리적, 과학적인 비판정신이 결여되어 있으면, 그것은 심리치료라고 할 수 없다. 불교를 심리치료로 간주하고자 할 때, 이 점은 몇 번을 강조하고 확인해도 지나치지 않는다.

그러나 불교의 경우는 명상의 실천이라는 영역이 강조되기 때문에, 심리치료가 갖는 중요한 요소가 내포되어 있음을 간과해서는 안 될 것이다. 불교는 현대 심리치료가 갖고 있지 못한 중요한 몇 가지 특징을 갖고 있다. 즉 계율, 의례, 고요, 명상, 기도 등이 그것이다. 아래에서는 이것들의 중요한 특징을 언급하면서, 논의의 범위를 차츰 넓혀가고자 한다.

이러한 요소들은 모두 불교가 종교라는 증거라고 말하는 사람도 있을 것이다. 그렇지만 나는 이것들을 모두 신앙에 귀속시킬 필요는 없다고 생각한다. 오히려 현대에 어떻게 활용할 수 있을지 생각할 수 있다면, 굉장히 유익한 작업이 될 것이다.

제2장에서는 이러한 토대에서 불교라는 심리치료를 살펴보고자 한다. 특히 현대에서는 간과하기 쉬운 불교만의 특징을 골라내어 치료체계로서의 귀중한 심리치료적 요소를 찾아보고자 한다.

계율

불교적 실천의 근본적 틀인 사제·팔정도의 가르침은 붓다가 성도한 후에 처음으로 다섯 수행자들에게 설한 것으로, 이른바 전문가를 위한 가르침이었다. 그러나 붓다는 일반 사람들에 대해서는 반드시 처음부터 이 사제를 교조적으로 설하지 않았다. 붓다는 그때그때 듣는 사람의 능력에 맞추어 가르침을 펴고, 어느 정도 이해에 도달했을 때 사제의 가르침을 설했다고 한다.

이것을 차제설법次第說法이라고 한다. 현대의 우리들에게 있어서 그리고 현대 심리치료에 있어서는 사제의 가르침만이 아니라, 이 차제설법에 대해서도 알아두는 것이 중요할 것이다.

차제설법이란 처음에 시론施論, 계론戒論, 생천론生天論의 삼론三論을 설하고, 두 번째로 모든 욕망의 재난과 이욕離欲의 공덕을 설하고, 세 번째로 불교의 독자적인 가르침인 사제·팔정도를 설한 것을 말한다.

시론施論은 가난한 자와 수행자들에게 보시하고, 자선 행위를 하는 이야기이고, 계론戒論은 살생하지 않고, 훔치지 않고, 거짓말하지 않고, 간음하지 않고, 음주하지 않는다는 오계五戒 등의 계율과 도덕에 관한 이야기이다. 생천론生天論은 보시와 계율, 도덕 등의 선한 일을 실천하면, 그 결과로서 사후에 반드시 하늘나라에 태어나 행복하게 살 수 있다는 이야기이다.

붓다는 인과업보설因果業報說을 제대로 알지 못하는 사람들을 위해서 우선 이 삼론三論을 설했다고 한다. 이 삼론은 현대의 합리적 정신에선 상식에서 보면, 머리를 갸웃하게 하는 면도 있다. 또 그것은 신앙으로 이끄는 가르침일 뿐이라고 말하는 사람이 있어도 놀랄 일은 아니다. 더욱이 그것들은 모두 심리치료와는 어떤 관계도 없다고 말하는 것도 당연할 것이다.

일반적으로 종교에는 계율이 존재한다. 그것은 신앙에 있어서는 절대적인 것이다. 그러나 그 가운데에는 맹목적으로 지켜야하는 것이 있어서, 현대의 합리적 정신을 몸에 익힌 사람들이 받아들이기에 곤란한 것도 있다. 과거에는 계율이란 형태로 제시될 필요가 있었던 것도 있을 것이다. 그것들에 대해서는 현대의 지성을 통해 객관적, 비판적으로 판단하면 된다. 그러나 그렇다고 해서 계율이 의미가 없다고 말할 수는 없다.

붓다가 우선 삼론을 설한 것은 사제라는 진리로 사람들을 이끌기 위함이었다. 왜냐하면 사제를 지식으로 아는 것은 간단하지만, 그것을 정말로 이해하기 위해서는 그 이해로 이끌기 위한 체험적 기초와 체험적 이해가 필요하기 때문이다. 계율 가운데에는 현대엔 무의미하다고 여겨지는 것이 있을지도 모르지만, 그것들을 사제의 도리를 이해하기 위한 체험적 기초로서 파악하는 것은 의미 있는 일이 아닐까 생각한다.

그렇게 보고 삼론을 이해하면, 현대에서 계율의 의미는 다음과 같이 생각해도 좋을 것이다. 그것들은 자신의 라이프 스타일과 사회적 행동, 자신의 지각과 인식의 방식, 반성의 눈을 갖게 되는 계기를 부여하는 것이고, 매일의 습관, 일, 놀이, 식사, 수면 등 아무렇지도 않게 이루어졌던 행동을 자각하게 하는 것이라고.

계율에 비추어서 일상생활에서 자신의 행동에 주의를 기울이면, 그때마다 내면의 반성이 이루어지게 된다. 그리고 그것은 자기 자신에 대한 자각을 한층 북돋아주는 것으로 이어진다.

사제에 대한 깊은 이해는 이러한 태도가 몸에 익숙해질 때 한층 깊어짐에 틀림없다. 또 삼론 다음에 설해지는 모든 욕망의 재난과 이욕의 공덕도 단순히 도덕적 가치관을 가르치는 것만이 아니라, 보다 깊은 체험적 이해로 이끌기 위한 도정으로 설한 것이라고 생각하면, 현대의 합리적 입장에서 보아도 결코 납득할 수 없는 것만은 아닐 것이다.

불교를 심리치료로 이해하는 실천적 측면에서는 계율도 결코 무시되어서는 안 된다. 계율에 침잠되어 있는 유익한 요소를 끌어내어 생각하는 것은 현대를 사는 우리에게 있어서도 결코 무의미한 것은 아니다.

의례와 고요함

현대인들은 이것 역시 종교적 요소라고 말하겠지만, 현대 지성의 입장에서는 그 가치를 새롭게 인식하고 있다. 그래서 의례라는 요소 또한 매우 중요한 것으로 간주된다. 의례가 갖는 가치는 심리치료에 있어서도 결코 소홀히 할 수 없는 중요성이 있으며, 그래서 그것은 현대사회에서 다시금 부각될 필요가 있는 것은 아닐까라는 생각마저 하게 된다.

합리적 정신이 현대사회를 지배하면서, 종교는 형식화되고 종교 의례는 무가치한 것으로 평가되고 있다. 하지만 그와 함께 삶의 의미까지도 점점 경박해지지는 않았는지 생각해 볼 일이다.

의례 및 의식은 의미가 없는 단순한 형식적인 행동이 아니다. 그것들은 그것을 집행하는 사람이 마음으로 만들어낸 행위이다. 거대한 존재에 대한 경외감, 생명에 대한 경건한 마음, 자연과 존재에 대한 감사, 우주의 신비에 접촉한 순간의 전율…. 인간은 이러한 마음을 행동으로 표현해 왔다. 의례란 이러한 인간의 마음이 만들어낸 행위인 것이다.

존재의 신비에 가슴이 요동칠 때, 사람은 자연히 보통과는 다른 몸짓을 할 것이다. 자신도 모르게 손을 모으고 땅에 엎드리고픈 기분이 들 때, 거기에서 자연스럽게 의례적 행위가 나오게 된다.

의례가 이렇게 만들어진 것이라고 하면, 그것은 필요가 있어서 만들어진 것이라고 말할 수 있지 않을까. 종교라는 것은 모두 이 의례적 행위를 소중하게 계승하고 있는 것으로, 불교도 결코 예외는 아니다. 현대사회에서 종교가 형식화되면서, 더불어 의례적 행위 또한 무가치한 것이 되었다. 그런데 과연 의례는 더 이상 인간에게 있어 필요하지 않은 것일까.

현대사회에서 앞서 든 경외감, 경건한 마음, 감사, 전율 등을 깊이 체험하는 일은 분명 드문 일일 것이다. 하지만 계승되어온 의례란 행위를 통해서 이번엔 거꾸로 그 가치를 재발견할 수 있지 않을까. 그 마음은 시대를 초월하여 언제나 사람 속에 있을 것이다. 의례란 행위는 의례의 실천을 통해 의례를 만든 그 본래의 마음을 되살리는 행위임에 틀림없다.

현대사회에서 이루어지고 있는 심리치료는 의례의 이러한 중대한 가치를 간과하고 있는 것 같다. 만약 의례가 인간의 내면 깊숙이 잠자고 있는 중요한 마음을 표면으로 이끌어내는 힘을 갖고 있다면, 그 요소를 현대의 심리치료에서 적극적으로 이용해야 할 것이다.

의례는 대개 깊은 고요함[靜寂] 속에서 이루어진다. 이러한 고요함 또한 현대 심리치료가 간과하고 있는 중요한 요소이다. 내면의 마음을 응시하고자 할 때, 고요한 시간은 매우 중요한 의미가 있다.

심리치료를 원하는 사람들의 마음에는 고통과 불안의 씨앗이 소용돌이 치고 있다. 그것은 마치 탁한 흙탕물과 같은 것이다. 흙탕물은 조용히 가만히 두면 자연히 진흙이나 쓰레기를 침전시키면서 깨끗해진다.

고요함은 마음의 소용돌이를 가라앉히고, 마음을 맑게 하고, 진흙과 쓰레기라는 더러움의 근원을 보기 쉽게 한다. 현대의 치료 환경에서 이런 고요를 유지하는 것은 정말 힘들지도 모른다. 그렇지만 그러한 요소가 심리치료에서 중요하다는 것만큼은 잊어서는 안 된다. 현대의 치료 환경은 이것에 대해 너무나 무신경한 것 같다.

명상

고요를 소중히 하는 불교의 실천 가운데에서도 가장 중요한 것이 명상이다. 가장 중요하다는 것은 불교의 입장에서 중요하다는 것만이 아니다. 명상은 현대의 심리치료법에 있어서도 이제부터는 가장 중요한 실천법의 하나가 되리라고 생각한다.

제2장에서는 지금까지 불교의 근본 교설인 사제를 중심으로 다루면서, 불교를 현대의 심리치료로 재인식하기 위한 방법을 모색해 왔다. 사제의 중요성은 그 사고방식 역시 그럴 만하지만, 무엇보다도 팔정도라는 실천체계에 있다고 생각된다. 팔정도는 앞서 말한 대로 정견, 정사유, 정어, 정업, 정명, 정정진, 정념, 정정의 여덟 가지 실천방법이다.

이것들은 이미 기술한 바와 같이 각각이 다른 것과 상호 보조하고 협력하는 관계에 있다. 즉 그 가운데 어느 하나를 열심히 실천하면 좋을 그런 성격의 것이 아니다. 그렇지만 팔정도 각각을 잘 활용하기 위해서는 그 기초가 된다고 말할 수 있는 정신단련의 실천이 있다. 그것이 정정正定, 즉 명상의 실천이다. 매사를 바르게 보고, 바르게 생각하고, 바른 길을 걷기 위해서는 바른 정定, 즉 매일 기본적인 명상을 실천하는 것이 매우 중요하다. 이것은 불교를 실천할 때 가장 기초적인 훈련이다.

그러나 오늘날 일반 사람들에게 명상을 불교 수행으로 한정하는 것은 아마도 큰 의미를 갖지 못할 것이다. 명상이 현대에 생명력을 지니기 위해서는 심리치료로 재인식될 때 가능하다는 것이 이 책의 입장이다.

오늘날 명상은 이미 다양한 곳에서 이루어지고 있고, 특히 서양사회에서는 실제 심리치료로 응용되고 있는 예가 매우 많다. 이러한 흐름 속에서 현대 의학과 심리학은 명상을 과학적 방법을 통해 연구하고 있다. 이러한 연구들과 그에 근거한 논의에 대해서는 제4장에서 다시 살펴보기로 하자. 여기서는 본 책이 사용하는 명상이라는 말 자체를 어떻게 이해할지에 대해서 조금 더 생각해 보고자 한다.

● 명상이란 무엇인가?

제1장부터 지금까지 불교에서 실천하는 수행의 하나로 명상이라는 말을 특별한 설명도 하지 않고 사용해 왔다. 그러나 이 책을 읽는 독자들은 명상이란 말을 들으면 실제로 무엇을 떠올릴까.

불교권에 사는 많은 사람들은 아마도 바로 좌선坐禪하는 모습을 떠올리지 않을까. 절이나 불교와는 전혀 관계없이 자란 사람이라도, 또 실제로는 한 번도 좌선을 해 본 적 없어도, 선방에서 수행하는 선사들이 등을 반듯이 펴고 고요한 표정으로 단정히 앉아 있는 모습은 우리들에게 익숙한 광경으로 기억의 한 편에 남아 있을 것이다. 명상이라고 하면 좌선하는 이미지가 대표적으로 떠오르는 것으로, 인간이 하는 어떤 실천적 행위를 가리키는 말이다.

명상冥想의 의미를 사전(大修舘書店『大漢和辞典』)에서 찾아보면, 눈을 감고 조용히 생각하는 것으로 되어 있다. 명冥에는 어두운, 빛이 없는, 밤, 어둠, 깊은, 먼, 구석 깊은 곳, 침묵하다, 침묵하고 생각에 잠기다, 감추다, 암묵적으로 생각이 일치하는 것, 신의 이름, 눈을 감는다와 같은 의미가 있다.

그렇게 생각하면 명상이라는 말은 좌선과 같은 전통적인 종교 수행법과는 관계없는 말이었을지도 모른다. 실제 불교 전통 속에서도 명상이라는 말 자체는 발견되지 않는다. 비슷한 의미를 굳이 찾는다면, 완성을 목표로 하는 방법이라는 의미의 브하와나Bhāvanā가 명상에 해당한다. 어원은 그렇다 치고, 오늘날 사용되고 있는 명상이라는 말을 듣고 우리들이 가장 먼저 좌선의 이미지를 떠올린다고 해도, 명상에는 그 외에도 다양한 요소들이 있다.

● 명상과 메디테이션meditation

메디테이션meditation이라는 말은 어떤 이미지를 떠올리게 할까. 근래 이 말이 자주 쓰이고 있기 때문에 분명 어딘가에서 들어보았을 것이다. meditation의 번역어로 명상이 널리 사용되고 있다.

메디테이션이라는 말은 근래 서양사회에서는 일찍이 볼 수 없었던 정도로, 사용빈도가 증가하고 있다. 그 중 한 예에 불과하지만, 전에 우연히 위성방송을 통해 미국 뉴스를 보고 있었는데, '깊고 긴 메디테이션 상태에서 눈을 뜨고, 결국 움직이기 시작한 활동단체'라는 표현을 들은 적이 있다. 이렇듯 메디테이션은 오늘날 매우 폭넓은 의미로 사용되고 있다. 하루가 다르게 엄청난 속도로 전 세계의 정보가 교환되는 오늘날, 명상이란 말은 외국에서도 다양한 매체를 통해 깊이 정착되어 가고 있다. 현재 사용되고 있는 명상에는 명상의 본래 의미에 이러한 경향이 결합되면서 차츰 외래어로서의 요소 또한 강하게 반영되고 있다.

이미 제1장에서 다루었듯이, 명상은 선뿐만 아니라, 티베트 불교와 동남아시아 등에 널리 퍼진 테라와다 불교 등에서 의식수련을 위해 사용되었던 다양한 방법들을 포함한다. 이 책이 다루고자 하는 명상은 현재 서양사회에서 사용되는 메디테이션을 염두에 둔 것으로, 오늘날 세계적으로 사용되고 있는 매우 폭넓은 사용법임을 밝혀 둔다.

그런 의미에서 이 책에서 사용하고 있는 명상은 반드시 선의 전통으로 연결되는 좌선을 의미하지 않는 부분도 있음을 덧붙여 밝혀 둔다. 명상을 현대적으로 어떻게 정의할까라는 문제에 대해서는 다른 책[9]에서 상세히 언급하고 있기 때문에 이 책에서는 다루지 않을 것이다. 그렇지만 이 명상이라는 용어의 사용을 통해 이 책과 같은 관점과 접근이 생겨난다는 것, 그리고 그것이 불교라는 종교적 전통에 대해서도 새로운 단면을 만들어 낼 가능성이 기대된다는 것을 여기에서 다시 한 번 강조하고자 한다.

기원과 자애

기원祈願은 불교만이 아니라 모든 종교에 공통하는 본질적인 요소이며, 인간의 중요한 심리 작용이라 할 수 있다. 이것 또한 합리적, 과학적 태도가 지배적인 현대에서 오랜 시간 한 쪽 구석에 밀어놓았던, 인간의 뛰어난 활동 가운데 하나이다.

심리치료와 기원은 일견 어떤 관계도 없는 듯하지만, 현대인이 잊고 있었던 심리적 활동으로서의 기원에는 현대 심리치료에서도 재검토해야만 할 중요한 요소가 많다. 왜냐하면 기원이라는 행위에는 현대인에게 매우 부족한 배려와 자애라는 인간적인 마음을 가꾸는 매우 중요한 의의가 포함되어 있기 때문이다.

특히 요즘 젊은이들에게 배려가 상실된 사태는 심리학적 연구를 통해서 그 원인이 규명되고 있고, 또 문제 해결을 위해서는 배려심을 키우는 교육이 무엇보다도 시급하다는 주장이 강력히 제기되고 있다.[111] 이러한 연구결과들을 보면, 누구나 다음 세대에 대해 크게 우려하게 된다. 그러나 젊은이들을 통해 표면화된 배려의 상실은 결코 젊은이들만의 문제가 아닐 것이다. 거기에는 우리 어른들이 만들어 낸 정신문화의 변화가 뚜렷이 드러나 있다. 우리들 모두가 옷깃을 여며 맬 필요가 거기에 있는 것이다. 이것으로 대표되는 현대인의 문제는 교육의 필요성을 부르짖기 이전에, 현대 사회의 정신문화 전반에 대한 반성이 요청된다.

심리치료의 실천은 그 이론과 기술의 습득 이전에 무엇보다도 우선 배려가 기본이 되어야 한다. 아무리 뛰어난 테크닉이 있다고 해도, 치료에 관계하는 사람이 배려심 없는 사람이라면, 그 결과는 볼 필요도 없다. 만약 현대인에게 전체적으로 배려가 부족해졌다면, 그 곳에서 이루어지는 심리치료에는 큰 기대를 할 수 없다. 그러므로 특히 심리치료에 관계하는 사람에게는 배려심을 키우는 것이 무엇보다 중요하다 하겠다.

붓다는 '마치 어머니가 외아들을 목숨을 걸고서라도 지키려 하듯이, 그렇게 살아 있는 모든 것에 대해서도 무량한 ^(자애의) 마음을 일으켜야 한다.'[35]고 제자들에게 가르쳤다. 자애의 마음은 어머니가 자신의 아들을 목숨 걸고 지킬 때 볼 수 있는 인간의 진정 아름다운 마음이다. 그런 마음으로 모든 사람과 일을 대하는 것이 불교의 실천인 것이다.

명상도 불교라는 자애의 문화 속에서 이루어질 때, 비로소 그 참된 존재 의미를 발휘할 수 있다. 명상은 수천 년 동안 내려온 정신문화 속에서 배려와 자애를 키우는 뛰어난 기술로 전승되어 왔다.

배려와 자애는 교육보다는 문화를 통해서 암묵적으로 전해졌다. 그렇다면 그것을 말과 지식으로 이해하여 몸에 익히는 것은 불가능하지는 않겠지만, 결코 쉽지 않은 일이다. 그것은 사람이 태어나서 자라는 문화 속에서 자연히 몸에 갖추어지는 것이라고 생각된다.

배려는 일반적으로는 다른 사람을 향하는 것으로, 자애보다 더 개인적인 색채를 띤다고 할 수 있다. 그렇지만 이 둘에 본질적인 차이는 없다. 배려가 보다 깊어지면, 자애의 마음을 자연히 지니게 된다. 그리고 자애의 문화를 접하면서 배려는 보다 깊이 자라날 것이다. 그렇게 생각하면, 불교를 비롯한 모든 종교가 중요시하는 기원의 실천은 현대사회에서 종교가 없는 사람들에게 있어서도 매우 가치 있는 일이 되지 않을까.

모든 수행생활의 의미도 스님들에게만 중요한 것이 아니라, 많은 사람들에게 유익하다. 사찰에서 행하는 본격적인 수행생활의 의미에 대해서는 제6장의 공유공간에 대한 의식에서 자세히 다루겠다. 여기에서는 수행을 포함하여, 선의 실천에서 가장 중요한 것 가운데 하나인 서원 즉 사홍서원을 살펴 보겠다. 명상은 이러한 서원[기원]을 가슴에 품고 행하는 것이고, 지금 말한 것과 같은 사고방식에서 보면, 새로운 관점에서 파악할 수 있는 귀중한 의미를 그 속에서 찾을 수 있다.

衆生無邊誓願度: 중생의 수는 무한하더라도,
　　　　　　　　반드시 모두 구하고자 서원한다.

煩惱無盡誓願斷: 번뇌의 수는 무수하더라도,
　　　　　　　　반드시 모두 끊고자 서원한다.

法門無量誓願學: 붓다의 가르침은 한량이 없더라도,
　　　　　　　　반드시 모두 배우고자 서원한다.

佛道無上誓願成: 불교의 도는 끝이 없더라도,
　　　　　　　　반드시 성취하고자 서원한다.

이러한 깊은 생각, 즉 기원을 가능케 하는 인간의 감정이 자애이다. 선(禪)은 서원을 통해 전해 온 문화이다. 그것은 현대에 있어서도 결코 잃어버림 없이, 많은 사람들에 의해서 소중히 지켜지고 있으며, 보다 많은 사람들이 자애의 정신을 자각할 날을 기다리며 존속하고 있다.

반드시 선과 불교에 한정해서 권하는 것은 아니지만, 현대에서 배려를 회복시키는 것은 이러한 자애의 문화, 기원의 문화를 새로운 눈으로 재평가함으로써 ─ 단순히 믿는 것이 아니라, 지적으로도 충분히 납득하면서─ 그 소중한 가치를 우리의 마음속에 회복하는 것이 진정한 구원이 아닐까.

불교의 가치와 기원의 가치는 이 점에서 현대인에게 그리고 현대의 심리치료 및 심리치료가들에게 매우 중요한 의미가 있다.

3　불교와 선의
기본적인
사고방식

　　　　　　　　불교의 기본은 사제·팔정도에 응축되어 있다. 불교 전반을 널리 알기 위해서는 그 기본적 사고방식과 기본적 태도라고 할 요소에 대해 좀더 아는 것이 필요하다.

　　불교 문화권에서 자란 사람들이라면, 아마도 어디선가 들어 본 듯한 불교 용어가 의외로 많을 것이다. 앞서 기술했던 고통, 번뇌, 해탈 외에도 불교라고 하면 무상, 무아, 무, 공과 같은 말도 많이 들어 보았을 것이다.

　　여기에서는 불교에 대한 개괄적인 이해를 위해서 제행무상, 제법무아, 기사구명의 세 가지 표현을 예로 들어보겠다. 이러한 개념들을 잘 이해하고 나아가 불교 일반의 지식을 폭넓게 이해하면 이후 심리학적 이해에도 도움이 될 것이다.

제행무상諸行無常

고통, 무상, 무아는 불교의 기본 입장으로 자주 언급되는 것이다. 고통에 대해서는 사제에서 자세히 고찰했기 때문에, 여기에서는 무상과 무아의 기본적인 사고방식과 태도에 대해 알아보도록 한다.

제행무상諸行無常은 모든 현상계는 불생불멸不生不滅의 상주불변常住不變하는 것이 아니라, 항상 생멸하고 변화하는 것임을 의미한다. 제행무상의 행은 팔리어로 상카라sankhāra라고 하며, 생멸변화하는 모든 현상을 뜻한다. 제행무상이라고 하면 덧없다, 허무하다는 식의 염세적이고 절망적으로 보는 경우가 많지만 그것은 무상의 본래 의미가 아니다.

무상이란 우리들의 마음이 끊임없이 움직이는 것, 세상이 끊임없이 변화하는 것, 자연계도 끊임없이 운동하고, 천체와 우주도 끊임없이 변화한다는 것을 의미하는 불교의 근본적인 사고방식이며 진리이다. ●5

제법무아諸法無我

또 다른 중요한 기본적 사고방식은 무아無我의 입장이다. 제법무아란 모든 것에 실체나 본체가 없음을 의미한다. 불교에서 제법諸法이나 일체법一切法이라고 하는 경우의 법法은 사물이나 마음의 현상적 존재 모두를 의미하는 용어로, 제행무상의 제행諸行과 같은 의미라고 생각해도 좋다.

무아는 주로 초기불교나 부파불교에서 사용되었는데, 대승불교에서는 공空으로 표현하는 경우가 많다. 즉 무아와 공은 같은 의미이다. 중국 선종에서는 이것을 무無로 표현한다. 참고로 공이나 무는 종종 허무하다는 뜻으로 이해하는 경우가 있는데 이것은 잘못이다.

　　무아와 공은 이론적으로는 그 자체로 결정된 성질이 없고, 고정성이 없다는 것이다. 모든 현상적 존재는 영구히 불변하는 것이 아니며, 거기에 고정된 성질이나 상태는 없다. 무아 즉 실체가 없는 것을 실체적인 아我라고 오해하고, 이것을 불변의 실체로 고집하기 때문에 그것이 변화하거나 쇠멸한 때에는 기대가 무너지고, 고통이 생기는 것이다. ●6

　　심리학적 입장에서 보면, 이 무아라는 개념은 결정적으로 중요한 의미가 있는 동양의, 즉 불교의 독자적인 사고방식이다. 서양심리학은 자기나 자아의 개념을 중심에 세워놓고 있다고 말해도 좋을 정도로, 자아가 차지하는 위상이 높다. 그러나 존재하는 것은 모두 실체가 없다는 무아의 사고방식은 그 근본 발상부터 서양심리학과는 매우 다르다.

　　현대 심리치료가 목표로 하는 자기실현도 불교, 즉 무아의 입장에서 보면 커다란 의미가 있는 것은 아니다. 불교의 사고방식에서 보면 자기도 또한 무아이기 때문이다. 그것을 실체라고 간주하는 관점 자체를 넘어선 입장을 추구하는 것이 불교라는 심리치료이다. 불교에서 자기는 실현되는 것이 아니라, 초월되어야 하는 것이다.

기사구명己事究明과 십우도

기사구명에 대해서는 특별한 설명이 필요 없을 것이다. 불교적 실천의 목표는 기사구명, 즉 자신을 아는 것, 궁구窮究하는 것이다.[112] 이것은 선의 전통에서 특히 강조하는 불교의 기본적 태도이다. 또한 사제와 같은 이론적 기초 이상으로 실천적인 측면에서 매우 기본적인 중요한 가르침이다.

선은 좌선을 중심으로 하는 전통적 수행체계이다. 그렇기 때문에 현대의 일반 사회생활을 영위하는 사람들에게 그대로 적용될 수 없을지도 모른다. 그러나 선은 자신을 알고 싶어 하는 모든 사람들에게 풍부한 지혜를 충분히 제공했다. 그럼에도 본격적으로 도를 추구하는 엄격한 수행은 일상생활을 하고 있는 사람과는 관계없는 특별한 것이라고 생각할지도 모른다.

그렇지만 자신을 안다는 것은 세세한 일상생활에서 늘 일어나는 일이다. 다만 우리가 잘 알아차리지 못할 뿐이다. 바꾸어 말하면, 알아차릴 수 있는 눈이 없는 것이다. 선이나 명상은 그러한 눈을 갖추기 위한 것이라고 말해도 좋다. 선의 전통에서는 그러한 눈을 갖추기 위한 전문적 훈련과정이 오랫동안 소중하게 지켜져 왔고, 또 전해지고 있다. 우리들은 선승禪僧이 되려는 것이 아니기 때문에 본격적인 엄격한 수행을 오랜 기간 이어갈 필요는 없다. 그렇지만 비록 짧더라도 그런 훈련 기회를 얻게 되면 반드시 유익한 결과가 있을 것이다.

선이나 명상이 필요불가결한 것이라고 말하는 것은 결코 아니다. 다만 그러한 눈을 조금이라도 갖추게 되면, 일상생활에서 자신을 알 수 있는 기회가 얼마든지 있을 것이다. 예를 들어 성가신 일을 만나 고생할 때, '나는 늘 편하려고 했구나.'라는 아주 소소한 알아차림으로도 좋다. 자신을 안다는 것은 바로 이러한 것이다.

　　그런 소소한 알아차림이 반복되면, 자기 탐구의 도정은 깊고 넓어지게 된다. 선의 전통에는 본래의 자신을 찾아가는 도정이 그려진 10장의 그림이 예부터 전해진다. 거기에 이 기사구명하는 자기참구의 도정이 그려져 있다.[2] 그림은 목동이 잃어버린 소를 찾아가는 일련의 드라마로 그려져 있다. 소는 본래의 자신 혹은 진실된 자신을 나타낸다. 불교를 심리치료로 보는 경우 여기에는 아주 귀중한 심리학적 힌트가 엄청나게 감추어져 있다.

　　여기에서는 이 십우도十牛圖를 불교의 기초적인 자기탐구를 위한 여행 지도로 파악하고자 한다. 십우도에 대해서는 자세한 해설서가 많기 때문에 이 책에서는 굳이 언급하지 않겠다.

　　십우도가 나타내는 것은 소는 언제나 거기에 있다는 것이다. 아무리 사소한 것이라도 자신을 알아차렸을 때, 그 순간 사람은 소와 만나고 있는 것이다. 십우도는 그 하나하나의 알아차림을 소중히 하는 법을 가르친다. 인간의 행복, 즉 여유롭고 풍족한 마음이란 자신을 아는 것이고, 본래의 자기와 만나는 것이다. 인생이란 기사구명의 여행이고, 그런 의미에서 살아있는 동안 자기 자신의 심리치료를 끊임없이 이어가는 것이라고 말해도 좋다. 서양 심리학도 동일하게 주장하듯이, 그 목표는 자기실현을 향해 걸어가는 것이다.

　　본래의 자신을 찾아가는 여행은 십우도에 그려진 것처럼 정말로 어렵고 멀고 먼 도정이다. 인생의 목적과 가치는 그 여행을 계속하는 데 있다. 어떤 일을 선택하든, 어떤 인생을 살든, 여행에서 만나는 하나하나의 귀중한 순간에 주의를 게을리 하지 않고, 고삐를 단단히 쥐고 가는 것의 중요함을 십우도는 가르쳐 주고 있다.

　　어떠한 길을 걸어가든, 인간의 삶에는 자신을 찾고자 노력하는 고상한 목표가 있다. 그렇지만 현대의 정신문화는 그러한 노력을 중시하는 선조들의 훌륭하고 아름다운 문화를 어느덧 눈에 보이지 않는 구석을 밀쳐낸 듯하다. 자기참구를 마음 깊이 새기고, 가능한 많은 사람에게 도움이 되는 사람이 되려는 목표를 갖고 살아가는 것의 중요함. 선의 전통은 그것을 많은 사람들을 위해, 즉 인류 전체를 위해 한결같이 굳건하게 지켜오고 있다.

각주

[1]　이 책에서 불교의 핵심을 설명하면서 불필요한 혼란을 피하기 위해서 중요한 대부분의 내용을 미즈노 코겐水野弘元의 『佛教の基礎知識』[105]에 근거해서 기술했다. 다만 필요에 따라서 자유롭게 다른 문헌을 참조하면서 보충하였다.

[2]　**신견身見** _ 불멸의 실체로서 자아와 영혼의 존재를 인정하는 형이상학적 본체론.
　　변견邊見 _ 존재가 실제로 있다고 하는 설과 없다고 하는 설의 두 가지 극단적인 설.
　　사견邪見 _ 선악과 인과의 법칙을 부정하는 설.
　　견취見取 _ 이상적인 것이 아닌 것을 이상적이라고 잘못 생각하는 것.
　　계금취戒禁取 _ 바르고 이상적인 목표가 있더라도 그에 도달하는 방법이 잘못된 것.

[3]　번뇌에는 이지적理知的인 번뇌인 견혹見惑과 정의적情意的인 번뇌인 수혹修惑의 두 가지가 있다. 이지적인 번뇌는 바른 도리를 들으면 바로 제거할 수 있는 번뇌로, 다섯 가지 견해五見와 의심 등이 견혹에 속한다.
　　정의적인 번뇌는 이성적으로는 알고 있지만, 오랜 기간 잘못된 학습 때문에 좀처럼 제거되지 않고, 시간을 들여 수양, 노력하여 제거할 수 있는 번뇌로, 탐욕·성냄·어리석음·교만 등이 있다.

[4]　**팔정도**
　　① **정견正見** _ 삿된 견해邪見의 반대. 불교의 바른 세계관과 인생관으로서 연기와 사제의 도리를 바르게 아는 지혜. 세속생활을 영위하는 사회인에게 정견은 사회에 대한 바른 앎과 이해이다. 예를 들면 사업에 대한 전체적인 통찰을 바르게 갖고, 바른 방향설정을 하는 것이다.

　　② **정사유正思惟** _ 정견이 전체에 대한 종합적, 기본적인 견해라고 하면, 개개의 실천의 경우에서는 바른 사념思念, 바른 결의를 가리킨다. 탐욕·성냄·어리석음 등의 번뇌를 떠난 바른 사유와 의사意思 작용이다.

　　③ **정어正語** _ 바른 언어적 행위이다. 거짓말·욕·이간질中傷·아첨하는 말綺語를 떠나, 진실을 말하고, 자신과 주변 사람들에게 해가 되는 것을 피하고, 이익을 줄 수 있는 것만을 말하는 것이다.

　　④ **정업正業** _ 살생·도둑질·불륜행위邪淫를 떠나, 생명체를 사랑하고, 곤궁한 자에게 재물을 베풀고, 바른 성생활을 하며 부부가 화목한 것이다.

⑤ **정명正命** _ 바른 생활. 잘못된 생활[邪命]을 떠나, 바른 방법으로 생활하는 것. 일반 사람의 입장에서 말하면 도박 등에 빠져 생활하거나, 옳지 않은 중개업이나 매춘 등으로 생활하는 것을 사명邪命이라고 한다.

⑥ **정정진正正進** _ 바른 노력. 바른 이상을 향해 용기를 가지고 나아가는 것. 정정진은 수행자에게도 일반인에게도 일상의 모든 행위에 필요하다. 팔정도에 정정진이 빠지고 나머지 7항목만 남게 되면, 팔정도가 완성되지 않는다.

⑦ **정념正念** _ 염念이란 기억하여 잊지 않는 것. 불교인으로써 필요한 것을 항상 마음에 새겨 두는 것이고, 무상無常·고苦·무아無我 등의 불교의 근본 입장을 잊지 않고 마음에 새겨, 실천하고자 노력하는 것이다.

⑧ **정정正定** _ 정定이란 마음을 다스려 가라앉히는 것. 바른 정신통일을 말하는 것으로, 선정禪定이라고도 한다. 정정은 정념을 바르게 하기 위해 필요하고, 마찬가지로 정견과 정사유 등의 경우에도 정신통일이 필요하다. 또 정신이 통일되어야 정어, 정업, 정명, 정정진이 바르게 이루어진다. 그러나 또한 정견과 정념이 되어야 비로소 정정도 바르게 얻을 수 있다.

[5] 무상無常은 붓다가 불교의 근본으로 내세운 명제인데, 그 이유는 이론적인 이유와 실천적인 이유가 있다.[150] 이론적 이유는 모든 만들어진 것[諸行]이 무상하기 때문에 세상에는 고정되고 불변된 실체란 인정되지 않는다는 무아설無我說의 근거가 되기 때문이다. 경전에는 다음과 같은 문답으로 무상에서 무아로 이끄는 도리가 확인된다.

'비구들이여, 거기에서 색(色, 육체와 물질)은 상주(常住, 영원)하다고 생각하는가
아니면 무상하다고 생각하는가?'
"무상합니다."
"또 무상한 것은 고통인가 아니면 즐거움인가?"
"고통입니다."
"또 무상하고 고통이고 변화의 성질이 있는 것을 '이것은 나의 것이다,
나는 이것이다, 이것은 나의 자아다' 라고 간주해도 좋은가?"
"좋지 않습니다. 존귀한 분이시여!"

_『상윳타 니카야』[105]

무상은 이렇듯 '색은 무상이다, 무상인 것은 고통이다, 고통인 것은 무아이다' 라는 형식으로, 이론적으로 무아설을 설하는 근거로 제시되는 것이고, 여기에서는 동시에 실천적인 이유도 제시된다.

먼저 그것은 무상관無常觀을 중시하는 입장이다. 인생에서 가까운 이들의 죽음과 같은 온갖 불행과 비애와 같은 감정은 자신을 반성하고, 고뇌에서 벗어나는 종교심을 일으키는데, 무상이란 말은 그런 감정을 가리키는 중요한 용어이다.

또 무상을 관찰하는 것은 집착심과 교만심의 제거로 이어진다. 세상일은 어느 하나 상주불변 하는 것이 없기 때문에, 그것에 집착하거나, 그것을 자랑스럽게 여겨도 아무 소용없다. 무상을 바르게 관찰함으로써 항상 겸허한 자세로 주변 사람들과 조화하며 사는 것이 가능해진다. 또한 무상을 관하는 것은 시시각각 생멸변화하는 순간을 소중히 여기게 한다. 즉 무상을 앎으로써, 촌각을 아쉬워하며 정진하고 노력하는 마음을 기르게 된다.

이렇게 무상관은 고통과 무아를 이끄는 교설이면서, 구도심과 종교심을 중시하는 것이고, 집착과 아욕我欲을 벗어나, 겸허하게 찰나를 소중히 하고, 이상을 향하여 나아가게 하는 매우 실천적인 가르침이다.

[6]　　제법무아의 교설은 실천적으로는 모든 것에 대해서 고정적인 생각을 갖지 않고, 그것에 집착하지 않음을 가르치는 것이기도 하다.

집착없이 이해득실의 공리주의를 벗어버리는 것, 자신과 자신의 소유물을 포함한 모든 것은 무상하고 무아이기 때문에, 그것을 영원한 것으로 집착하지 않는 것이다.

또 집착이 있으면 거기에는 이해득실이 생겨난다. 이해득실이 있으면 바른 판단을 할 수 없으며, 잘못된 태도와 행동을 취하여 괴로움을 초래하게 된다.

03

서양심리학과
불교

● 자아를
둘러싼
물음

● 의식의
흐름으로서의
나

● 자기실현과
자기초월

● 자기의 발달
심리학

● 동일화와
집착

● 불교의
병인론病因論과
무명

● 현대의
삼독

● 집단적 수면과
고통

서양 문화의 근원을 이루는 그리스나 헤브라이
또한 인생의 목적을 인간의 완성에
두었지만, 현대인은 사물의 완성과 그 방법에
관련된 지식에 가장 큰 관심을 두고 있다.
서양인은 감정경험에 대해서 정신분열증적
무능력한 상태에 있다.
그래서 그는 불안하고, 우울하고 절망적이다.
그는 행복이라든가 개인주의라든가,
주도성이라든가, 훌륭한 말뿐인 목표를
제시하지만, 사실은 목표가 없다. 무엇을 위해
살아갈 것인가, 그의 모든 노력의 목적이
무엇인가 물으면 그는 당혹해 할 것이다.
어떤 사람은 가족을 위해 사는 것이라든가,
또 어떤 사람은 즐기기 위해서라든가,
또 어떤 사람은 돈을 벌기 위해서라고
말하겠지만, 실제 어떤 사람도
무엇을 위해 사는지 알지 못한다.
그는 불안과 고독에서 벗어나고자 하는
요구 외에는 아무런 목표가 없다.[152]

- 에리히 프롬 -

불교에 깊은 관심을 보이는 심리치료가들이 늘고 있는 것은 자신들의 일과 불교가 밀접히 관련되어 있음을 깨달았기 때문이다. 오늘날 종교의 형식화와 철학의 전문직화는 불교를 새로운 시선으로 바라보고, 불교를 심리학적으로 이해하려는 흐름을 형성한 원인이 되었다. 제1장에서 이미 서술했지만, 불교와 서양심리학의 접점을 추구하고, 양자의 보다 깊은 교류를 요구하는 움직임이 실제 임상활동에서 높아지고 있다는 점에 꼭 주목하길 바란다.

이 장의 첫 머리에서 인용한 말은 1960년 에리히 프롬이 한 말이다. 그런데 그의 말은 40년 이상이 지난 오늘날 현대인이 안고 있는 정신적 특징을 너무나도 잘 묘사하고 있다. 프롬은 그와 같은 정신적 특징을 보이는 시대에서 심리치료를 원하는 사람들의 종류가 상당히 변화하고 있음을 지적하고, 다음과 같은 말을 했다.

> 금세기 초반 프로이트의 시대에 정신과 의사를 방문하는 것은 강박행위와 같은 여러 가지 증후에 시달리는 사람들이 대부분이었다. 그래서 이러한 사람들에게 심리치료, 즉 정신분석은 증상을 제거하고 사회적으로 활동할 수 있게 하는 것을 목적으로 하는 치료법이었다. 그러나 그러한 사람들은 오늘날에는 많지 않다. 현대는 그 대신에 새로운 환자, 즉 시대상황과 관련한 불안과 내면적인 생명의 상실에 괴로워하는 사람들이 늘어나고 있다.

이 새로운 환자들이란 의기소침이나 불면, 결혼생활에 대한 문제나 일에 흥미를 느끼지 못한다는 등의 이유로 방문한다. 이들은 그러한 고민이 해결되면 모든 일이 잘되리라 믿는 사람들이다. 하지만 그들은 자신들이 정말로 무엇을 고민하고 있는지 알지 못하고 심리치료자를 방문하는 경우가 많다.

프롬에 따르면 이러한 온갖 종류의 고민이란 것은 자기 자신으로부터의 소외, 친구들로부터의 소외, 자연으로부터의 소외를 의식적인 형태로 표현한 것이다. 그들은 풍요로운 삶을 누리고 있지만 사실은 살아 있지 않다는 것, 진정한 기쁨이 없다는 것을 표현하는 것이라고 말한다.

이러한 의견은 그것이 어떠한 형태라고 해도, 현대의 심리치료에 관계하고 있는 사람이라면, 충분히 납득할 수 있을 것이다. 20여 년 정도의 짧은 기간이지만, 필자는 정신과 의사로서 다양한 임상경험을 쌓아왔는데, 특히 근래에는 그런 사람들이 증가하는 것을 정말로 실감하고 있다.

프롬은 그것을 '세기의 병'이라고 불렀다. 현대라는 시대상황과 결부하여 나타난 이러한 상황에 괴로워하는 사람들에게 심리치료의 의미는 옛날과는 상당히 다른 것으로 변했음은 틀림없다. 즉 심리치료가 제공하는 도움은 증후를 제거하는 치료와는 다른 것이고, 또 다른 것이어야만 한다. 소외로 인해 괴로워하는 사람들에게 있어 치료는 병이 없으니 걱정하지 말라는 것이 아니라, 최상의 상태[well-being]에 도달하게 하는 것이다.[152]

이러한 관점에서 보면 현대의 심리치료에는 분명히 초기의 정신분석과는 치료목적을 달리한 심리학적 이해와 기법이 요청된다. 프롬이 정신분석적 입장에서 선으로 접근한 것도, 이러한 이유에서다. 그는 실제 스즈키 다이세츠와의 교류를 통해서 선을 깊이 이해했다. 또한 정신분석과 선, 즉 서양의 과학적 접근과 동양의 종교적 접근과의 통합을 목표로 하는, 매우 뛰어난 심리사회학적 논의를 후세에 남기고 있다.

프롬의 이러한 견해에 대한 선구적인 연구는 이 책의 각각 해당하는 곳에서 참조하면서 검토하고자 한다. 프롬의 노력 이래, 서양심리학과 동양심리학과의 교류는 지금도 더욱 활발하게 진행되고 있다. 본장에서는 이러한 양자의 접점에서 중요한 몇몇 개념들을 고찰하면서 현대 심리치료로서 불교에 대한 깊은 이해를 도모하고자 한다.

❙ 자아를
둘러싼 물음

서양 심리치료는 모든 정신기능을 컨트롤하고, 통합하는 주체로서의 자아의 강화를 강조한다. 프로이트의 정신분석의 원리는 '이드가 있는 곳에 에고(자아)가 존재한다.'라는 유명한 말로 간결하게 나타내고 있듯이, 강력한 자아를 키워 이성을 통하여 비합리적이고 무의식적인 감정과 충동을 지배하고 상위자아인 초자아로부터 자아를 독립시켜, 그 관찰의 범위를 확대하는 것에 있다.

한편 그와는 대조적으로 불교의 무아론에서는 이러한 독립적인 자기 방위를 담당하는 자아는 이른바 환상이며 실체가 없는 것, 즉 불필요한 것이다.

과연 이 양자의 입장에 접점은 있을까. 일견 확연히 대립하는 듯 보이는 양자 사이에서 표면적인 차이를 넘어 이해할 수 있는 공통된 지평을 찾아낼 수 있을까.

이 문제는 간단하게 그냥 지나칠 수 없는 아주 중요한 문제이다. 왜냐하면 이 물음은 이 책 전체의 기초를 이루는 심리치료의 목적과 관련 있을 뿐만 아니라, 어떤 의미에서 인생의 목적이라는 인간에게 가장 본질적이며 궁극적인 문제와 관련되어 있기 때문이다.

자아는 무엇을 가리키는 말일까.

이렇게 물으면 서양 심리학도 명확하고 간결한 답을 줄 수 없는 것 같다. 그래서 자아라는 용어와 자기라는 용어의 구별조차 종종 명확하지 않다. 일반적으로는 '자아'는 개인의 정신활동의 주체를 가리키고, 그것을 반성적으로 객관시하여 파악할 때 그 고찰의 대상이 되는 주체를 '자기'라고 부르는 듯하다. 그렇지만 그러한 사용법이 일정하지 않고, 자아와 자기라는 용어는 심리학만이 아니라, 철학적으로도 명확히 규정할 수 없으며, 실제로는 매우 애매하게 사용되고 있다.

　그렇지만 이 두 가지 말은 '나'라는 일상의 자명한 경험을 설명하기 위한 개념이라고 말할 수 있다. 자아나 자기가 무엇을 가리키든 우리는 경험을 통하여 '나'를 확실하게 알고 있다. 그러나 그것을 설명하려 하면 그리 간단하지 않다. 나라는 주체는 쉽게 나라는 객체로 반전하고, 또 그 반대도 그 자리에서 이루어지는 것이 혼란스럽게 사용되는 이유일 것이다.

생각으로서의 나

　여기서 철학적 논의는 더 이상 파고들지 않고, 필요한 것만 간단하게 언급하겠다. 즉 자아와 자기라는 말은 개념이고 생각이다. 그래서 나라는 경험도 또한 그것을 의식으로 파악하는 순간, 생각으로 나타난다. 미국 심리학의 기초를 구축한 윌리엄 제임스의 『심리학』에서도 '자아'의 장에서 다음과 같은 결론을 내렸다.

> 이 긴 장을 요약하면,-자아의 의식은 하나의 생각[thought]의 흐름을 포함하며, 그 각 부분은 '주체적 자아'로서 과거에 일어난 모든 부분을 기억할 수 있고, 그 모든 부분을 알고 있음을 알고, 그 가운데 있는 것을 특히 '객체적 자아'로 생각하여, 그 다른 부분을 여기에 받아들인다. … 그것은 하나의 생각이고, 각 순간마다에 그 한 순간 전의 생각과는 다른 것이지만, 이 한 순간 전의 것도, 그것이 자신의 것으로 존재했던 모든 것과 함께 포섭되는 것이다. 모든 경험적 사실은 이 기술 속에 언급되어 있는 것으로 … 따라서 이 책에서는 우리들이 도달한 잠정적인 해결이 최후의 말이 아니면 안 된다. 즉 생각 그 자신이 생각의 주체이다.[75]

이렇게 보면 '나는 생각한다, 그러므로 존재한다[cogito ergo sum]'는 데카르트의 유명한 자각은 누구나 인정할 수 있는 사실이다. 하지만 그것은 바로 '내가 생각하기 때문에 내가 존재한다'는 것을 말한 것에 지나지 않는다. ●1

한편 자아를 이렇게 이해하면 거기에 동양과 불교적 사고방식과의 접점이 나타난다. 논의를 쉽게 하기 위해, 하나의 예로서 인도에서 즈냐냐 요가[지혜의 길]의 현자라고 일컬어지는 스리 라마나 마하리쉬의 말에 주목해 보자.

라마나 마하리쉬의 가르침은 언제나 '나'란 무엇인가를 물으며 끊임없이 '나'를 찾아가는 것으로 잘 알려져 있는데, 그 가르침에는 '통상 우리들이 나라고 생각하고 있는 것은 나라고 하는 생각[I-thought]이다.'라는 것을 귀중한 통찰로 중요하게 여기고 있다.[65]

나란 무엇인가, 거기에는 다양한 대답이 있을 수 있다. 나란 아무개라고 하는 사람이고, 어떠어떠한 회사의 직원이며, 아무개의 아버지이고, 아무개의 자식이며, 어떤 나라 사람이고, … 의식하고, 느끼고, 행동하는 몸을 갖고 있고 …. 그러나 그것들도 모두 생각이며, '진짜 나'는 아니다. 신체는 다르게도 생각하지만, 예를 들어 '나는 발에 통증을 느끼는데, 그것은 나이다.'라고는 말하지 않는다. 나의 발이 아픈 것으로, 내가 아프다고는 말하지 않는다. 즉 그것은 최종적으로 내가 아닌 것이다.

자아에 관한 불교의 무아설을 여기에 견주어서 이해할 수 있다. 즉 모든 현상적 존재에는 실체가 없다는 무아설은 자아에 대해서도 적용된다. '나는 생각한다. 그러므로 존재한다.'의 나는 의심할 수 없는 실체가 아니다. 그것은 자아라고 하는 하나의 생각이다. 그것을 실체로 오해하고, 집착하기 때문에 고통이 생기는 것이다. 그러므로 자아를 끊임없이 묻는 작업은 최종적으로 고통을 소멸하기 위한 일이다.

그렇지만 여기에서 주의해야 할 것이 있다. 불교의 무아설은 결코 '자아(아뜨만)가 존재하지 않는다.', '자아가 없다.'고 말하는 것이 아니라는 점이다.[110] 그것은 자아를 실체로 보는 것을 부정하는 것뿐이다. 불교가 부정하는 자아란 불멸의 영원한 실체로서의 주체일뿐, 생멸 변화하는 현상적인 주체는 인정하고 있다.[105] 자아는 생각이고, 실체가 아니지만, 실체로서 오인되는 것으로서의 자아는 '있다'고 볼 수 있다.

불교의 자아심리학

자아가 무아라는 것을 아는 것은 최종의 궁극적인 목표이다. 최종목표로 바로 나아갈 수 없어도 불교는 자아가 어떻게 실체로 성립하고 있는지, 어떻게 움직이는지 등에 관한 생각이 중요하지 않다고 말하는 것은 아니다. 또 불교는 그렇게 말하지도 않을 것이다.

실제 불교 경전에는 자아의 기능을 분석한 것으로 해석되는 교설이 자세히 기술되어 있다. 서양심리학은 자아의 구조에 보다 흥미를 기울이지만, 불교에서는 자아의 기능과 그것을 성립시키고 있는 요소에 보다 주의를 기울이고 있다. 자아에 상당하는 불교의 교설은 초기불교 이래 설해지고 있는 오온에 대한 설명에서 보인다.

오온이란 색色 즉 육체와 물질 등의 행태가 있는 것, 수受 즉 고통과 즐거움 등의 감수작용, 상想 즉 표상작용 또는 개념작용, 행行 즉 의사 등의 마음작용 또는 형성 작용, 식識 즉 식별 작용 또는 인식 판단의 작용 등 다섯 가지를 가리킨다. 이 교설은 오온, 십이처(안, 이, 비, 설, 신, 의라는 육근과 색, 성, 향, 미, 촉, 법이라는 육경), **십팔계**(십이처에 안식, 이식, 비식, 설식, 신식, 의식의 6식계를 더한 것)로 제시되는 일체법(모든 현상 세계)의 한 부분으로서 설해진 것이다. 여기에서는 각종의 감각기관 혹은 신체를 가진 인간의 현상세계에 대한 상세한 분석이 이루어지고 있다. 오온은 다시 색色과 명名으로 구분되는데, 명은 색 이외의 나머지 네 가지를 가리킨다.

그것은 서양심리학과 대조하면, 자아의 기능을 상세하게 관찰한 것이다. 다만 불교에는 오온개공五蘊皆空이라는 말이 있듯이, 이 모든 요소는 분석되는 한편 모두 실체가 없는 것이다.

불교에는 이렇듯 매우 뛰어나고 정치精緻한 심리학이 있다. 그러나 그 지식에는 서양심리학 가운데 특히 발달심리학이란 관점이 결여되어 있음을 인정하지 않을 수 없다. 불교의 성립과 목적에서 보면 그러한 결과가 초래된 것이 이해되기는 하지만, 이 점에서 서양심리학은 동양이 발밑에도 미치지 못할 만큼의 엄청난 지식을 축적해 왔다고 할 수 있다.

발달심리학과 불교

서양의 발달심리학은 프로이트적 사고의 연장선에서, 심리치료에 반드시 필요한 중요한 요소로 인식되어 왔다. 불교는 그것들을 포괄할 수 있는 보다 커다란 틀을 세우고 있다고는 해도, 서양심리학에는 불교의 여러 가지 이론을 보완할 중대한 지식이 축적되어 있음 또한 사실이다.

여기에서 가장 중요한 것은 자아라는 것은 발달의 과정 속에서 의식에 나타난다고 하는 점이다. 보통 성인成人의 경우 나라는 경험, 즉 자아라든가 자기는 그 무엇보다도 확실하게 존재한다. 그렇지만 발달심리학이 밝히고 있듯이, 유아기의 어린아이는 아직 자아나 자기라는 감각이 없다. 당연한 것이지만 그저 지나칠 수 없는 내용이다. 아기에게 나는 엄마의 젖이며, 엄마인 것이다.

아기들은 양육자들과의 교류를 통해 성장과정 속에서 차츰 자아의 감각을 발달시켜 간다. 아이는 부모와의 관계 속에서 부모의 모든 측면을 받아들여 즉 내재화하여, 동일화함으로써 자아의 감각을 만들어 간다. 내재화되는 것은 부모만이 아니라, 오히려 부모와 아이의 관계성이다. 자아 아이덴티티는 이렇게 해서 대상관계라는 내적인 의미지 관계의 발달을 통해서 자타自他가 미분화된 상태에서 차츰 분화해 가고, 자기상징 내지 자기 시스템으로 구체화해 간다. 달리 표현하면, 그때까지의 개인 사이의 관계가 정신 내적인 구조 즉 자아로 변하는 것으로 그것은 언어적 개념화가 성립하고 나서 —생각으로서— 가능하게 된다.

서양심리학은 불교에는 없는 발달심리학이란 영역을 풍부하게 구축하면서 발전해 왔다. 그러나 현재에는 불교의 무아설 등과 유사한 이해도 생겨나고 있다.

미국의 인류학자 아네스트 베카는 퓰리쳐상 수상작인 『죽음의 거부』[23]에서, 지금까지 정신분석의 풍부한 심리학적 성과를 정리하고, 자아의 성립에 대해서도 아주 훌륭하게 고찰했다. 거기에서는 인간이 죽음을 두려워하여 거부함으로써 삶의 원동력을 얻고 있는 것이 선명하게 그려져 있다. 동시에 자아가 확고한 이이덴티티를 구축해 가는 모습에 대해서도 자극적이면서 설득력 있는 시사를 던져주고 있다.

과학의 입장에서 정신분석학이 위대한 것은 다음의 개념들을 단순화한 것에 있다. 즉 유아기에 경험하는 모든 것은 아이가 자신의 출현으로 품게 되는 불안, 의지처를 잃어버리는 것에 대한 두려움, 홀로 있기 때문에 무력하고 불안하다는 두려움을 부정하려는 시도라는 것이다. 아이의 성격, 아이의 삶의 방식은 태어나면서부터 무능하다는 현실적 사실을 자기의 식에서 추방하기 위해서, 타자의 힘, 사물의 지지, 문화의 관념을 이용하

바로 이 '누구'가 자아라고 불리는 것이다. 그것은 죽음의 공포를 회피
하면서, 내부에서 솟구쳐 오르는 충동을 컨트롤하고, 동시에 외부 사회
와도 균형을 이루어 대응하고 기능하면서 다양한 조건 붙임을 통해서,
만들어진 것이다.

동서양의 심리학자는 '자아가 만들어진 것이다'라는 점에서는 분명
동의할 것이다. 그러나 서양의 심리학에서는 이 '누군가'가 독립자존의
영속적이며 불가결의 실체로서 평가된다. 한편 동양의 심리학에서는 그
것은 결국 실체가 없는 것으로, 반드시 불가결한 것은 아니라고 한다.

동양의 입장에서 서서 서양의 입장에 질문을 던져보자. 그러면 이
만들어진 자기감각은 도대체 왜 실체로써 실감을 갖고 느낌을 취하게
되는 것일까? 이것은 지금까지 서양심리학에서는 생각한 적도 없는 질
문일 것이고, 이에 대한 명확한 논의는 눈에 띄지 않는다. 그러나 베카
의 논의를 보면, 이 물음에도 답하고자 하는 문제의식이 있는 것처럼
보인다.

또 정신분석의 실력자 가운데 한 사람, 오트랭도 이렇게 말했다.

> 사람은 진실과 함께 살 수 없다. 사람은 살기 위해서 환상이 필요하다. 예술, 종교, 철학, 과학, 사랑이 주는 것과 같은 외면적인 환상만이 아니라, 그 외면적인 것을 우선 조건지우는 내면적인 환상, 즉 자신의 적극적인 힘에 대한 안심감과 타자의 힘에 기댈 수 있다고 하는 안심도 필요로 한다. 사람이 현실을 진실로써, 외견을 본질로써 파악하면 파악할수록 그는 보다 건전하고, 보다 잘 순응하고, 보다 행복하게 될 것이다. … 스스로를 기만하고, 그럴듯하게 꾸미고, 결국엔 커다란 실책을 저지른다고 하는, 언제나 효과적인 이러한 과정은 결코 정신병리학적 메커니즘은 아니다.[126]

여기에서 말하고 있듯이, 사람은 죽음의 공포를 교묘하게 회피하면서, 즉 죽음의 공포를 완전하게 억압해서 의식하지 않으면서, 그것을 위해 제2의 새로운 현실이 필요한 것이다.

자아란 그 필요에 밀려 만들어진 환상인데, 그것은 생각으로써, 일상의 세계 혹은 세속의 세계에서는 인간의 마음이 실체로 오해되면서, 의심의 여지가 없이 확실히 존재하는 주체적 의식이라고 생각된다.

2 의식의 흐름으로써의 나

자아의 문제에는 또 하나 깊이 생각해야 할 중요한 요소가 있다. 그것은 자아의 연속성과 동일성에 대한 문제다. 즉 '나는 항상, 다른 누군가가 아니라, 나로 느낀다.'는 점이다. 불교에서는 이것을 업이라는 개념으로 설명한다.

불교에서 말하는 업은 상당히 폭이 넓은 개념이다. 일반적으로는 선악 등의 행위를 가리키는 말로 사용되는데, 그 근본에는 습관적인 잠재적 힘을 의미하는 사고방식이 존재한다. 바로 이점이 중요하다. 다양한 행위는 어떤 것이든, 그것이 생기면 그대로 사라지는 것이 아니라, 반드시 그때마다 습관력을 형성하게 되어, 어떤 형태로든 그 사람에게 남는다고 하는 것이 업의 기본적인 사고방식이다. 일반적으로 선악과 같은 행위의 경우는 논리적으로 따져서 선과 악에 관련된 말이 사용되는 경우가 많지만, 업은 선악과 관계없이 사용된다.

이 습관력은 지적知的인 경험에서는 기억으로 남는 것이고, 감정과 생각 등의 경험에서는 다양한 기질과 성격으로 남는 것으로 여겨진다. 그러한 지능과 성격과 체질 등이 각 개인에게 그 사람의 바탕[素質]으로 존재하고, 그것이 인격을 이룬다. 불교에서는 이러한 바탕과 성격을 그 사람이 오늘까지 경험해 온 모든 행위와 행동으로 비롯된 습관력의 총화라고 생각한다.[105] 즉 한순간 한순간의 나라는 경험도, 이 깊은 곳에서 움직이고 있는 습관적 잠재력인 업에 의해서 형성된 것이다.

그렇지만 불교의 사고방식을 그대로 믿을 수 없다는 사람들도 많이 있을 것이므로, 서양심리학의 입장을 잠시 살펴보자. 서양심리학에서 업과 가까운 사고방식은 윌리엄 제임스에게서 찾을 수 있다.

> 우리들의 의식은 끊임없이 변화하고 있다. 지금 보고 있다고 생각하면 다음에는 듣고 있고, 지금 회상하고 있다고 생각하면 다음에는 예상하고 있고, 지금 사랑하고 있다고 생각하면 다음에는 증오하고 있는 등, 끊임없이 다양하게 바뀌어 간다. (중략) 따라서 의식은 단편적으로 끊어져 나타나는 것은 아니다. … 의식은 단편을 연결한 것이 아니라, 흘러가는 것이다. 냇물 혹은 흐름이라는 비유가 이것을 가장 자연스럽게 나타낸다. 지금부터 우리는 이것을 생각의 흐름, 의식의 흐름, 혹은 주관적 생활의 흐름이라고 부르도록 하자.[75]

제임스에 따르면, 의식의 흐름을 잘 관찰하면, 거기에는 마치 새가 날 때처럼 비행과 정지가 교대로 나타나는데, 일시 정지한 장소 즉 실천적 부분과 비행하는 장소 즉 추이적 부분이 있다. 또 각각의 의식 상태는 그 주위에 독자적인 영역이 있고, 그것이 겹쳐지면서 의식은 연속적으로 변화해 간다.

즉 이 과정이 하나의 인격적 의식 속에서 일어남으로써 나는 항상 다른 누군가가 아니라, 분명하게 나로 느껴지는 것이다. 그리고 제임스는 다음과 같이 말한다.

> 우리가 영속적인 존재라고 믿고 있는 (나라는) 실재는 … 반복적으로 우리들의 앞에 나타나는데, 부주의하게도 그 실재에 대해서 우리들의 관념은 쉽게 동일관념이라고 생각하고 만다. … 우리들은 감각적인 인상을 단순한 받침돌로 사용하고 있을 뿐, 바로 그 인상이 나타내는 실재의 인식으로 비약해 버리고 마는 습관이 얼마나 뿌리 깊은 것인지 알 것이다. 우리의 경험은 거의가 우리 주위의 습관에 의해 결정된다.[75]

이 사고방식은 앞에서 다루었던 라나마 마하리쉬의 말과 놀랄 만큼 유사하다.

> 마치 유령과 같은 이 자아는 … 형태 있는 것을 움켜잡고는 또 다른 형태 있는 것을 움켜잡고서 앞의 것을 놓아버림으로써 존재를 나타낸다. … 자아는 마치 무한궤도와 같이 다음의 것을 움켜잡을 만큼 잡고는 손을 놓아버린다.[65]

즉 지금 나라고 생각하고 있는 나는 한 순간 전에 나라고 생각하고 있던 나에 의해 결정되는 것으로, 이러한 사고 프로세스가 내가 연속해서 나라고 하는 감각을 반복해서 만들어 내는 것이다.

이것은 불교의 사고방식과 완전히 일치한다. 제행은 무상하고, 끊임없이 시시각각 생멸변화한다. 자아 또한 무상하고, 영원불멸의 실체가 아니라, 찰나찰나에 생겨났다고 사라지는 현상이다. 그야말로 '지금 보고 있다고 생각하면 다음에는 듣고 있고, 지금 회상하고 있다고 생각하면 다음에는 예상하고 있고, 지금 사랑하고 있다고 생각하면 다음에는 증오하고 있다 ….'는 것이다.

습관력은 지적인 경험에서는 기억으로 잔존하고, 감정과 생각 등의 경험에서는 다양한 바탕과 성격으로 남는다. 즉 그것들은 마치 한순간 한순간을 연결하는 접착제와 같이 작용하고, 찰나찰나에 생멸하는 의식의 흐름을 만들고 있다. 나란 찰나찰나에 생겨나 소멸하는 업, 즉 기억이 만드는 현상이다.

이렇게 보면 심리학에서 동일화[identification]라는 개념이 중요한 용어로서 부상하고 있는 듯하다. 동일화에 대해서는 나중에 다시 상세히 고찰할 것이다. 여기에서는 다만 다음과 같은 표현도 가능하다는 것을 지적하고자 한다. 우리들은 끊임없이 '나라고 하는 생각' 혹은 '나라고 하는 역할'에 매달려서 그것을 실체라고 간주하면서, 그것과 동일화하며 살아가고 있다. 그리고 우리들은 그렇게 매달리는 본능적인 경향을 가지고 있다.

　　그러나 그 매달리는 '나'는 강의 흐름에 떠내려 가는 뗏목과 같은 존재이지, 강 그 자체가 아니다. 즉 뗏목은 참된 나가 아닌 것이다. 뗏목에 매달리면 매달릴수록 나는 참된 나로부터 멀어지고 만다. 뗏목을 실체가 있는 자신이라고 생각하고, 강을 타자他者라고 생각하는 한, 사람은 끊임없이 소외되고, 불안과 고통을 더할 뿐이다.

◉ 뗏목의 비유

　　이 참된 나에 대해서는 다음 절에서 다시 서양 심리학과의 관계를 탐색하면서 생각해 볼 것이다. 여기에서는 초기경전에 기술되어 있는 붓다의 '뗏목의 비유'를 잠시 살펴보고자 한다.

붓다는 제자들에게 말씀하셨다.

"비구들이여, 나는 그대들을 구제 해탈하게 하고자, 또 집착을 벗어나게 하고자 뗏목의 비유라는 가르침을 설할 것이다. 그대들은 잘 듣고 생각하라. 나는 설할 것이다."

"비구들이여, 마침 길을 가고 있던 사람이 있었는데, 그가 큰 강을 보았다. 이쪽 언덕은 위험하고 두렵다. 건너편 언덕은 안전하고 두려움이 없다. 그러나 이쪽 언덕에서 저쪽 언덕으로 가야할 배도 나룻배도 다리도 없다. 그는 볏짚과 장작과 나무껍질과 나뭇잎 등을 모아서 뗏목을 만들어 그 뗏목을 타고 손과 발을 이용하여 안전하게 저 언덕彼岸으로 건너갔다. 저 언덕으로 건너간 그는 다음과 같이 생각할지도 모른다. '이 뗏목은 나에게는 커다란 은인이다. 나는 이 뗏목을 타고 손과 발을 이용해서 안전하게 피안으로 건너왔다. 나는 이 뗏목을 머리에 이거나 어깨에 짊어지고, 내가 가고자 하는 곳으로 출발하면 어떨까' 라고.

비구들이여, 그대들은 그것을 어떻게 생각하는가. 도대체 그 남자가 그렇게 하는 것은 뗏목을 바르게 다루고 있는 것인가?"

"아닙니다, 세존이시여, 그렇지 않습니다."

"그러면 비구들이여, 어떻게 하면 그 남자가 뗏목을 바르게 다루는 것이

되겠는가. 여기에서 비구들이여, 피안으로 건너간 저 남자는 다음과 같이 생각할지도 모른다. '이 뗏목은 나에게는 커다란 은인이다. 나는 이 뗏목을 타고 손과 발을 이용해서, 안전하게 피안으로 건너왔다. 나는 이 뗏목을 땅에 버려두거나 물에 띄워놓고, 내가 가고자 하는 곳으로 출발하면 어떨까' 라고.

비구들이여, 그 남자가 그렇게 하는 것은 뗏목을 바르게 다루는 것이다. 이렇게 비구들이여, 구제 해탈하게 하고자, 또 집착을 벗어나게 하고자 뗏목의 비유라는 가르침을 나는 설한 것이다. 비구들이여, 뗏목과 같이, 가르침을 잘 이해한 그대들은 가르침조차 버려야 한다. 그런데 어째서 가르침이 아닌 것을 버리지 않고 있는가?'

— 『남전대장경』 9, 『중부경』 「뱀의 비유」

여기에서 설하고 있는 뗏목은 가르침을 말한다. 이것을 지금까지 설명한 나와 비교하는 것도 흥미로울 것이다. 강을 건너기 위해서는 뗏목이 필요하다. 그 뗏목을 튼튼하게 엮는 것은 반드시 해야 할 일이다. 튼튼하고 안전한 뗏목을 만들면, 바람과 경치도 즐기면서 나아갈 수 있을 것이다. 그러나 뗏목은 언제나 그것에 매달려서 집착해야 할 것은 아니다. 뗏목은 가지고 갈 것이 아니라, 길 위에 두고 가야 할 것이다.

3 자기실현과
   자기초월

자아와 자기가 종종 구별 없이 사용되는 것은 이미 지적했다. 그러나 참된 자기, 본래의 자기, 자기실현 등으로 서양심리학에서 흔히 사용되는 자기는 분명히 자아와는 다른 개념일 것이다. 이 자기란 도대체 무엇을 가리키는 말일까.

자기실현self-realization은 신프로이트파의 심리치료가 카렌 호나이가 1950년 경에 제안한 개념인데, 이후 여러 심리학자들이 사용, 보급하여, 지금은 현대를 살아가는 개개인이 추구해야 할 심리적 인격적 성장의 목표로서 널리 받아들여지고 있다.

이해하기 쉽도록 먼저 호나이의 말을 인용해 보자.

> 도토리에게 떡갈나무가 되는 것을 가르칠 필요는 없으며, 또 실제로 가르칠 수도 없다. 하지만 때가 되면 도토리 안에 잠재되어 있던 힘이 발달될 것이다. 인간 또한 이와 마찬가지로, 시기가 되면 그때 그는 참된 자기real-self가 갖는 독자적인 활력을 발달시킬 것이다.[73]

서양심리학의 자기

여기에서 사용하고 있는 참된 자기와 자기실현의 '자기'는 앞서 말한 '나'의 주체적 측면과 객체적 측면을 나타낸 것이 아니다. '나'라는 존재에 잠재하는 독자적이고 중심적인 내부의 힘으로 표현되는 것이다. 지금까지의 논의와 연결하면, 이 자기는 생각에 속하는 것이 아니며, 당사자 혹은 자아가 의식적으로 인식할 수 있는 대상물도 아니다.

앞으로의 논의를 돕기 위해 우선 여기에서 자기는 비유적으로 에너지로 기술되는 개념으로, 직접 의식할 수 없다는 점을 강조해 둔다.

　　또 이러한 자기에 대해서 또 한 사람, 즉 서양심리학에서 자기[self]라는 말에 독자적인 중요한 의미를 부여한 사람으로 융이 유명하다. 융은 개성화[individuation]라는 자신만의 독특한 개념을 사용하여 그것을 자기실현과 거의 같은 의미로 사용하였다.

> 개성화란 개인[individual]이 되는 것이다. 그리고 개성[individuality]이 우리의 가장 내부의, 최종의, 비할 바 없는 독자성을 포함하는 한, 개성화란 우리가 자기 자신이 되는 것이다. 그러므로 우리는 개성화를 자기 자신이 되는 것, 즉 자기실현이라고 바꾸어 말할 수 있는 것이다.[79]

호나이도 융도 거의 같은 것을 말하는 것으로 생각되는데, 융의 말에는 '우리가 자기 자신이 되는 것'이란 말로 한 걸음 더 나아간 표현이 사용되고 있는 것 같다. 여기에서 말하는 '자기 자신이 되는 것'이란 융이 말한 자기와 관계하는 것이고, 개성화의 발달 과정 속에서 인간이 그 인격통합의 중심점을 자아에서 자기로 이동시키는 것이라고 생각할 수 있다. 융이 말하는 자기는 의식과 무의식을 포함하는 마음의 중심이고, 의식의 중심으로서의 자아를 포함하는 것이라고 생각된다. 또한 융의 자기 역시 그 자체는 결코 당사자에게 의식되는 것이 아니라, 그가 말하는 원형 등의 상징을 통해서만, 자아 혹은 의식에 파악되는 것이라고 생각된다. 즉 융의 자기도 직접 의식할 수 없다는 점을 이후의 논의를 위해 기억해 두길 바란다.

불교에서 자기

그렇다면 동양의 심리학 혹은 불교에서 자기란 어떤 것일까.

지금까지는 불교에 관해 설명할 때 자기와 자아를 구별하지 않아도 되었다. 불교 경전에서 이에 해당하는 말은 아트만(산스크리트어로 ātman, 팔리어로 attan)인데, 이것은 한역 경전에서 모두 我로 번역된다. 그러나 인도철학에서 사용되는 아트만을 번역하면 자아도 가능하고 자기도 가능하다. 따라서 불교 경전을 번역할 때 명확히 이 둘을 구별하지 않고 있다는 점에서는 서양심리학의 맥락과 같다 하겠다.

그리고 불교에서도 참된 자기라는 말을 할 때, 자기라는 말을 사용하기 때문에 이 말은 여하튼 복잡하다 – 다만 서양심리학의 자기는 호나이의 개념도, 융의 개념도 동양의 영향을 받은 것이라고 생각하면 출처는 같다. 여기서는 어원의 문제보다는 초기불교에 등장하는 자기를 보도록 하자. 경전에는 다음과 같은 말이 설해져 있다.

자기야 말로 자신(자기)의 주인이다.
다른 사람이 어떻게 (자신의) 주인일까.
자기를 잘 다스리면 얻기 어려운 주인을 얻는다.

– 『법구경』 160

실로 자신은 자기의 주인이다.
자기는 자신의 의지처이다.
그러므로 자신을 다스려라.
말 상인이 좋은 말을 훈련시키듯이.

– 『법구경』 380

불교 해설서에 따르면 대략 이 자기는 참된 자기와 본래의 자기 혹은 이상의 자기를 의미한다고 한다. 아트만(我)이라는 원어는 같아도, 불교에서는 (무아설에서 대상이 되고 부정되는) 집착하는 아(我)와 (자등명과 법등명의 설 ●2 에서 지지되는) 집착을 떠난 진실의 아(我)는 달리 사용된다.[105]

여기에서 말하는 불교의 자기가 융의 자기와 마찬가지로 자기실현이라는 목표를 간결히 나타내는 것이라면, 그런 의미에서 서양의 심리학과 동양의 심리학은 같은 것을 추구하고 있다고 말할 수 있을까.

에리히 프롬은 이 점에 대해서 스즈끼 다이세쯔의 선에 관한 말을 인용하면서 다음과 같이 말하고 있다.

> 우선 스즈키 박사가 기술한 선의 목적에 대한 부분에서 시작하도록 하자. '선은 본질적으로 자기 존재의 본성을 통찰하는 기술이다. 그것은 속박에서 벗어나 자유로 나아가는 길을 가리키고 있다. … 선은 우리들 각자의 안에 본래 자연스럽게 축적되어 있는 모든 에너지의 해방을 가능하게 한다. 이 에너지는 보통은 속박, 왜곡되어 있어 자유롭게 활동하는 통로를 찾아내지 못하고 있다. … 그러기에 선의 목적은 우리들이 광인이 되거나, 불구자가 되는 것에서 구원하는 데 있다. 이것이야말로 내가 말하는 자유의 의미이며, 본래 우리들의 마음속에 갖추어져 있는 창조적이며 자비로운 충동 모두가 자유롭게 활동할 수 있도록 하는 것이다.'
> 선의 목적에 관해서 기술된 것은 그대로 정신분석이 성취하고자 하는 것이다. 즉 자기 자신의 본성에 대한 통찰, 자유, 행복 및 사랑의 획득, 에너지의 해방, 그것을 통해 사람이 광인이나 불구자가 되는 것에서 구원하는 것 등.[152]

다이세쯔의 말과 호나이와 융의 말 사이에 유사점을 찾는 것은 쉬운 일이다. 선은 자기 본성을 통찰하는 것, 자기 존재 내면의 움직임을 느끼는 것을 추구하는 것이고, 불교란 자기를 다스려 얻기 어려운 주인을 얻는 것을 추구하는 것이다. 즉 프롬이 말하고 있듯이 호나이와 융의 자기실현과 같은 것이라고 생각해도 좋다.

　　그러나 여기에는 간과해서는 안 될 중요한 차이가 있다. 그것은 불교의 자기는, 호나이와 융의 생각을 인용한 곳에서 말했듯이, 당사자에게 의식되지 않고 존재하는 것이 아니라, 분명히 의식할 수 있는 것으로서 존재하는 것이다.

　　선이란 이것을 획득하는, 즉 본성을 통찰하기 위한 기술이다. 프롬이 말하듯이 거기에 도달하는 방법상의 커다란 차이는 있을 수 있어도, 각각이 추구하는 목적은 같다고 생각해도 좋을지도 모른다. 그러나 목표지점에서의 의식 내용에는 상당한 차이가 있음을 잊어서는 안 된다.

자기실현과 자기초월

　　임제 선사의 유명한 다음과 같은 말이 있다. '붉은 몸 덩어리[赤肉團上]에 차별 없는 참된 한 인간[無位眞人]이 있다. 항상 그대들 감각기관[面門]에서 드나든다. 아직 알지 못하는 자는 보라, 보라.' (적육단은 몸을 말함. 면문은 감각기관인 오관[五官]을 말함) 이 말은 자기[眞人]가 분명히 체험적인 사실임을 강조한 말이다. 이것은 불성, 붓다, 신 등 다양한 호칭이 가능할지도 모르지만, 실천을 통해 분명히 체험되는 것임을 선불교에서는 주장한다.

　　그러나 서양심리학과 자기실현이라는 개념은 이것을 인정하지 않는다. 개성화의 과정 속에서 자기를 알고, 자기 자신이 된다는 것을 강조한 융조차, 이 점에서는 동양의 사고방식과 불교가 주장하는 자기를 인정하는 수준에는 다다르지 못했다. 예를 들면 융은 『티베트의 위대한 해탈의 서』의 서문에 다음과 같은 말을 남기고 있다.

> 우리들에게 있어, 의식은 자아라는 것 없이는 생각할 수 없다. 의식이란
> 자아에 관계되는 모든 내용과 같다. 만약 자아가 존재하지 않는다면, 무
> 엇을 의식할 수 있는 사람은 아무도 없다. 따라서 자아는 무엇인가가 의
> 식되는 과정에서 없어서는 안 될 그 무엇이다. 그런데 동양적 정신의 경
> 우는 자아 없는 의식을 상정하는 데 어떤 곤란함도 없다. 거기에서 의식
> 은 자아의 상태를 초월할 수 있는 것으로 간주되고, 더욱이 이 고차원적
> 인 상태에서 자아는 완전히 소멸하고 만다. 이렇듯 자아를 떠난 마음의
> 상태라는 것은 우리들에게는 알 수 없는 것일지도 모른다. 왜냐하면 거기
> 에는 그러한 마음의 상태를 관찰하는 증인이 없기 때문이다. … 무엇인가
> 에 대한 자각이 있는 한, 거기에는 자각하는 사람이 존재해야만 한다.[7]

지금까지의 논의를 보면, 융이 여기에서 말하고 있듯, 동양과 불교에서는 '자아가 존재하지 않는다'고 하는 해석은 오해임을 알 수 있다. 그러나 앞의 인용을 보면 알 수 있듯이, 그 오해가 풀렸다고 해도 아마 융은 불교가 주장하는 참된 자기를 결코 인정하지 않았을 것이다. 그러나 불교의 교설 혹은 동양의 심리학은 자기를 인정하는 입장, 혹은 자기가 엄연히 의식될 수 있다는 기초적 입장에 서 있다.

서양심리학에서는 이 점에 주목해서 동양심리학은 자기초월self-transcendence을 추구한다는 식으로 종종 표현한다. 이것은 지금까지 보아왔듯이, 자아를 실체로 간주하는 인식을 초월한 무아egolessness의 입장을 표현한 것이다. 그 의미에서 자기초월은 종래 서양심리학에서 말하는 자기실현을 초월한 입장에 서 있다고 말해야 할지도 모르겠다.

그러나 앞서 예를 든 프롬이 이해한 방식으로 보면, 동양 심리학 역시 자기실현을 목표로 하고 있다고 할 수 있다. 이러한 맥락에서 보면 자기초월도 자기실현도, 인간에게 잠재하는 내적 자기를 느끼고, 그 힘을 발달시킴으로써 고통의 해방을 추구한다는 점에서 목적은 같다. 따라서 반드시 동서양이 서로 다른 목적을 갖고 있다고 구분할 필요는 없을 것

이다.

　다만 그 목표지점에는 자기초월이란 말로 표현된 과정과 경험이 포함되어 있음을 잊어서는 안 될 것이다. 불교는 지금 말한 것과 같은 점에서 현대 심리학에 강렬한 충격을 주었지만, 그 벽을 초월해서 통합을 시도해야만 할 것이다.

　그것은 제1장에서 말했듯이 현대의 심리치료에는 불교 혹은 붓다가 남기고 간 심리학이 절실히 필요하기 때문이다. 그러한 노력은 이미 논리적인 측면에서만 아니라 실천을 통해서도 상당히 이루어지고 있고, 또 많은 성과가 나오고 있다. 불교 심리학은 그 본래의 입장을 잃지 않고, 현대에 활용되어야 한다. 그것은 어려운 일이겠지만, 결코 불가능한 일은 아닐 것이다.

4 자기의
발달심리학

불교에는 서양심리학이 만들어낸 것과 같은 어린 아이에 대한 발달심리학은 거의 찾아 볼 수 없다. 그것을 불교의 실천적인 특징을 통해 고찰해 보면, 불교에서는 현재가 중요하기 때문에 서양의 발달심리학과 같이 유아기의 문제처럼 과거로 거슬러 올라가 보는 관점은 중요시되지 않았다고 말할 수 있을 것이다. 그렇지만 앞서 말했듯이 만약 자아가 만들어진 것이라는 점에 양자가 동의한다면, 그것이 어떻게 형성되고, 어떻게 만들어진 것인지를 탐구하면서 양자의 접점을 보다 심도 있게 논의하고, 그 교류를 진행시키는 것이 현대에서는 유의미한 작업일 것이다.

여기에서는 서양의 발달심리학의 개념에 다시금 눈을 돌려, 조금 더 발전된 이해를 통해 불교와의 접점을 더욱 깊이 고찰하고자 한다. 우선 앞서 든 어니스트 베커의 연구를 바탕으로 발달심리학을 대략적으로 개관하고자 한다. 베커의 연구를 바탕으로 전개한 켄 윌버의 이론[174, 175]도 참조하면서 살펴보겠다. 베커에 따르면, 죽음의 거부 과정은 '유아의 생활 가운데 가장 빠른 단계, 즉 구순기口脣期에서 자연스럽게 시작된다.'

이 단계에서 아이는 의식 속에서 어머니에게서 완전히 분화되지 않으며, 아이가 자신의 신체와 그 기능을 충분히 인식하지 못한다. 전문적으로 말하면 아이의 신체가 그의 표상학적 영역의 대상이 되지 않는다. 이때 어머니는 문자 그대로 아이의 생활세계를 나타내고 있다. … 그는 전능성으로 가득 찬 삶의 방식을 취하고, 이 전능성을 키우기에 필요한 모든 것을 마치 마법처럼 통제하고 있다. 그는 울기만 하면 먹을 것이 생기고, 따뜻하게 안아 주고, 달이 갖고 싶다고 가리키면 그 대신에 재미있는 장남감이 생긴다. 아이는 어머니를 통제함으로써 자신의 세계를 의기양양하게 자유롭게 다룬다. 그 신체는 그의 나르시시즘적 질투의 대상이고, 그는

자기 몸을 세계를 이해하기 위해 이용한다. 항문기는 아이가 자신의 현상
적 영역에서 대상으로써 자신의 신체에 주의를 기울이기 시작하는 시기
이다. 그는 신체를 발견하고, 그것을 통제하고자 한다. 그의 나르시시즘
적 질투는 자기 통제를 통해서 세계를 정복, 소유하는 것이 된다.[23]

유아의 낙원

이러한 기술은 특히 베커의 이론에
만 한정된 것이 아니라, 발달심리학에서 일반적으로 인정되고 있는 견
해이다.●[3] 신생아의 의식은 전혀 분화되어 있지 않고, 환경과 완전히
융합되어, 하나가 된 원초적 낙원이다. 정말이지 '울기만 하면 먹을 것
이 생기고, 달이 갖고 싶다고 가리키면 장남감도 생기는' 전능한 세계
이다. '자기'●[4] 는 아직 완전한 수면 상태 속에 있다.

이 단계에서 아이는 그 의식 속에서 어머니로부터 아직 완전히 분
화되어 있지 않다. 아이는 자신의 신체와 그 기능을 충분히 인식하고
있지 못하다. 이때 어머니는 아이의 생활세계 그 자체이며, 문자 그대
로 어머니와 일체가 되어 있다. 그는 그 세계 속에서 완전히 전능감으
로 가득 차 있고, 그것을 키우는 데 필요한 모든 것을 마치 마법이라도
부리는 듯이 컨트롤할 수 있다고 생각한다. 울기면 하면 먹을 것이 생
기고 따뜻하게 안아 준다. 달이 갖고 싶어 가리키면 그 대신에 재미있
는 장난감을 받게 된다. 아이는 어머니를 컨트롤함으로서 자신의 세계
를 의기양양하게 자유롭게 다루는 것이다.

그러나 그 낙원도 오래가지 않는다. 그는 곧 환경과 자신이 하나로써
같지 않다는 것, 자신과는 따로 무엇인가가 있다는 것을 점차로 자각하기
시작한다. 대양의 잠든 상태 속에서 어렴풋한 자각의 '의식'이 떠오르고,
희미하고 애매한 선이지만, 거기에 자타의 경계가 싹터오는 것이다.

또 유아는 생리적으로 성숙해짐에 따라, 점차 이미지의 형성능력을 발달시킨다. 거기에서는 성장에 수반해서 '신체자기'라고 부를 만한 이미지로서의 자기의식이 나타난다. 이불을 깨물면 아프지 않은데, 자기 손가락을 깨물면 아프다. 그는 여기에서 신체를 발견하고, 그것을 통제하려고 한다.

신체의 발견

이불은 깨물어도 아프지 않다. 즉 그것은 '내가 아니다.' 손가락은 깨물면 아프다. 즉 그것은 '나이다.' 책상은 내가 아니다. 장남감은 내가 아니다. 그러나 입은 나이다. 발도 나이다. 이렇게 해서 유아는 환경으로부터 분화해 가는 신체를 발견하게 된다. 자신의 신체인 나를 경험으로 발견하는 것이다.

자기는 환경과 자신 사이에 경계를 설정한다. 그리고 환경에서 분화함과 함께 신체를 동일화하기 시작한다. 거기에서 그의 앞^(현상적 영역)에 나타나는 것은 자신^(신체)이 아닌 타자, 즉 양육자 혹은 어머니의 모습이다.

어머니는 처음에 세계 전체의 중심이고, 유아는 어머니와 완전한 일체 상태에 있다. 그러나 신체와 환경과의 분화가 시작하면, 거기에는 새로운 상위형태로서 자기와 타자가 생겨나게 된다. 유기체의 내적 세계가 어머니로부터 분화하기 시작함과 동시에, 신체자아와 어머니와의 극적 드라마가 결국 여기에서 시작되게 된다.

유아는 자신의 신체를 최초의 작전기지로 삼으면서, '세계를 수용한다.' 즉 우주의 중심이 되고자 하는 계획을 필사적으로 실행하는 것이다. 그리고 그는 이미지의 형태로 전 세계를 스스로 분화시킨 자기 속으로 거두어들이고자 한다. 세계를 자기 자신 속으로 거두어들이고,

분리된 자기를 전 세계 앞에 세워두고, '자기 컨트롤을 통해서 세계를 정복, 소유'하고자 하는 것이다.

분리의 불안

대상을 수용하고자 하는 욕구가 있을 때, 반대로 수용되는 공포도 있게 된다. 자기는 일찍이 어머니와 완전히 동일화되어 있었지만, '세계를 수용하는' 욕구는 어머니로부터의 분화, 분리를 진행시키고, 어머니와의 융합상태를 끝내게, 즉 초월하게 만든다. 그것은 어머니를 사랑하면 할수록 즉 집착하면 할수록 저 두려운 죽음과 마주하고, 수용되는 공포가 생기기 때문이다.

아이가 어머니로부터의 분리를 죽음이라고 느끼는 것은 어머니가 일찍이 자기의 일부였기 때문이다. 어머니로부터 분화하기 위해서는 분리의 불안은 피할 수 없다. 그러나 그는 늦든 빠르든 그 죽음을 받아들이지 않으면 안 된다.

베커 이론의 핵심은 인간은 태어났을 때부터 죽음의 공포를 회피하고, 그럼으로써 삶을 부추긴다는 것이다. 즉 '죽음의 거부'야말로, 인간의 삶을 발달시키는 힘이 되는 것이다. 그중에서도 가장 중요한 점은 이 죽음의 거부이라는 과정이 인간 발달의 가장 초기 단계에서 인정됨으로써, 인간 발달의 핵심적 원리가 분명히 밝혀지게 된다는 것이다.

즉 자기는 적절한 상징형태가 의식에 부상하면, 새롭게 부상한 구조에 동일화한다. 그리고 옛 동일화로부터의 분리는 불안을 수반하지만, 결국 떼어놓게 된다. 자기는 더 이상 떼어놓은 구조에는 속박되지 않게 되지만, 지금은 새로운 구조에 속박된다. 인간의 발달에는 이러한 원리가 인정된다고 하는 것이다.

언어와 자아의식의 형성

신체가 부상하면 의식은 비로소 '신체자기'가 된다. 그것은 의식이 신체에 동일화한 것을 의미한다. 신체를 동일화함으로써 자기는 이제 어머니에게 구속되지 않게 된 것이다. 그렇지만 그 대신에, 지금은 신체에 구속된다.

그리고 다음에는 의식에 언어라는 새로운 능력이 부상하게 된다. 그것은 표상작용과 개념작용을 가지며, 시간을 조정할 수 있는 상징형태이며, 자기에게 있어서는 세계를 받아들이고 통제할 수 있는 뛰어난 구조를 제공하게 된다. 자기는 언어의 부상과 함께, 그 새로운 구조에 동일화를 시도하게 된다.

그때까지 동일화해 왔던 신체로부터 스스로를 분화시키면서 그는 언어적 혹은 심적 영역에 대한 동일화를 시도한다. 신체의 생물학적 충동과 본능적 욕구에 지배되어 있던 자기는 이제 거기에서는 과거의 존재가 된다. 신체와 자아의식[자기이미지]과의 사이에 경계선이 부상하게 된다. 그때까지 신체 그 자체였던 자기는 신체를 가진 자기가 된다. '나는 신체를 갖고 있다.'고 느끼게 되는 것이다.

언어에서 동사動詞는 과거·현재·미래라는 시제를 포함하고 있다. 언어에 동일화한 자기는 이 시제를 가진 상징적 구조를 통해서 세계를 보게 된다. 아이의 세계는 이것을 통해 자연스럽게 시간적인 세계가 된다. 자기는 다양한 욕구의 만족을 연기시키면서 미래를 예측하고, 계획적으로 현재의 활동을 조정할 수 있게 된다.

그리고 자기는 점차로 언어적 사고를 성숙시키면서, 그것을 의식의 모든 요소에 개입시키게 된다. 이 단계에서 특징은 언어적 개념화의 작용이 가능해짐으로써 그때까지의 대인적 관계가 정신의 내적구조로 변한다는 것이다. 특히 부모와의 관계에서 명령, 금지, 암시 등 다양한 요소를 받아들일 뿐만 아니라 즉 초자아를 내재화하며, 역할과 관계성 자체도 내재화하고, 인격을 형성하는 중요한 과정이 이루어진다.

　　자아형성의 단계는 언어적 개념화라는 요소만이 아니라, 그 사고 양식의 성숙변화에 응하여 몇 단계로 나뉘어서 생각해야 하지만, 여기에서는 그것에 대해서는 생략하기로 하고, 발달의 모든 지점에서 볼 수 있는 다음의 점을 들어보고자 한다. 즉 자아의 발달에서는 자기의 어떤 측면이 의식으로 올라와, 그것이 자기의 존립을 위협하듯이 느껴지는 경우에는 그것을 의식에서 배제 즉 억압한다는 점이다.

가면과 그림자

　　이 과정을 통해, 자기의 내면에 가면/그림자[원]라고 하는 경계선[분화]이 형성된다. 공동체와 사회에 참가하는 자기는 그 속에서의 상호작용을 원활히 하기 위해, 때에 따라 다양한 역할을 짊어지게 된다. 사람은 아버지의 모습, 회사원의 모습, 남편의 모습, 아내의 모습 등 다양한 모습을 가질 수 있게 되고, 또 갖지 않으면 안 된다. 사람은 그것들을 학습하고, 내재화된 초자아의 영향을 받으면서, 몸에 익히게 된다.

　　그러나 어떤 특정한 지위와 품격이 지배적으로 의식에 나타날 때, 그것과 맞지 않는 것으로 느껴지는 다른 측면은 의식에서 배척하는 경향을 갖는다. 예를 들면 얌전하고 좋은 아이라는 모습의 동일화가 잘 진행될 때에는 그 이외의 모습은 감추어지고 무의식적으로 동일화의 내용과는 다른 요소를 지속적으로 배제한다. 이것이 그림자라고 불리는 가면의 뒤에 감추어진 인격이다.

　　이들 가면을 견고하게 만들어, 그것들을 때에 맞게 유연히 사용하면서, 이른바 성숙하고 통합된 자아를 완성해 가는 것이 성인의 과제이다. 그러나 이러한 방식은 언제 어디선가 터지는 때가 온다. 그리고 그 결점을 알아차리거나, 혹은 그것에 만족하지 않을 때가 온다.

왜냐하면 그러한 방식은 본래 가짜이고, 대용이기 때문이다. 지금까지의 가면은 그 사람의 일면에 지나지 않는다. 그리고 그 뒤에 숨겨진 그림자도 언제나 잠들어 있지는 않는다. 성숙하고 통합되기 위해서는 배제된 요소가 의식되지 않으면 안 되기 때문이다. 또 비록 그것이 통합되었다고 해도, 성숙된 자아 자체가 실은 죽음으로부터 벗어나기 위해 만들어진 일종의 속임수이고, 대용품에 지나지 않기 때문이다.

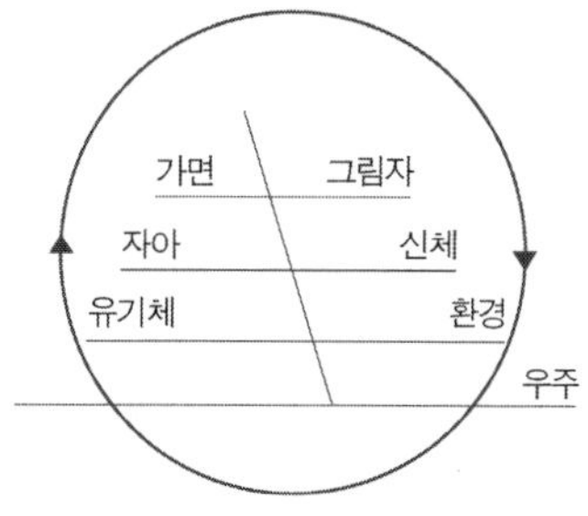

그림 1 _ 동일화를 통한 자기 발달

자기와 비자기

이 단계에서 당사자는 더 이상 자기를 온전히 느끼는 것이 완전히 불가능하다는 것을 알게 될 것이다. 경계선이 그려진 때, 거기에 자기自己와 비자기非自己가 생겨나게 됨을 보아왔다. 이 비자기는 원래는 자기의 일부였음에도 불구하고, 더 이상 자기의 일부라고 생각하는 것조차 불가능하게 된 것이다.

하나의 가면이 만들어지면, 자아 즉 자기 이미지가 받아들이기 힘든 측면은 모두 자신이 아닌 것, 즉 비자기非自己로 보이게 된다. 그것들은 그림자로써 외부에 투영된 것이다.

이렇게 해서 자기의 내부에 경계가 연달아 형성됨으로써 인간의 정신적 발달이 진행해 간다. 자기 감각은 새로운 경계가 설정될 때마다 축소되고 수축되어 한정된다. 처음에는 환경, 다음에는 신체, 그리고 자아[가면/그림자]가 외부에 존재하는, 비자기로 보이게 된다. 그렇지만 이들 외부는 모두 자기 자신의 투영이다. 따라서 원리적으로 그 모든 것은 자기 자신의 한 측면으로써 재발견될 수 있는 것들이다.

여기부터는 즉 인생의 후반부터는 이 재발견이 시작되는 때이다. 재발견은 일단 형성된 거짓의 경계선을 제거하는 것이다. 이것이야말로 성숙과 통합이라고 불리는 발달 과정이다.

경계의 발견

가면의 자기가 배제해 온 것, 즉 그림자는 언제까지나 잠들어 있지 않는다. 단면적 존재가 된 자기는 언젠가는 그것이 배제되었다는 것을 알아차리고, 결국은 통합될 때를 기다리기 때문이다.

이것은 자기 인생에 대한 불만족 혹은 괴로움이라는 감정이 의식된 바로 그 순간에 시작된다고 말할 수 있다. 인생의 괴로움에는 성장의 씨앗이 포함되어 있다. 즉 괴로움이라는 거짓의 경계선을 인식하는 최초의 움직임이라고 생각할 수 있다. 그 때문에 거기에서 괴로움을 바르게 이해할 수 있다면, 그것은 해방을 가져다주게 될 것이다. 그러나 사람에 따라서는 이 괴로움에 먹히고 말거나, 그것에 물리거나, 그것을 바로 마주할 수 없을 정도의 커다란 짐을 등에 짊어지고 가는 사람도 있다.

괴로움이 무엇을 의미하는가, 왜 그것이 일어나는가를 알지 못하는 한, 그것에서 의미 있는 결과를 얻는 것은 불가능할 것이다. 괴로움, 즉 자신을 괴롭히는 감정, 기분, 사고, 기억, 체험 등은 모두 자신과 그것이 동일화되어 있다. 그렇다면 그 괴로움의 궁극적 해소는 그 동일화로부터 벗어나는 것, 즉 탈동일화하는 것이다. 그것들이 자신이 아니라는 것을 알아차리고, 그것들을 탈락시키면 되는 것이다.

지금까지 살펴보았듯이, 괴로움은 스스로 만들어낸 경계선을 깨달은 감정이었다. 그 밖에 존재하는 듯이 보이는 하나의 투영이 실제로는 스스로가 만들어낸 것이고, 자기 자신의 일부분임을 알았을 때, 자기와 비자기의 경계는 제거된다. 그 과정이 시작되면, 그 사람의 자각의 장 즉 자기는 훨씬 확대되고, 잃어버린 것을 다시 찾게 되며 보다 자유롭게 열린 감각을 얻을 수 있게 된다.

불교는 희망을 말한다

베커는 인간이 삶과 죽음의 공포로부터 도주를 반복하면서 찾는 것, 그것은 궁극적으로 영웅주의라고 결론짓는다.

> 내가 가고자 한 것은 영웅적인 문제가 인간 삶의 중심과제이고, 다른 어떠한 것보다도 인간의 본성에 깊이 들어와 있음을 제안하는 것이다.
> 인간은 우주에서 제일 가치 있는 대상으로써, 자기 자신을 필사적으로 정당화하지 않으면 안 된다. 그는 두드러진 존재이며, 영웅이고, 세계의 생명에 할 수 있는 한 커다란 공헌을 하고, 다른 무엇보다도 또 다른 누구보다도 가치 있음을 보여주지 않으면 안 된다.[23]

그는 그것을 얻고자 하는 모습, 즉 인간이 필사적으로 찾고 있는 삶이란 '우주적 의미'라고 부를 수 있는 '무한한 자기 확장의 특권을 둘러싼 투쟁'이라고까지 쓰고 있다.

그러나 이 '우주적 의미'를 찾는 필사의 정당화, 달리 말하면 자신이 세계의 그리고 우주의 중심이 되고자 하는 욕구는 절대로 성취되지 않는 것이기에, 어떤 의미에서 헛된 노력이라고 하는 것이 베커가 갖는 생각의 기조라고 생각된다. 아무리 통합을 추구하더라도 그것은 항상 근본적으로 죽음으로부터 도주하는 '대용의 만족'에 지나지 않는다. 그러한 일은 모두 이른바 거짓이다. 자기는 거짓이고, 문화도 거짓이고, 종교도 모두 거짓이라고 베커는 말하고 있다.

그렇지만 불교는 결코 그렇게 말하지 않는다. '자기가 거짓'이라는 것에는 동의할 것이다. 그렇다고 해서 사람의 삶이 헛된 것이라는 결론에 불교는 동의하지 않는다. 불교는 거짓에 눈을 뜨고 그 원인을 찾아 바른 노력을 거듭하면, 그 앞에는 거짓으로부터 해방된 참된 삶이 보인다는 희망을 말한다. 자기가 가짜이고, 대용에 지나지 않는 것은 결코 최종적인 결론이 아니다. 불교는 오히려 그 인식을 출발점으로 하는 것이다.

죽음에서 도망치면서 대용할 것을 찾아 헤매는 삶은 정말이지 괴롭다. 태어남은 근본적으로 괴로움이고, 늙는 것, 병들어 아픈 것, 그리고 죽음은 모두 괴로움이다[사제]. 그러나 그것을 잘 알고, 바른 정진을 계속해 가면[팔정도], 사람은 대용의 삶[동일화의 반복]에서 벗어날 수[집착을 제거할 수] 있게 된다. 그리고 마침내 괴로움이 소멸된다고 불교는 말한다.

5　동일화와
　집착

　　　　　　　　　　불교에는 발달심리학이 없다고 말했는데, 그것은 어디까지나 서양의 발달심리학과 같은 것이 보이지 않는다는 의미이다. 앞 절의 기술에서 서양심리학은 자아가 성숙해 가는 과정을 상세히 분석하고 있지만, 불교의 경우에는 그 후의 발달 과정에 보다 중점을 두고 있다고 말한 것처럼 느껴졌을 것이다. 그러한 이해는 어떤 의미에서 잊지 말아야 할 중요한 견해이다. 실제 현재의 서양심리학이 불교를 이해하고자 하는 경우 이러한 틀은 불가결한 것이기도 하고, 실제 심리치료에 있어서는 특히나 이러한 틀을 분명히 파악해 두지 않으면 위험한 경우도 있다. 이러한 내용은 제5장의 심리치료의 실천에 관한 부분에서 설명하겠다.

　　여기에서는 그러한 관점을 바탕으로 하면서 불교와 서양발달심리학이 만나는 접점에서 몇 가지 개념을 통해 양자를 비교하여 논의를 확대하고자 한다. 불교에는 서양의 발달심리학을 생각할 경우에도 주목해야 할 관점이 포함되어 있기 때문이다.

　　우선 앞 절에서도 키워드로 빈번하게 제시한, 서양심리학에서 사용되는 동일화identification란 개념에 대해서 생각해 보자.

　　동일화는 정신분석이론의 개념으로서 프로이트 이래 사용되어 온 용어이고, 발달의 과정에서 자기가 대상 그 자체와 속성을 내부로 받아들여, 자기 자신의 것으로 하는 무의식적인 메커니즘을 가리키는 용어이다.●5 앞 절에서 개략하면서 살펴본 바와 같이, 정신발달에 대해서 말할 때, 이 동일화는 매우 중요한 의의를 갖는다.

　　불교에서 이것과 완전히 일치하는 용어는 발견되지 않는다. 하지만 유사한 것으로 집착이란 말을 들 수 있다. 서양심리학에서 말하는 동일화와 마찬가지로, 불교에서 집착도 그 교설에서 없어서는 안 될 중요한 개념이다. 불교를 심리학으로 이해하고자 한다면, 여기에서 두 개념의 의미를 비교해 보는 것도 의미 있는 일이다.

집착의 심리학적 이해

집착이란 용어는 불교에서 사용될 때나 일상 대화에서 사용될 때, 의미상 커다란 차이는 없는 것 같다. 다만 불교에서는 집착의 동의어로 취착取著이란 말이 자주 사용된다. 취取는 붓다가 스스로 그것을 응시함으로써 해탈에 이르렀다고 한 12연기의 교설에서 설해지는 한 가지로, 애愛 즉 갈애渴愛라고 하는 격한 욕구에서 생기는 잘못된 행동을 가리킨다. 욕취欲取, 견취見取, 계금취戒禁取, 아어취我語取의 네 가지 취가 있다. 욕취는 탐욕에 따른 취착의 행위, 견취는 잘못된 견해에 따른 취착의 행위, 계금취는 잘못된 계율을 믿어서 이루어지는 미신적 행위이고, 아어취란 실체적인 자아 등에 집착을 갖는 취착의 행위이다.[177]

애(갈애)에 대해서는 제2장의 사제四諦에서 설명한 것과 같이, 좋아하는 대상에 대해서 애착과 탐욕의 마음을 일으키고, 좋아하지 않는 불쾌한 대상에 대해서는 증오의 마음을 일으키는 것까지 포함하는 용어로, 이상적인 상태로 나아가는 것을 방해하는 마음의 작용, 또는 성격 소질인 번뇌를 가리키기도 한다.

즉 집착이란 탐욕, 성냄, 어리석음의 삼독三毒을 비롯한 다양한 번뇌에 기인하는 심리적 요소에 강하게 마음이 이끌려 사로잡힌 것이며, 잘못된 행동으로 이끄는 원인이 되는 것이다.

그러면 이 애 혹은 번뇌를 서양심리학에서는 어떻게 이해하고 있을까.

좋아하는 대상에 대해서는 애착과 탐욕의 마음을 일으키고, 좋아하지 않는 불쾌한 대상에 대해서는 증오의 마음을 일으키는 것은 인간에겐 불가피한 성질일 것이다.[6] 불교에서 애와 번뇌는 부정적인 의미를 포함하는 말이지만, 인간이 육체와 정신을 갖고 있는 존재인 이상, 그러한 심리경향은 자연스러운 성질일 것이다. 다만 그러한 성질은 근본적으로 파고들어 가면, 죽음의 거부에서 생겨난 것임을 앞에서 살펴보았다.

앞의 제1절 자아를 둘러싼 물음에서 인용하였듯이, 베커의 뛰어난 분석에 따르면, 유아(인간)는 타고난 무능함이라는 현실적 사실, 즉 죽음의 두려움을 회피함으로써 스스로가 자신의 삶과 죽음을 통제하고 있다는 감각과 자신이 '누구'라는 감각을 갖게 된다. 즉 동일화와 집착은 죽음의 공포로부터 도망가는 방법이란 점에서 동일한 의미가 있는 말이다.

다만, 동일화는 죽음의 회피에 근거해서 자아가 행동하는 적극적이고 능동적인 측면, 즉 세계와 대상을 수용하고, 거두어들인다는 작용에 중점이 놓인 것이다. 그리고 집착은 그 소극적이고 수동적인 측면, 즉 세계와 대상에 사로잡힌, 마음이 끌린 작용에 중점이 놓여 있는 것으로 생각된다. 이것들은 양자 모두 무의식적으로 이루어진 심리과정이고, 그것을 의식에 올려놓는 것 즉 탈동일화가 치료기능으로 이어진다는 점도 공통이다.

동일화와 집착은 인간의 삶에서 한 순간 한 순간 끊임없이 이루어지는 심리과정이다. 나라는 의식이 순간순간의 동일화에 의해 형성되고 있음은 앞의 제2절 의식의 흐름으로서의 나에서 말한 바와 같다. 그것은 또한 순간순간의 집착에 의해 형성되는 것으로 바꾸어 말할 수도 있다. 또한 이러한 동일화의 사용을 확장해서 적용하면, 우리들의 행동과 사고라는 것도 항상 동일화에 의해 이루어지는 것이라고 말할 수도 있다.

동일화로부터의 해방

발달 과정에서 유아가 환경과의 동일화를 포기하고 신체와 동일화를 이루고, 그 후 언어능력의 발달과 함께 점차로 자아 즉 사고와 동일화하는 과정에 대해서는 앞에서 살펴보았다. 현대인의 의식에서는 통상적으로 사고라 하면 감정과 감각보다 우위의 지배적 위치를 점하는 것으로 인식된다. 그리고 사고는 거의 쉼 없이 자동적으로 활발하게 움직이고 있다. 그런 의미에서 일반적으로 성인의 생활은 항상 사고와 사고 작용의 동일화를 통해 이루어진다고 할 수 있다.

'사고와의 동일화'는 사고 내용에 대해서도 적용하여 생각할 수 있다. 예를 들어 무언가 걱정거리가 있을 때는 그 생각이 끊임없이 의식 위로 올라와서, 다른 사람이 말을 걸어와도 건성으로 듣는 경우를 볼 수 있는데, 그것은 당사자가 그 생각과 사고 작용에 동일화되었기 때문이라고 이해할 수 있다.

또한 동일화는 다음과 같은 사용법도 가능하다. 예를 들면 텔레비전을 보면서 무언가를 먹고 있는 경우를 생각해 보자. 그때 텔레비전에 주의를 빼앗겨 텔레비전이 내보내는 다양한 자극에만 동일화되어, 음식의 맛을 전혀 느끼지 못하는 경우도 있다. 그때 다양한 생각이 떠오르거나, 밖에서 다른 사람의 소리나 새 소리가 나는 등 많은 일이 일어나지만, 우리들은 그곳에서 일어나는 전체를 보거나 느끼거나 의식하지 않고, 항상 무언가와 상대적으로 동일화되어 살고 있다.

　　또 '역할과의 동일화'라는 이해도 유용하다. 가정에서 아버지, 회사에서 회사원, 남편이나 아내 등의 역할은 어느 정도 의식적으로 이루어진다고 해도, 다른 사람과의 관계성 속에서 거의 무의식적으로 이루어지는 행동을 말한다. 회사에 도착한 순간, 그 사람은 의식하지 않더라도 누구를 만나든 회사원의 역할을 수행한다. 그것은 회사원이라는 '역할과의 동일화'가 이루어지고 있기에 자연스럽게 일어나는 것이다. 이것을 좀 더 넓혀 생각하면, 우리들은 사람만이 아니라 동물과 환경, 나아가 물질에 대해서도 항상 암묵적으로 어느 종류의 역할을 취해서 즉 동일화해서 행동하고 있다고 말할 수 있다.

　　이러한 무의식적으로 이루어지는 다양한 동일화는 그것이 의식되면, 필요에 따라 포기하는 것이 가능해진다. 이것이 정신통합Psychosynthesis이라는 치료체계를 구축한 이탈리아의 정신과 의사 로베르트 앗사지오리가 심리치료의 기법 가운데 하나로 제시한 탈동일화disidentification라는 개념이다.[20]

　　가면과의 동일화는 언젠가는 어떠한 계기로 반성해야 할 때가 온다. 그때 사람은 가면으로부터 탈동일화를 강요받는다. 왜냐하면 그것은 참된 자기가 아니기 때문이다. 만약 사람이 자기실현을 찾아가는 존재라고 하면, 사람은 언제나 깊은 곳에서 참된 자기를 추구하며 살고 있다고 말할 수 있을 것이다.

　　참된 자기가 되기 위해서는 가면을 제거해야 한다. 나아가 자아와의 동일화도 포기하고, 그곳에서 분화해 온 자기 자신의 신체를 돌려놓아야 한다. 그리고 더 나아가 이 신체와의 동일화마저도 포기하고, 자기 자신이 분화해 온 환경과 일체가 되는 것, 즉 자타의 이분법을 넘어서는 것으로 나아갈 필요가 있을지도 모른다. 이것은 인간의 자연스러운 발달과정이겠지만, 심리치료는 그 자연스러운 발달의 정체를 밝히고, 그 과정을 촉진시키는 유용한 방법임에 틀림없다. 나중에 상세히 설명하겠지만, 불교적 실천의 대표인 명상도 또한 이 과정 특히 후반의 과정을 촉진시킨다는 점에서 같은 기능을 하는 심리치료로 간주할 수 있다.

　　명상 특히 통찰형의 명상은 자신에게 일어나고 있는 모든 사건에 주의를 기울일 것을 요구하지만, 일단 주의를 기울인 다음에는 거기에 집착 즉 동일화하지 않고, 또 다른 것으로 자연스럽게 주의가 옮겨지게 하는 작업을 계속하는 것이다. 이러한 과정은 동일화라는 접착제를 용해시켜 느슨하게 하면서, 탈동일화를 촉진시키는 기법으로 이해할 수 있다. 명상에는 동일화를 통해 생겨난 증상이나 이전의 자신에 대한 모든 것을 상대적으로 이해 가능한 관점으로 만드는 뛰어난 치료적 기능을 갖고 있다.

6 불교의
병인론病因論과
무명

　　　　　　　사제의 제2성제인 집集은 고통의 원인을 밝힌 것인데, 거기에서는 열정적인 욕구 즉 갈애만 언급되고 있을 뿐 그 이상 자세한 설명은 없다. 그러나 12연기라는 교설에는 고통으로 이끄는 원인이 연기로 상세히 설명되고 있다. 여기에서는 다시 불교의 근본 출발점이 되는 '고통'을 심리치료와 관련하여 바르게 이해해 보고자 한다. 12연기는 아래와 같이 설명된다.

> 비구들이여, 연기란 무엇인가. 비구들이여, 무명의 연緣, 조건으로부터 행行이 있고, 행의 연으로부터 식識이 있고, 식의 연으로부터 명색名色이 있고, 명색의 연으로부터 육처六處가 있고, 육처의 연으로부터 촉觸이 있고, 촉의 연으로부터 수受가 있고, 수의 연으로부터 애愛가 있고, 애의 연으로부터 취取가 있고, 취의 연으로부터 유有가 있고, 유의 연으로부터 생生이 있고, 생의 연으로부터 노사老死가 있고, 수비고우뇌愁悲苦憂惱가 생긴다. 이렇게 이 일체의 고통의 무더기의 집기集起가 있다. 비구들이여, 이것이 일어남이라고 한다.
>
> 그러나 무명의 남김 없는 소멸로부터 행의 소멸이 있고, 행의 소멸로부터 식의 소멸이 있고, 식의 소멸로부터 명색의 소멸이 있고 …, 육처 …, 촉 …, 수 …, 애 …, 취 …, 유의 소멸로부터 생의 소멸이 있고, 생의 소멸로부터 노사, 근심·슬픔·괴로움·근심·번민이 소멸한다. 이렇게 모든 고통의 무더기가 소멸한다.[105]
>
> ─ 『상윳따 니까야』

　　이 12연기와 비교하면 알 수 있듯이, 사제는 고통을 소멸하는 방법에 보다 중점이 있는 반면, 12연기에서는 고통의 원인에 대한 추구에 보다 중점이 있다. 12연기의 경우 고통의 원인을 탐구한다는 의미에서, 불교의 병인론病因論이 상세히 설명되어 있다. 여기에서는 붓다의 12연기를 살펴보면서, 그것을 불교의 병인론으로 고찰해 보도록 한다.

무명이라는 근본원인

　　12연기에서는 먼저 모든 고뇌의 근원은 무명無明, avidyā이라고 설한다. 무명이란 학문에 대한 지식이 없는 것이 아니라, 사회나 인생의 이상을 달성하기 위한 바른 세계관과 인생관이 없는 것을 말한다. 인생의 고뇌가 일어나는 근본원인을 찾아가면, 그것은 무명에 있다는 것이 불교의 기본적 입장이고, 이 근본적 무지 때문에 사람은 잘못된 생각과 행동을 하게 된다. '무명의 연으로부터 행이 있다'는 것이 그것이다.

　　연기에서 행은 업과 같은 의미로 사용되는데, 동기나 목적, 의사, 실제 행동에 더해서 그것들의 습관력도 포함하는 용어이다. 이 습관적 힘은 그 후의 마음작용과 행동에 커다란 영향을 주는 것이고, 거기에서 인식판단의 작용인 식識이 생겨난다.

　　인식작용은 그 대상인 명색名色: 색·성·향·미·촉·법의 六境과 육경을 감각하고 지각하는 기관인 육처六處: 안·이·비·설·신·의의 접촉과 화합을 통해 촉觸이라는 인식판단의 작용을 낳는다. 그리고 촉에 의한 인식작용에서, 그 대상에 대한 좋고 나쁨의 느낌과 고락의 감수작용인 수受가 생겨나는 것이다. 고락 등의 감수가 있으면, 거기에서는 불쾌하고 싫은 것은 미워하고 싫어하고, 좋아하는 것에는 애착을 느끼는 애愛라는 의사意思작용이 생긴다. 애착과 증오라는 생각이 있으면 탐욕스러운 행동과 사견에 의한 잘못된 행위, 게다가 실체적인 자아에 대한 집착을 가진 행위가 생겨나고, 도둑질과 간음, 살해와 투쟁 등의 잘못된 행동으로 이끌리게 된다.

그것들이 행동으로 옮겨지면 반드시 그에 상응하는 습관력을 남기게 된다. 그리고 습관력에서 성격이나 기질과 같은 유有가 생겨난다. 성격과 기질은 태어날 때 이어받는다고 한다. 즉 태어날 때는 결코 백지가 아니라, 이미 특정한 성격과 기질을 갖고 있다는 말이다. 태어남이 있으면, 거기에서 온갖 종류의 경험이 생겨나는 것인데, 거기에는 괴로움과 기쁨도 있고, 늙음과 죽음이라는 비애로 가득한 고뇌도 생겨난다.

늙음과 죽음으로 대표되는 고뇌는 이렇게 해서 생겨난다. 그것들은 모두 무명이라는 근본원인에서 유래한다는 것이 12연기의 골자이다.

무명의 인식

이 근본적 원인을 이루는 무명, 즉 바른 인생관과 세계관이 없다는 것은 구체적으로 어떤 것일까. 불교의 해설서에 따르면, 그것은 '선악을 알지 못하고, 선악의 과보를 알지 못하고, 삼세三世의 인과를 인정하지 않고, 불법승의 삼보三寶를 믿지 않으며, 연기와 사제의 도리를 알지 못하는 것이다.'[105]

12연기의 후반부에는 이것을 남김없이 제거함으로써 모든 고뇌로부터 해방된다고 설해져 있다. 즉 불교라는 치료적 실천은 무명의 제거를 목적으로 한다. 그렇다면 불교의 치료론은 우선 병의 근본 원인인 무명을 조금이라도 인식하는 것에서 시작된다. 즉 불교라는 치료적 실천의 출발점은 어떤 형태로든 체험적으로 무명의 인식에 다가가는 것에서 시작된다.

다만 무명은 사려 깊은 분석의 결과로써 매우 지성적, 논리적으로 제시된 통찰적 지식이다. 이것이 충분히 인식되고 이해되면, 나머지는 쉽게 이해된다. 치료라는 실천은 무명의 인식에 다가가는 것에서 시작된다고 말했는데, 그것은 반드시 의식적 혹은 지식적으로 무명을 파악한다는 것은 아니다. 무명의 가르침에 나타나 있는 근본적 무지가 자신에게도 있지는 않을까, 자신은 지금까지 정말로 어리석은 삶을 살아온 것은 아닐까, 어째서 이렇게까지 정신없이 잠만 잤을까 등 의식이 막연하게 느껴지는 것은 살아가는 동안 누구나 몇 번쯤 느낄 것이다. 여기에서는 그러한 자기반성적 의식의 싹에 주목하고자 한다. 이른바 무명의 예감과 같은 것이다.

이러한 인식은 말할 필요도 없지만, 인생의 초기에는 좀처럼 일어나기 힘들다. 인생에서 자신의 무지를 인식하는 것은 물론, 연기와 사제와 같은 이치를 알아보고자 하는 동기는 자신이 걸어온 인생을 반성할 때 생겨난다. 자기반성적 의식은 사고가 발달해야, 즉 피아제가 말하는 형식적 조작적 사고를 해야 가능한 의식인데, 사람은 적어도 사춘기에 도달할 때까지는 이러한 자기반성적 의식이 없다. 즉 무명의 인식은 자아가 그러한 기능을 획득하기 전의 발달단계에서는 이루어지지 않는다.

앞에서 보았듯이, 동일화는 때어났을 때부터 무의식적으로 끊임없이 이루어지는 심리과정이다. 그 무의식적인 과정을 반성의 눈으로 통찰하는 작업은 그것을 인식할 수 있는 충분한 정신적 발달이 전제되지 않으면 불가능한 것이다. 또 인생에서 반성이란 그때까지의 잘못되고 편향된 삶의 방식을 알아차리는 어떤 체험적 계기를 통해 생겨나는 것이다. 그러한 체험은 일반적으로 인생의 전반기에서는 의식된다고 해도 그 정도가 희박하고, 인생의 후반으로 접어들면 들수록 보다 강력하게 의식된다. 사람이 자신의 존재방식에 자기반성적 의식을 갖고 마주할 계기를 갖게 되는 것은 정신적 고뇌나 신체적 병을 통한 경우가 많다.

　　자기반성적 의식과의 만남은 어렴풋이 느낄 수 있는 것에서, 그 사람의 삶을 한 번에 바꾸어 버릴 만큼 충격적이고 강렬하게 의식되는 것까지 그 정도의 차가 매우 다양하다. 그러나 사람은 거기에서 비로소 무명과 만나게 된다. 동일화의 과정은 무명과 만날 때까지 무의식적인 채로 머물고, 계속해서 진행된다.

　　그러나 비록 희미한 단편적인 것이라고 해도, 무명의 인식을 계기로, 사람은 그때까지의 인생을 반성하게 된다. 그 반성적 자각이 의식되는 정도는 사람마다 다르지만, 심리치료는 거기에서부터 비로소 시작된다. 아동의 심리치료와 같은 경우는 별개로 하더라도 거의 모든 심리치료는 이 자기반성 혹은 무명과의 만남을 출발점으로 하여 시작하는 것이고, 불교 역시 마찬가지이다.

　　인생의 무명과 만난 사람은 거기에서 그때가지 걸어본 적이 없었던 새로운 길을 걷게 된다. 그때까지는 무의식적으로 지냈던 사람의 경우, 그 뒤부터는 다른 사람과의 관계를 자각적으로 맺어가는 노력이 요구된다. 그것은 때로는 인생의 전반과는 전혀 다른 반대의 인생을 필요로 하기도 한다. 융은 이것을 '인생의 오후의 문제', '중년기의 위기' 등으로 부르고, 자신의 중점 과제로 삼았다. 융만이 아니라, 제임스, 호나이, 매슬로우, 프롬 등도 모두 이것과 공통된 주제를 탐구했던 인물이라고 말할 수 있다. 그들의 일은 결코 단순히 개인적 흥미에서 이루어진 것만은 아니다. 현대를 살아가는 심리치료가로서 그것에 대한 탐구의 필요성을 깊이 자각하고, 또한 시대적 책임감을 갖고 있었기에 가능했던 것이다. 그들은 모두 불교에 유난히 관심이 많았던 사람들이다. 그러나 그것은 전혀 이상할 것이 없다. 왜냐하면 심리치료가 다루는 대상 범위가 변화하고, 특히 그 틀을 크게 확장하기 시작한 현대적 상황은 불교와 같은 위대한 심리치료 체계가 필요했기 때문이었다.

7 현대의
삼독

　　　　　　　　　제2장에서 자세히 보았듯이, 번뇌는 인간이 이상적 상태로 나아가는 것을 방해하는 마음의 작용 또는 성격의 바탕을 말한다. 가장 기본적인 것이 삼독, 즉 탐욕貪慾, 성냄瞋恚, 어리석음[愚癡]이다. 서양과는 다른 관점에 있는 것이지만, 이것들은 인간의 심리학적 요소를 나타낸 것이라고 말해도 문제는 없을 것이다. 즉 불교심리학에서는 삼독이 인간에게 가장 중요한 심리학적 요소라는 위상을 갖는다.

　　　그렇다면 이것들을 현대적 사고방식에서 번역하는 작업에는 특별한 가치가 부여되어야 한다. 다양한 번역이 가능하겠지만, 그 중 하나로서 여기에서는 삼독이라는 인간의 가장 대표적인 번뇌에 대해서 좀 더 깊이 고찰하고자 한다.

　　　탐욕貪慾은 서양 혹은 현대사회에서는 보통 먹거리나 재산 등의 물질을 추구하는 욕구에 한정해서 사용하는 경우가 많다. 그렇지만 불교의 탐욕은 그보다는 넓은 의미의 용어이다. 그것은 자기 이미지나 인간관계 등에도 적용되며, 질투나 노여움, 욕구불만과 같은 가장 기본적이며 근본적인 인간의 감정과 행동을 좌우하는 심리적 요소라고 할 수 있다.

　　　진에瞋恚도 또한, 화를 내는 것보다 훨씬 넓은 의미의 개념이다. 탐욕이 소유하고 싶다, 경험하고 싶다는 강박적인 욕구를 포함한다면, 진에는 회피하고 싶다는 강박적 욕구를 포함하는 심리적 요소라고 할 수 있다. 그리고 공포와 분노의 감정, 방어와 공격의 행위는 그것이 겉으로 나타난 증상이라고 생각할 수 있다. 왜냐하면 우리들은 어떤 것에 대해서 어느 때는 회피해야 된다고 느끼다가도, 어느 때에는 그것을 두려워하면서, 방어적 태도를 취한다. 그리고 그것들을 만들어낸 사람들과 상황에 분노를 느끼기 시작하고, 그것들을 공격하거나 파괴하고자 하는 기분을 정당화하려고 하기 때문이다.

탐욕과 진에는 인간이 갖는 기본적인 욕구이기도 하지만, 불교가 문제시하는 것은 그것에 지배되어 살아가는 것이다. 그것들에 지배되어 있는 사람들이란 원하는 것을 손에 넣고자 하고, 또 한편으로는 두려움에서 도망가고자 하는 끝없는 욕망에 마음을 빼앗긴 사람들이다. 이것은 현대 사회에서 필사적으로 행복을 쫓아 살아가는 현대인의 모습과 중첩된다.

사람은 늘 행복을 추구하며 살아간다. 그렇지만 그 행복이란 도대체 무엇인지 현대인들은 모르고 있는 것인 아닐까. 이 알지 못하는 것, 그것이 어리석음[愚癡]이다. 현대인은 이 어리석음 때문에 탐욕과 성냄이라고 하는 '인간이 이상적인 상태로 나아가는 것을 방해하는 심리적 작용'을 더욱더 비대하게 만드는 것은 아닐까. 기분을 충족시킬 것을 손에 넣고 두려움에서 효과적으로 도망치더라도, 그것은 일시적인 만족밖에 주지 못한다. 거기에는 무엇인가에 대한 욕구와 두려움이 항상 존재하며, 그러한 프로세스는 그냥 단순하게 탐욕과 진에의 연쇄와 악순환을 더욱 키워 스스로의 목을 졸라 결국은 심리적 감옥에 가둘 뿐이다.

그리고 개인의 탐욕과 진에가 더욱 커지면, 그것들이 사회적 활동에 반영되게 된다. 예를 들면 물질을 통해서만 위로를 받고자 하면 소비의 레벨이 한없이 높아지게 될 것이다. 그것은 또한 한편으로 엄청난 에너지와 물질의 수입을 요구하여, 결국 우리들을 외국의 공급물에 의존하게 만든다. 간디는 이렇게 말하였다. "세계에는 모든 사람의 욕구를 만족시킬 만큼의 충분한 물질이 있다. 하지만 모든 인간의 탐욕을 만족시킬 만큼의 물질은 없다."고.

어리석음[愚癡]은 현대인에게 만연되어 있는 병과 같다. 우리들은 탐욕과 성냄이 비대해진 만큼 더 이상 스스로의 어리석음을 인식할 수 없을 정도로 왜곡된 것은 아닐까. 탐욕과 같은 것은 현대의 문화적 특질로서 공유되어 있기 때문에, 색안경을 낀 것처럼 좀처럼 인식하기 어렵다.

8 집단적 수면과 고통

이러한 삼독이란 관점은 처음에는 이상하게 들려서 서양적 혹은 현대적 관점에서 볼 때 애당초 받아들일 수 없는 것처럼 보인다. 그러나 현대의 심리학적 기술에도 1960년대부터 유사한 사고방식이 제안되기 시작한다. 예를 들면, 스탠포드 대학의 심리학자 윌리스 하먼[W. Harman]은 최면이라는 용어를 사용하여 다음과 같이 말하고 있다. "우리들은 모두 유아기부터 최면상태에 있다. 우리들은 자기 자신에 대해서도 자기 주변의 세계에 대해서도, 그것들이 그렇게 존재하고 있는 대로 인식하지 않고, 그것들을 알기 위해 강요된 믿음의 방식으로 인식하고 있다."[69] 또 게슈탈트 치료의 창시자인 정신과 의사 프리츠 펄스[F. Perls]는 "알고 있는 것은 우리들 중 소수의 인간이다. 현대인의 대다수는 언어적 트랜스 상태 속에서 살아가고 있다고 말하지 않을 수 없다."[121]고 말하고 있다. 이러한 주장은 실제 근래의 몇몇 실험적 연구를 통해서도 지지되고 있다.[95, 96, 97]

그러나 우리들은 대부분 이 최면상태나 언어적 트랜스 상태를 인식하지 못한다. 왜냐하면 우리들은 모두 그것을 공유하고 있어서 그 상태에서 일탈하지 않으려 하기 때문이다. 앞서 보았듯이, 인간이란 끊임없이 죽음의 공포로부터 도망가고, 오로지 대리적 만족을 따라가는 절망적인 시도를 하는 존재로 이해된다면, 우리들의 삶은 원리적으로 그러한 방식을 알아차릴 수 없게 되어 있는 존재이다.

동일화라는 용어를 사용하면, 다음과 같이 말할 수도 있다. 우리들의 의식은 그 의식 내용, 즉 사고, 정감, 신념, 기억, 이미지 등으로 마치 접착제와 같이 동일화해서 붙어 있는데 거기에서는 일반적으로 누구나가 생각하고 있는 자기, 자신이라는 의식조차, 그 생각과 이미지에 속박된 감옥에 있는 것과 같다. 즉 그러한 감옥에 있는 한, 우리들은 언제나 고통에 사로잡혀 있다.

붓다가 사제를 통해 제시한 근본명제인 고통이란 이러한 인간의 존재방식을 가리킨 것이다. 우리들은 보통 그 절망적인 존재방식에서 결코 벗어날 수 없다. 즉 태어남 그 자체가 고통이며, 늙음, 병듦, 죽음 뿐만이 아니라, 일시적인 기쁨과 무엇인가를 추구하는 것, 살아가는 것, 그 모든 현상이 고통이다.

우리들은 고통의 감옥에서 대리만족을 느끼고, 그것을 공유함으로써 죽음의 공포로부터 벗어나 일시적인 안심을 얻고 있다. 매슬로우 A. Maslow는 그것을 표준의 정신병리psychopathology of average라고 하는데[102], 우리들은 모두 그 문화culture, 궁극의 컬트를 공유하고, 습관적 수면conventional slumber 혹은 합의의 트랜스consensus trance 속에서 살고 있다.[165]

불교에서는 삶의 현실을 환상[maya]이라고 표현하기도 한다. 지금 기술한 서양심리학의 이해가 불교의 환상이라는 생각과 중첩되어 있다는 것은 굳이 말할 필요도 없다. 선과 명상의 실천에는 다양한 목적이 있다고 할 수 있는데, 최종목표는 환상의 감옥에서 해방되어[해탈], 집단적 최면에서 깨어나는 것[각성]이다.

나라는 생각은 참된 나가 아니다. 나는 생각이 아니다. 그리고 감정도, 감각도, 기억도, 이미지도 아니다. 그러나 그것들을 보는 의식이 마음의 저 깊은 곳에 분명히 있다. 제3의 눈이라는 표현도 있다. 생각은 있지만, 그 의식에서 볼 때, 생각하는 사람은 더 이상 존재하지 않는다. 즉 나는 더 이상 그곳에 존재하지 않는다[무아]. 다만 나라는 고통의 감옥[환상]을 보고 있는 의식이 있을 뿐이다. 각성이란 그런 분명한 의식체험의 획득을 표현하는 말이다.

각주

[1] 데카르트의 자각은 주체와 객체를 나누어 생각하는 이원론적인 사고의 원류로 서양 근대사상의 발단을 이룬 것이다. 물론 심리학도 예외는 아니다. 이 我^(자아 혹은 자기)가 더 이상 의심할 수 없는 실체라고 간주하는 입장에 있는 것은 당연하다.

[2] **자등명自燈明 법등명法燈明의 가르침** __ 붓다 최후의 설법 가운데 하나. "이 세상에서 스스로를 섬으로 하고, 스스로를 의지처로 하고, 다른 사람을 의지처로 하지 말며, 법을 섬으로 하고 법을 의지처로 하고, 다른 것을 의지처로 하지 말라."^(디가 니카야)는 교설이다. 한역 경전에서는 "스스로를 등불로 하라. 법을 등불로 하라."고 번역하고 있다.

[3] 마가렛 마라, 쿠라인, 피아제, 에리히 노이만 등이 현대를 대표하는 이론가들이고, 특히 노먼의 『의식의 기원사』는 널리 지지받고 있다.

[4] 여기에서 자기는 서양의 발달심리학의 문맥에서 사용되는데, 자기 구조 혹은 자기 시스템을 나타내는 경우가 많다.

[5] 앞 절에서 발달심리학의 개략을 기술하면서, 동일화라는 용어를 빈번하게 사용했다. '신체에 대한 동일화'와 같은 용례는 전통적인 정신분석의 입장에서 위화감을 느끼는 사람도 있을 것이다. 그러나 동일화의 본래 정의를 상기한다면 결코 모순된 것이 아니다. 최근의 정신분석 관련 논문에서도 이러한 사용법은 결코 드물지 않다.

[6] 불쾌한 것을 회피하고 쾌락을 추구하는 것을 생각하면 곧 떠오르는 것이 프로이트의 쾌감원칙일 것이다. 이 원칙은 무의식의 과정 혹은 일차과정에서 지배적인 정신의 원리다. 사람은 발달함에 따라 쾌감원칙에서 벗어나, 현실원칙의 지배로 이행하는데, 꿈과 공상, 백일몽과 유머 등에는 여전히 쾌감원칙에 지배된 심리과정이 보인다. 프로이트의 쾌감원칙은 본래 에너지 경제론적 입장에 있는 것이지만, 여기에서는 그다지 중요하게 다루지는 않는다.

04

현대
심리치료로서의
명상

- 의학에
접목된
명상

- 융파의
명상 이해와
적극적 상상

- 심리치료에
있어서
세 가지 접근

- 자기실현과
자기초월의 의미

- 명상과
심리역동적
이해

- 명상으로 이어지는
심리치료의
여러 기법

- 변성의식의
치료적
의미

- 심리치료가를
위한 명상

명상이 정신의학적 치료에 있어서
충분한 대체치료법이 될 수 있다는 증거는
충분하지 않지만 정신의 평온을 가져다주고,
불안과 스트레스를 경감할 뿐만 아니라,
심리치료 과정을 촉진시키고,
정신에 작용하는 치료약의 필요성을
경감시키며, 회복과정을 도와주는 것 같다. …
긴 역사를 가진 동서양의 여러 문화에 존재해 온
다양한 명상 테크닉의 치료적 가능성을
탐구하고, 정신과 의사와 행동과학자들이
그것들을 주의 깊게 검토하는
시대가 다가온 것이다.

– 미국 정신의학협회, 1977년 –

명상이 현대의 심리학과 의학에서 과학적 관점으로 재검토된 역사는 이제 겨우 40여 년 정도밖에 되지 않는다. 하지만 짧은 시간에도 불구하고, 지금까지의 연구 성과는 앞으로의 발판이 될 만큼 이미 풍부하게 구축되어 있다. 서양의 경우 일반사회로 널리 퍼지면서 명상에 대한 과학적 연구 역시 활발하게 이루어지고 있고, 현재 명상과 관련된 과학적 연구 논문의 수는 1,300건이 넘을 정도로 증가하고 있다.[107] 이것은 1985년을 기준으로 한 것이다. 현재는 아마도 2,000건은 충분히 넘었을 것이다.

　　명상의 과학적 연구에 대한 보다 상세한 내용에 대해서는 졸저 『명상의 정신의학』[9]을 참조하길 바란다. 연구 자세와 관점 역시 선입관이 짙게 드리워졌던 초기의 회의적이고 부정적인 의견과 역으로 과도하게 찬미하는 듯한 의견이 주류를 이루었던 시기를 지나, 요즘에는 객관적이고 착실한 연구가 이루어지고 있다.

　　명상에 관한 과학적 연구는 그 효과를 탐구하는 생리학적 연구가 중심인데, 그에 대해서는 다른 책[9]에서 다루었기 때문에, 제4장에서는 심리치료와 접점을 갖고 이루어진 연구에 초점을 맞추고자 한다.

　　불교와 심리치료는 실제로 명상을 통해서 다양한 형태로 신화 발전되었다. 현재 명상은 과학적 연구 접근을 통해, 서서히 전문적인 심리치료와 실제 의료 현장에도 적용되기 시작하였다. 이러한 움직임은 현대에 접어들면서 새롭게 생겨난 심리치료의 발전과 더불어, 종교라는 틀을 완전히 벗어버리고 다양하게 활용되고 있다.

　　제4장에서는 우선 이러한 의학적 치료의 측면에서 명상의 유용성을 고찰하고, 현대 의학과 심리학의 눈으로 바라보는 명상의 치료적 메커니즘을 개관해 보고자 한다.

　　오늘날 만약 어떤 기술이 유용하다고 하면, 그것은 현대의 가치관

속에서 검증될 필요가 있다. 불교의 주요한 수행법인 명상을 현대적 관점에서 단순하게 기술로 간주하는 것은 문제가 있지만, 현대사회에서 불교의 가치를 재발굴하기 위해 명상을 학문적으로 연구하고 접근하는 것은 의미 있는 일이라고 생각된다. 제4장에서는 그러한 내용을 개괄한 뒤, 불교와 심리치료의 관계를 심도 있게 논의하고자 한다.

┃ 의학에
접목된 명상

　　　　　　　　명상이 의학적 치료에서 관심의 대상이 된 것은 혈압 저하 작용과 같은 주로 생리학적 임상효과를 조사한 연구가 주목받으면서부터다.[108]

　　근래 들어 의학계에서는 심신병心身病이란 개념을 사용하고 있다. 이것은 신체증상에 잠재하는 심리적 원인에 주목한 개념으로, 내과 등 일반의학과에서도 주목하고 있다. 종래에는 심리치료가 정신의학에서만 다루어져 왔지만, 요즘에는 다양한 분야에서 심리치료적 접근이 응용되고 있다. 원래 심리치료는 심리학적 요인이 원인이 되는, 정신과 영역의 질환을 대화의 기법 등을 통해 치료하는 방법을 말한다. 그런데 위에서 말한 심신병과 스트레스를 기초로 한 현대의학에서는 자율훈련법과 바이오피드백 치료 등, 이른바 자기훈련과 자기 컨트롤을 목적으로 하는 다양한 행동치료기법도 나오고 있다.

　　본래는 심리치료와 다른 것이지만, 이러한 자기훈련적 심리치료가 출현한 덕분에 명상도 현대 의학적 치료 가운데 하나의 심리치료로 평가받게 되었다. 일반사회에서 각종 테라피로 응용되기 시작한 명상은 천천히 의학 속으로 들어와서 결국은 일종의 의학적 심리치료법으로 검토되기에 이르렀다.

　　또한 다양한 심리학적 입장에서 명상에 관한 매우 풍부한 연구가 이루어졌다. 특히 자아초월 심리학이란 새로운 연구영역에서는 종래의 심리학 이론을 기초로 하면서 그때까지 단순히 병적인 심리 체험으로 여겨왔던 동양의 명상전통에 대한 활발한 연구가 진행되고 있다. 더욱이 자아초월 심리학에서는 동양 명상의 다양하고 특이한 의식 상태에 대한 놀랄 만한 연구가 빠르게 진척되고 있다.[137]

　　현재 명상은 일반사회에서 이루어지고 있는 심리치료의 실천적 경험과 의학계에서 거두고 있는 응용치료기법의 성과를 바탕으로, 직접적으로 치료에 응용되는 것을 목표로 하여, 의학적이고 심리학적인 접근방식을 풍부하게 축적하고 있다.

　　그러면 명상은 기존의 심리치료와는 다른 어떤 뛰어난 효과를 가지고 있는 것일까? 치료효과가 있다면 그 메커니즘은 도대체 어떠한 것일까? 그리고 만약 그것이 치료라면 거기에는 이른바 치료의 부작용과 위험성과 같은 것은 없을까? 현재 심리치료로서의 명상에 대해서는 이러한 관점을 포함한 다양한 심리학적 측면에서 연구가 축적되고 있다. 지금부터는 이러한 의문 등을 염두에 두면서, 지금까지의 연구 성과를 기초로 명상이 갖는 다양한 치료적 측면을 생각해 보고자 한다.

명상의 유형

　　심리치료로서의 명상을 구체적으로 검토하기에 앞서 잠시 명상이 무엇인지 살펴보자. 명상에는 다양한 테크닉이 존재한다. 여기에서는 심리치료로서의 명상을 생각함에 있어, 대강 두 가지 유형으로 나누어서 살펴보자.

　　두 가지 유형이란 집중형과 통찰형을 말한다. 이것은 명상연구의 제1인자인 심리학자 니엘 고르만의 분류로 많은 연구에서 사용되었고, 현재에도 널리 일반적으로 통용되는 견해이다.

　　우선 집중형 명상이란 예를 들면 촛불과 만트라[주문] 등, 어떤 대상에 주의를 고정해서 집중하는 유형을 말한다. 이 유형은 요가와 같은 전통에서 널리 실천된 것이다. 서양에서 심리치료로 응용된 것으로는 대표적으로 TM[초월명상]이 있다. 집중형 명상에서는 일상적인 정신기능이 억압되거나, 주의가 하나의 대상에 고정되는 것으로 정신이 어떤 종류의 깊은 집중상태로 들어가는 것으로 생각된다.

다른 하나의 유형인 통찰형 명상은 주의를 한 점에 고정하기보다는 내적인 정신기능의 성질을 통찰하는 것에 중점을 두는 것이다. 그 대표적인 것은 태국 등의 동남아시아와 스리랑카 등 남방 상좌부[테라와다] 불교의 전통적 수행에서 실천되고 있는 위빠사나 명상이다. 이 명상은 근래 미국에서 심리치료로 도입된 것 가운데 가장 대표적인 것인데, 이미 알아차림 명상mindfulness meditation이라는 심리학 용어로 정착되었다.

위빠사나 명상에서는 고통과 열감 등의 신체감각이든, 다양한 감정과 사고 등의 정신내용이든, 그것이 어떤 의식 내용이든 간단히 무시하지 않는다. 그것들에 대해서 판단을 내리거나, 선택하거나, 주의를 고정하지 않고, 단지 발생하는 대로, 지나가는 대로, 관찰하는 것만을 목적으로 한다. 즉 위빠사나의 목적은 집중이 아니라, 굳이 말하자면 자신의 정신 과정을 보다 명석하게 아는 것, 혹은 순간순간에 대한 알아차림을 키워, 어떤 종류의 통찰을 얻는 것에 중점이 놓여 있다고 말할 수 있다.

나는 선의 경우 매우 심플하면서 이 양자의 요소를 동시에 포함한 실천체계라고 생각한다. 하지만 심리치료로서의 명상을 생각할 때에는 현재 연구자들이 흔히 사용하는 것으로 이 두 가지 유형의 분류가 있음을 아는 것은 중요하다. 왜냐하면 두 가지 유형은 각각의 실천자에게 다른 효과를 가져오는 것으로 알려져 있으며, 임상에 적용할 때에도 다른 유형의 명상이라고 생각하기 때문이다. 예를 들면 TM과 위빠사나는 지금 기술한 것과 같이 커다란 차이점을 갖는다. 이 차이점은 심리치료의 일환으로 적용할 때에 자연스럽게 인식되어야만 한다. 예를 들면 스트레스나 불안의 감소가 목적인지, 심리적 내용에 대한 알아차림의 통찰이 목적인지, 치료의 목적을 생각하거나 그때 사용되는 기술이나 심리치료의 방법을 고찰하고자 할 때에도 이런 차이에 대한 인식은 반드시 필요하다. 지금까지 말한 심리치료로서의 치료 메커니즘 등에 대해 검토할 때에는 명상에 대략 두 가지 유형이 있음을 반드시 유념해야 한다.

이완relaxation 반응

　명상으로 신체에 유익한 생리학적 지표의 변화가 일어났다는 연구 보고는 상당히 많다. 현재 일단 합의에 이른 연구 성과를 들자면, 명상은 산소 소비, 이산화탄소 배출, 호흡수, 심박수, 심박출량, 혈압, 체온 등을 저하시키고, 피부저항력을 증대시키는 등의 효과가 있다.[141] 이 변화를 한마디로 이완relaxation 반응이라고 한다.[25] 이러한 이완반응은 다른 방식의 기법에서도 볼 수 있다.

　명상의 치료적 메커니즘은 이러한 이완반응이 기초에 있다고 하는 생각 때문에 일반에도 널리 알려지게 되었다. 그리고 이러한 이해로 인해 의학계에서도 명상을 쉽게 받아들이게 되었고, 이러한 입장에 근거해서 명상에 대한 다양한 이해가 향상되었다.

　그러나 명상의 치료 메커니즘을 이해하려는 경우에는 이러한 접근 혹은 이완반응이란 작용원리만으로는 충분하지 않다. ●1 왜냐하면 예를 들어 명상과 마찬가지로 수면도 깊은 이완반응이라고 할 수 있지만, 양자는 전혀 성질이 다르기 때문이다. 이완반응 모델은 다양한 긴장완화 기법에서도 볼 수 있는 것을 이끌어내지만, 각각이 갖는 유용한 가치와 특징적 성질을 보여주지는 않는다. 또 이완반응 모델에서는 명상 속에서 일어나고 있는 주관적 체험 과정에 대한 어떤 설명도 해주지 못한다.

게다가 이미 말했듯이, 명상에는 다양한 종류가 있다. 그리고 그 각각은 효과적인 측면에서 특수한 반응을 야기할 가능성이 있음을 간과해서는 안 된다.

또한 명상 중에는 긴장완화라는 말이 적용되지 않고, 오히려 신체 감각들을 자극해서 다양한 감정적, 신체적 이상 징후를 일으키는 것도 포함된다. 즉 명상의 치료적 메커니즘을 이해하고자 할 때, 이완반응은 중요하긴 하지만 그것만으로는 충분한 설명이 되지 않는다.

인지치료로서의 명상

이완반응은 주로 신체에서 야기된 변화에 주목한 접근이라고 말할 수 있다. 하지만 명상에서 신체의 생리학적 변화는 오히려 부차적인 효과라고 생각해야 한다. 본래 명상이란 실천자에게 자각自覺과 인지적인 변화를 가져다주는 것이 본래의 목적이라고 보기 때문이다. 명상을 치료적 측면에서 이해하더라도 명상의 본질적 측면은 반드시 이해되어야 한다.

그러면 명상을 통해 초래되는 인지면에서의 변화는 어떠한 것이라고 생각하는가? 예를 들면 명상연구에 조예가 깊은 정신과 의사 아더 다이크만은 관찰하는 자기라는 개념을 사용해서 다음과 같이 설명한다.

> 명상은 관찰하는 자기를 확고하게 구축하여, 그 시야를 넓힘으로써 습관적으로 이루지는 지각知覺과 반응의 패턴을 해방시킨다. 대상으로 향하는 자기의 움직임을 저지하여 그에 따른 지각의 지배를 그치게 하고 동시에 또 관찰하는 자기가 의식 내용에서 끄집어 내지면서, 사람은 자동적으로 일어나는 사고, 감정, 환상의 흐름과 동일화하는 것을 그만두기 시작한다.[48]

강렬한 감정과 반복적으로 나타나는 생각에 완전히 마음을 빼앗겨 버리면, 아무런 자각自覺없이 자동적으로 반응하게 된다. 하지만 명상을 통해 자신을 관찰하는 눈이 생겨나게 되면, 그때부터는 그 눈을 통해 관점과 자세를 취하게 되어 지금까지 자동적으로 반응해 왔던 패턴을 바꾸게 된다. 그리고 그것을 통해 행동을 컨트롤하고 수정하게 된다. 다이크만은 이 메커니즘을 탈자동화deautomatization라고 부른다. 이러한 견해는 앞의 이완반응 등과는 전혀 다른 각도의 사고방식이지만, 명상을 이해하는 데 있어 보다 본질적인 부분에 초점을 맞추고 있다.

　　의학이 명상을 도입한 것은 이미 말했듯이, 무엇보다도 이완반응 때문이다. 그래서 치료방법으로 이해되게 된 것인데, 연구가 진행되면서 다이크만과 같은 이러한 이해가 중요하고 필요하다는 것이 널리 인식되었다.

　　그러나 다이크만의 견해와 같은 접근방법이 의학적인 사고방식과 종래의 일반적인 심리치료의 입장과 곧바로 접점을 찾는 것은 쉬운 일이 아니다. 따라서 여기에서는 우선 앞서 말한 의학적 접근의 연장선상에서 어떻게 명상이 이해될 수 있는지 고찰해 보자.

인지행동치료의 사고방식과 명상

　　현재 의학적인 접근방법 가운데 일반적인 심리치료방법은 행동치료가 대표적이다. 앞에서도 말한 바이오피드백과 같은 자기 컨트롤 기법도 크게는 행동치료에 해당한다. 또 현재 이 분야에는 인지치료라는 치료체계도 있고, 이것들은 종종 일괄적으로 인지행동치료라는 이름으로 통칭되는 경우도 많다. ●2

　　명상은 본래 의학적 치료를 전제로 하는 것이 아니기에, 치료 목적으로 성립한 인지행동치료 등과는 기본적으로 다르다. 그렇지만 우선 여기에서는 인지라고 하는 용어를 사용하는 점에 주목하여, 명상에 응용 가능한 사고방식을 찾아보고자 한다.

우선 인지치료의 기본적 입장을 간단히 보자. 예를 들어 패닉 장애나 불안신경증과 같은 경우를 생각해 보자. 심장에는 전혀 이상이 없음에도 갑자기 불안감이 유발되어 강한 울렁거림[動悸]이 나타나고, 공황 증상에 빠져 병원을 방문하는 경우다. 그때 일어나는 불안은 이해 가능한 어떤 계기가 있거나, 혹은 어떤 계기 없이 나타나는 경우도 있다. 그러나 그것이 병원에서 진찰을 받을 정도의 병적인 것이 되는 것은 —인지치료적 관점에 의하면— 그 사람이 '이 울렁거림으로 죽는 것은 아닐까'라고 생각하기 때문이다. 이 경우 그 자리에서 '죽는 것은 아닐까'라고 해석하는 인지의 왜곡이 존재하고, 그 왜곡이 병을 만들어 낸다고 생각된다. 따라서 치료는 습관적으로 몸에 익어 자동적으로 떠오르는 생각 즉 자동 사고를 알아서, 증상을 만들고 있는 잘못된 인식 태도 즉 도식schema을 바르게 하는 것이다.[136]

요약하자면, 인간의 행동에는 사건과 반응 사이에 '자동 사고automatic thoughts' 라는 과정이 개재되어 있다고 생각되고, 이 자동적 반응 패턴이 인지의 왜곡을 만들어내고 있다고 상정된다. 그리고 그것을 의식적으로 교정하는 것이 바로 치료로 이어지는 것이다.

이러한 관점에서 보면, 명상과의 접점이 조금은 보이기 시작한다. 명상에서는 여기에서 말하는 자기 자신의 사고 패턴과 인지 방식을 자각하게 하는 작용을 기대할 수 있기 때문이다. ●3 또 앞서 보았듯이, 명상에는 습관적인 행동과 인식 패턴을 자각하게 하는 탈자동화라는 메커니즘이 있음을 염두에 두면, 일종의 원리로 받아들여지는 '자동적 사고'와 '인지의 도식'이 명상을 통해 의식화되기 쉽다고 이해하는 것도 가능하다. 인지의 오류를 적극적으로 교정한다는 측면은 없을지도 모르지만, 명상은 인지치료가 중요하다고 하는 것, 즉 '자동 사고'에 대한 알아차림을 키우는 유효한 방법으로도 평가할 수 있다.

이렇게 보면, 치료기법으로써의 명상에는 서양의학의 행동치료적 접근 등에서 보이는 듯한 '적극적 컨트롤'이란 측면은 거의 없다고는 해도, 이른바 '수동적 컨트롤'이라고 부를 만한 특징은 있다고 할 수 있다. 명상은 증상에 직접 작용하여, 그것을 시정하려는 태도를 취하는 것은 아니지만, 거기에서 한발 물러나서, 동일화하고 있었던 여러 증상에서 자신을 분리시키는 테크닉이라고 말할 수 있다. 그리고 그것을 통해 증상에 수반되는 격한 감정을 경감시키고, 컨트롤할 수 있는 가능성을 기대할 수 있는 것이다. 이 요소는 명상 가운데에서도 특히 위빠사나 명상으로 대표되는 통찰명상에서 인정된다.

2　명상과
　심리역동적 이해

　　　　　　　　　　명상을 이완반응과 인지행동치료적 입장에서 대강 살펴보았는데, 명상을 심리치료라는 입장에서 본다면, 결코 간과해서는 안 될 중요한 이해가 있다. 즉 명상이 몇 가지 생리학적 변화와 행동과 인지면에서 변화를 가져온다고 하지만, 그렇다고 해서 그런 결과에만 관심을 갖고 명상을 이해하려고 한다면, 명상에 대한 바르고 충분한 이해에 도달할 수 없게 된다.

　　심리치료란 어떤 형태로든 인간의 심리에 작용하여, 거기에서 유용한 성과를 내고자 하는 것을 가리키는 말이다. 따라서 명상을 심리치료로 보고자 할 때는 우선 그러한 의미에서 적정한 말을 창안하는 것과 오랜 역사를 통해 이룩해 온 이해의 방식, 즉 '심리역동적 이해'가 가장 중요한 문제가 될 것이다. 이것은 근대의 심리치료를 구축한 프로이트의 정신분석을 원류로 하는 사고방식에서 볼 때, 명상은 어떻게 이해될까라는 문제이다. 그래서 여기에서는 우선 정신분석의 기본적인 치료원리를 아주 대략적으로 요약하고, 확인하고자 한다.

　　프로이트는 우리의 의식을 빙산의 일각에 비유했다. 즉 우리들 마음은 의식의 영역만이 아니라, 그 수면 아래에 존재하는 광대한 무의식의 영역이 있어서 성립된 것으로 생각된다. 정신분석적인 사고방식에 따르면, 의식 표면에 다양한 고뇌와 여러 증상이 나타나는 것은 원리상으로는 의식에서 배제되어 무의식이라는 마음의 영역으로 밀쳐져서^(억압되어) 자각되지 않은 채 잠들어 있는 심리적 내용에 그 원인이 있다고 한다. 즉 정신분석적 치료 접근은 그러한 구조를 성립시키고 있는 심리적인 태도^[방어]를 자각하고, 그러한 태도를 통해 억압되어 있는 무의식 내용을 의식으로 이끌어 내어 치유하는 것을 말한다.

　　그러면 명상이라는 행위 속에서는 이러한 정신분석이 말하고 있는 의식과 무의식의 역동적 관계, 혹은 이렇게 복잡한 구조로 되어 있는 무의식에 대한 작용이 치유의 측면에서 볼 때, 어떤 식으로 되어 있을까. 그것을 살펴보는 것이 여기에서의 과제이다.

무의식에 작용하는 방법, 명상

　　우선 명상을 하면 자기의식 속에 끊임없이 다양한 생각과 추억이 떠오르는 것을 알 수 있다. 보통은 자각되지 않고 지나쳐 버리지만, 자신은 언제나 무엇인가를 생각하거나 추억하고 있음을 잘 알 것이다. 명상이란 텔레비전을 보거나 책을 읽거나, 다른 사람과 이야기하는 것이 아니라 자신의 내면에 주의를 기울이는 것으로, 그냥 지나쳐 버리던 것이 자각되는 것은 당연한 일이다. 그렇지만 그러한 주의가 집중된 상태를 자각적으로 오래 지속하는 것은 결코 쉬운 일이 아니다. 해 보면 얼마나 어려운지 금방 알 것이다.

　　꼬리를 물고 떠오르는 일 가운데에는 평소에는 전혀 의식되지 않았던 것도 있다. 그다지 중요하게 생각하지 않았던 것, 예를 들면 일하면서 동료와 나눈 별 의미 없는 이야기가 왠지 모르게 생각나는 경우도 있을 것이다. 항상 걱정하고 있던 일이 좀처럼 머릿속에서 떠나지 않고 끊임없이 되뇌어지는 경우도 있다. 또 갑자기 아무 이유 없이 어린 시절 즐거웠던 추억이나 슬펐던 일과 같은 생각이 머릿속에서 맴도는 경우도 있을 것이다. 이렇듯 명상에는 평소 의식되지 않던 내용, 즉 무의식 속에 잠들어 있던 다양한 심리적 내용이 의식화되는 작용이 틀림없이 있다. 명상이 '치료적으로 유용한 작용을 갖는다'고 바로 결론 내릴 수는 없지만, 적어도 이러한 과정을 촉진한다고 하는 심리 역동적 이해에 대해서는 다시 설명할 필요는 없을 것이다.

사실 어떻게 보면, 명상은 이 점에서 프로이트가 창시한 정신분석의 고전적 기법인 자유연상법과 많은 부분에서 공통점이 있다고 생각된다. 자유연상법이란 치료실의 편안한 수면의자에 누워서 마음에 떠오르는 것을 말로 표현하는 기법이다. 프로이트는 최면치료에 한계를 느낀 나머지 자유연상법을 창안했다고 한다. 그는 전혀 명상을 의식하지 않았지만, 자유연상법과 명상 사이에 어떤 유사점이 있는 것은 결코 이상한 일이 아니다.

물론 자유연상법과 명상은 같은 것이 아니다. 치료를 목적으로 해서 치료자와 환자라는 명확한 틀 속에서 이루어진다고 하는 점이 우선 가장 큰 차이점이다. 그렇지만 만약 명상이 현대의 치료실에서 심리치료의 일환으로 이루어진다고 하면 이야기는 달라진다. 그에 덧붙여서 보다 근본적으로는 치료할 때 언어가 필요한지의 여부가 결정적인 차이점이다. 자유연상법에서는 환자는 계속해서 머릿속에 떠오르는 것을 말로 표현하고, 그것을 치료자는 해석한다. 하지만 명상에서는 언어가 사용되지 않는다.

그렇지만 주목할 것은 근대의 심리치료법의 출발점이 된 자유연상법은 애초 '무의식'을 대상으로 치료하기 위한 유용한 접근 방법으로 고안되었다는 것이다. 그런 의미에서 명상도 치료 행위 속에서 어떤 '무의식'에 작용한다는 측면을 적극적으로 읽어 내는 관점은 중요하다.

현대의 임상 연구보고에는 정신분석적인 심리치료적 접근에 명상을 적용, 유용한 성과를 보았다는 연구가 적지 않게 보고되고 있다.[93, 94, 137] 그들 연구에서는 명상에 의해 방어적 심리상태가 제거되어, 공포, 분노, 불안, 절망과 같은 불쾌한 감정을 체험하거나, 차단되어 있던 과거의 기억과 중요한 사건이 극적으로 그 베일이 벗겨져 나타나는 등과 같은 과정, 혹은 근친상간과 절교, 실연과 같은 과거에 은폐되었던 체험이 선명하게 나타났다는 내용들이 보고되고 있다. 이런 것을 통해 명상은 연관성 없이 서로 떨어져 있던 일련의 심리적 내용이 사실은 서로 깊이 연관되어 있다는 것을 보다 쉽게 자각하게 하고, 결과적으로 인식을 유연하게 하는 작용이 있다는 견해가 제시되고 있다.

즉 명상은 정신분석적으로 보아 심리적 방어를 약하게 하고, '무의식' 속에 억압되어 있는 심리적 내용을 의식화시키는 작용이 있다고 임상 실험에서 관찰된다.

명상을 적용한 치료의 예

아직은 시험적인 단계이지만, 현재 미국 등에서는 오랜 정신분석적 훈련 경험을 쌓아 온 정신과 의사가 실제로 치료 일환으로 명상을 추천하는 모습을 자주 볼 수 있다. 그 중에서도 샌프란시스코 대학의 정신과 임상 교수인 세이모어 부어스타인은 지금까지 다수의 내담자와 명상을 사용한 심리치료 경험을 갖고 있고, 많은 임상 보고를 저술하고 있다. 이론에 대한 이야기는 잠시 미루고, 여기에서는 다른 책[137]에 게재된 예를 하나만 요약해서 소개하겠다.

1년 전 아버지가 돌아가신 뒤부터 시작된 불안과 억울함 때문에 치료를 시작한 37세 남성의 이야기이다. 부어스타인은 그 증상에 대해서 우선 전통적인 자유연상법을 사용한 정신분석적 치료를 했다. 그러나 처음 2년 동안의 치료에서는 '불안의 근원에 대해 지적인 차원에서 여러모로 생각해 볼 수 있었지만, 정작 중요한 무의식적 요소는 아무것도 나오지 않았다'는 불만을 느끼고 있었다.

그 환자는 부어스타인이 심리치료에 명상을 응용한다는 것을 알고 있었는지, 혹은 미국에서는 명상 치료가 일반적으로도 잘 알려져 있었기 때문인지는 기재되어 있지 않지만, 불안을 해결하는 방법으로 명상에 흥미를 보였다고 한다. 그래서 부어스타인은 치료의 일환으로 10일 동안 위빠사나 명상집단[retreat] 참가를 제안하였다. 환자는 그 명상집단에서 어떤 여성과 사랑하게 되었다. 치료 시간에는 그 여성과의 관계를 포함해서 명상집단에서 일어난 체험을 서로 이야기하는 시간을 갖기도 했다. 그 결과 다음과 같은 통찰의 결과를 말할 수 있게 되었다.

명상 체험을 통해 이전에는 무의식에 묻혀 있었던 유아기 때의 일이 나타나 얼마나 자신이 무의식적으로 자기 세계에서 '엄마를 깔보고' 있었는지, 그리고 자신의 소심함은 결국 굴욕적인 고통에 대한 성격적 방어였다는 것, 또 아빠가 자신을 엄마로부터 지켜주지 않았던 것에 대해 화났던 것을 처음으로 알 수 있었다는 것이다.

즉 명상집단에 참가함으로써 그때까지 2년에 걸친 치료의 교착상태가 새로운 전개를 맞이하게 된 것이다. 부어스타인은 그 환자의 억울한 고뇌의 원인에 대해서, 그가 오랫동안 무의식적으로 안고 있었던 아버지에 대한 공격적 감정이 그 죽음을 통해 다시 활성화된 것이라고 해석하고 있다. 하지만 명상을 통해서 그때까지 의식할 수 없었던 유아기의 죄책감과 공격성을 알 수 있게 되었고, 결국 명상이 효과적이었음을 알게 되었다. 그 후 불안과 원망은 모두 진정되었다는 결론이 기록되어 있다.

그 증상의 예를 통해, 부어스타인은 명상에는 신경증과 같은 원인을 형성하는 다양한 심리적 방어를 해제시키는 작용은 물론이요, 중요한 기억을 떠올리는 작용도 확인된다고 기술하고 있다. 또 명상에는 치료상 그 사람에게 필요한 요소를 이끌어내는 경향이 있음도 기술하고 있다.[137] 여기에서는 앞서 말했듯이, 명상을 통해 심리적 방어가 느슨해지면, 무의식 속에 억압되었던 심리적 내용의 출현이 촉진된다는 구체적인 작용이 관찰된다.

무의식론과 명상

명상을 통해 억압된 심리적 내용이 출현된다고 해도, 명상의 치료적 작용을 생각할 때는 프로이트의 무의식론과는 다르게 이해해야 한다. 그래서 여기에서는 잠시 정신분석에서 말하는 무의식 이론에 대해서 고찰하고자 한다.

프로이트가 무의식에 도달할 수 있었던 것은 말의 실수나 착오 행위, 선택적인 망각과 습관적인 반응, 신경증적 증상과 꿈, 이러한 것들이 어떤 종류의 무의식적 심리과정을 통해 일어난다는 뛰어난 발견 때문이었다. 이러한 현상들은 분명히 우리들의 일상적 의식이 갖는 범위는 사실 아주 좁으며, 일상적 의식과는 다른 내용을 갖는 광대한 정신적 영역이 별도로 있음을 시사한다.

프로이트는 이 광대한 정신적 영역에 이름을 붙임으로써 무의식론을 전개하였다. 따라서 정신분석 견해의 초기에는 무의식이 정신에 내재하는 장소로 국소론적으로 취급되었다. 그렇지만 무의식의 국소론적 이해가 갖는 한계를 프로이트는 잘 알고 있었던 것 같다. 그래서 프로이트는 나중에 이드(추동)·자아·초자아라는 '역동적 프로세스'를 중요하게 보면서, 그 속에서 무의식을 평가하고자 하였다. 그렇지만 그래도 역시 무의식의 국소론적 평가는 마지막까지 명확히 수정되지는 않았다.

명상을 심리역동적 측면에서 접근할 때에는 이 무의식의 국소론적인 취급이 어떤 식으로든 문제가 된다. 이러한 점에서 동양이나 불교 명상에 깊은 이해를 보인 최초의 대표적 정신분석가인 융에게는 새로운 사고방식을 기대할 수 있을지도 모른다. 결론적으로 융 역시 무의식의 국소론적 평가에 관해서는 프로이트의 틀을 벗어나지 못했다고 생각된다. 하지만 명상에 관한 보다 깊은 이해를 위해, 우선은 일단 융의 접근방식에 관심을 가지면서 생각하고자 한다.

무의식에 다가가는 왕도로서의 명상

무의식에 대한 융의 입장은 항상 그 자율적 기능에 중점이 있다. 그리고 무의식이 의식처럼 그 자체의 목적·감정·사고가 있다고 보며, 꿈이 갖는 심원한 신화적 내용과 집단적 무의식이 특히 중시된다. 따라서 융 학파의 무의식에 대한 이미지는 항상 기본적으로 친숙하지 않은 멀리 떨어진 장소, 그리고 알 수 없는 신비와 충동이 침잠해 있는 어둡고 두려운 타자라는 인상이 강하다. 그 때문에 융 학파의 견해에서는 무의식은 그 독자적인 자율적 기능을 가진 심적 시스템으로써 의식 아래에 축적되어 있는 정신내용의 저장고로 간주된다.

> 만약 명상이 어떤 중심도 없다고 하면, 그것은 의식의 해소와 같은 것이고, 따라서 무의식 상태에 직접 다가가는 것일 것이다. … 명상은 무의식에 도달하는 왕도 가운데 하나의 방식을 보여주는 것으로 생각된다.[77]

융에게 있어 명상은 꿈과 같이 무의식에 다가가기 위한 방법이고, '무의식에 다가가는 왕도'였다. 그리고 그는 명상을 내면적 세계에 침잠된 상태라고 보았다. 융에게 있어 명상은 어디까지나 전혀 이질적이고 독특한 동양문화의 전통이 가져다준 산물이고, 그것은 서양의 '외향'과 대척점에 있는 '내향'으로 나아가는 것이었다.

> 우리들은 동양인의 정신적 태도라는 것을 염두에 둘 때 그 가르침은 효과적이라고 생각할 수 있다. 그러나 이 현실세계를 외면하고, 무의식 속에서 영구히 소멸해 버릴 마음의 준비가 되어 있지 않다면, 가르침이 있다 해도 어떤 효과도 없으며, 적어도 바람직한 효과를 기대할 수 없다.[77]

명상은 분명 그때까지 충분히 의식하지 않았던 정신의 차원에 우리를 접근시키는 것이다. 그런 의미에서 무의식에 직접 다가가는 방법이라고 한 융의 견해는 타당하다. 그러나 명상을 '현실세계를 외면하고' 내면적 세계로 침잠하는 것으로 간주하는 것은 옳지 않다.

융은 명상을 때로 탐닉으로 이끌 위험성이 있는 '무의식에 내맡김'으로 보고, 서양인이 안이하게 명상할 때는 항상 큰 소리로 경고하였다. 그러나 그러한 위험은 명상에 대한 불필요한 오해에서 비롯된 것이다. 앞 장에서 한번 검토했듯이, 불교와 선의 무아no-self와 무nothing, 공emptiness이란 사고가 융에게 이러한 다소 부정적인 연상을 주었음은 분명하기 때문이다. 그러나 그것들은 결코 망아忘我나 탐닉을 나타내는 것이 아니다. 그것들은 단지 자아와 자기라는 것이 실체가 아님을 나타내는 것이다.

융이 '우리들은 자아 없는 의식을 생각할 수 없다.'고 말한 것은 이러한 오해 때문에 동양사상에 이의를 제기한 것이다. 융이 그렇게 생각한 이유를 살펴보면, 이러한 오해가 왜 생겼는지 잘 알 수 있지만, 그런 이해로는 결코 명상을 바르고 정확하게 이해할 수 없다.●4

명상을 이해하기 위해서는 그 출발점이 되는 무의식을 다시 생각할 필요가 있다. 그리고 명상을 이해하기 위해서는 어느 정도의 체험이 필요하다. 잠깐이라도 실제로 명상을 하면 알 수 있다. 명상을 시작하자마자 곧 이런 저런 생각, 감정, 신체의 느낌, 이미지 등 의식의 내용[대상]이 쉴 새 없이 나타나서 주의를 빼앗고 만다. 예를 들어 수식관과 같이 호흡을 세는 것에 의식을 집중하더라도, 계속하다 보면 어느새 의식은 사방팔방으로 날아다니고 있음을 알게 된다.

의식의 흐름 관찰

윌리엄 제임스의 관찰은 이 점에서 명상을 이해하는 데 매우 유익한 심리학적 논고이다. 앞에서도 보았던 내용이라 반복되겠지만 중요한 통찰이므로 다시 그 내용을 곱씹어 보자.

> 우리의 의식은 끊임없이 변화하고 있다. 지금 보고 있다고 생각하면 다음에는 듣고 있고, 지금 회상하고 있다고 생각하면 다음에는 예상하고 있고, 지금 사랑하고 있다고 생각하면 다음에는 증오하고 있는 등, 끊임없이 다양하게 바뀌어 간다. ⁽중략⁾ 따라서 의식은 단편적으로 끊어져 나타나는 것은 아니다. … 의식은 단편을 연결한 것이 아니라, 흘러가는 것이다. 냇물 혹은 흐름이라는 비유가 이것을 가장 자연스럽게 나타난다. 지금부터 우리는 이것을 생각의 흐름, 의식의 흐름 혹은 주관적 생활의 흐름이라고 부르도록 하자.[75]

보통은 거의 알아차리지 못하지만, 이러한 관찰은 특히 명상의 초기 체험에 아주 잘 들어맞는다. 지관止觀이란 말도 있듯이, 명상 특히 위빠사나 명상과 같은 통찰형 명상은 가만히 멈춰서 의식을 자세히 관찰하는 것이다. 의식을 자세히 관찰하면, 제임스가 말했듯이, 우리의 의식은 마치 새가 내려앉을 나무를 찾듯이, 날고 내려앉는 운동을 끊임없이 반복한다. 어떤 장소에 멈추어 대상을 움켜쥐었다가는 금방 또다시 날아가 다른 대상을 움켜진다.

제임스는 생각이 정지한 장소를 실질적實質的 부분, 비행하는 장소를 추이적推移的 부분이라고 부른다. 우리가 의식하는 것은 보통 전자이고, 후자는 거의 의식되지 않는다. 후자를 의식하는 것은 쉽지 않지만 불가능하지는 않다.

서양 심리학은 그러한 어려움 때문에, 의식의 실질적 부분을 지나치게 강조한 나머지 커다란 실패를 범하고 있다는 것이 제임스가 현대 심리학을 비판하는 중요한 내용이다. 서양심리학은 의식 내용에만 초점을 맞추어 마치 그 내용만 의식인 양 취급하는 잘못을 범해 온 것이다.

우리의 이러한 의식 활동은 매일 끊임없이 외부 대상[현실적 세계]과의 사이에서 일어나는 것이지만, 거기에는 관찰하기 쉬운 의식[실질적 부분]과 관찰하기 어려운 의식[추이적 부분]이 있다는 것은 거의 알지 못한다. 이것이 심리학에서도 알려지지 않았다는 것은 정말이지 중대한 결함이다.

제임스의 심리학은 있는 그대로의 자연스러운 자기관찰을 특징으로 한다. 그래서 의식의 흐름이 중요시된다. 제임스는 이 의식의 흐름을 강에 비유하면서, 종래의 심리학이 놓치던 관점에 대해 다음과 같이 강하게 주의를 환기시키고 있다.

> 전통적 심리학이 말하는 명확한 심상은 실제의 심적 생활 가운데 아주 작은 일부에 지나지 않는다. 전통적 심리학이 말하는 바는 마치 강이 물통의 술, 숟가락의 물, 바가지의 물, 술통의 물과 같이 일정한 형태의 물이 집합적으로 이루어진 것이라고 말하는 것과 같다. 비록 강의 흐름 가운데 실제로 물통과 바가지가 있다고 해도 여전히 물은 그 사이로 자유롭게 흐르고 있다. 심리학자가 완전히 놓치고 있는 것은 의식 속에 있는 바로 이 자유로운 물이다. 마음 속의 모든 명확한 심상은 그 주위를 흐르는 자유로운 물에 잠겨 있고, 물들어 있다.[75]

의식의 배경으로서의 명상

무의식에 대한 접근도 심리학과 마찬가지로 관점을 놓치고 있다는 점에서는 예외가 아니다. 즉 프로이트 이래 서양 심리학에서 무의식은 억압된 성적 내용과 공격적 충동, 신화적 이미지와 같은 내용에 초점이 맞추어져 있어서, 저장고로 파악된 것이다.

　그렇지만 명상의 경험에서 보면, 의식에 나타나는 모든 내용은 마치 광대한 하늘이라는 의식의 흐름에 떠있는 구름과 같은 것, 혹은 제임스가 훌륭히 표현했듯이 물통과 바가지로 퍼 올린 물과 같은 것이다. 강의 표면에 떠있는 물과 물통으로 퍼 올린 물을 의식이라고 하면, 무의식은 그 아래 깊은 곳에 있는 물을 더 큰 물통과 바가지로 퍼 올린 것이 아니라, 강 그 자체라고 생각하는 편이 타당할 것이다. 강 그 자체를 파악하는 것은 좀체 가능한 일이 아니다. 하지만 강이라는 체험은 깊이의 정도에 따라 보는 방식을 달리하지만 가능하다.

　이 강을 직접 체험하는 방법이 명상이다. 강은 아무리 물통으로 퍼도 체험할 수 없다. 그것은 본래 개념으로 파악하거나 혹은 사고(이원론)로 이해하려 해도, 파악되지 않는 것이기 때문이다. 이렇게 이해하는 것이 아니라 오로지 관찰하여 체험하는 것, 그것이 명상이다.

　명상이 무의식에 다가가는 방법이라는 것은 바른 이해이다. 그렇지만 그것은 무의식의 저 깊은 곳에 잠들어 있는 저장고에서 무언가를 꺼내온다는 비유와 같은 것은 아니다. 명상은 일상적 의식 양식에서 무의식을 자각하는 양식으로 이동[shift]시키는 수단으로 보아야 한다. 그리고 그 레벨은 명상의 깊이에 따라서 변한다.

　이렇게 생각하면 무의식을 의식의 배경으로 파악하는 것은 정확한 이해이다. 의식의 실질적 부분은 추이적 부분 없이는 존재하지 않는다. 물통 속의 물은 강이 없으면 존재할 수 없다. 구름은 푸른 하늘이 없이는 볼 수 없다. 의식과 무의식은 따로따로 존재하는 것으로 나누어 생각할 수 없다. 실질적 부분이나 물통이나 구름에 초점을 맞추어 의식을 바라보는 시각을 조금 벗어나 보면, 또 다른 풍경이 나타난다. 무의식이란 의식되지 않는 것이라는 의미에서 무의식이며, 거꾸로 말하면 그것은 의식된 순간 더 이상 무의식이 아니다.

　　여유롭게 흐르는 강을 언덕에 서서 바라보는 모습을 떠올려 보자. 처음엔 강 표면에 떠있는 것에 의식이 갈지도 모른다. 그러나 조금 시점을 바꾸어 보면, 그 배경으로 물결치는 수면이 보인다. 서서히 퍼져가는 물결을 보면서, 자기 마음의 움직임에도 눈을 돌려 본다. 그러면 그때까지 자각하지 못했던 의식 내용이 차례차례 흘러간다. 그 의식은 결코 내면에서 떠오르는 의식 내용에만 향해 있지 않다. 거기에서는 강 표면 또한 이미 의식에 들어온 상태이다. 그때 물결을 응시하고자 한 자신은 어느새 배경으로 물러나 있다. 그리고 물결을 보고 있으면서 내면의 모든 심리적 내용에도 동시에 주의를 기울이고 있는 의식, 즉 다양한 의식의 모든 내용을 평등하게 '보고 있는' 의식이 있음을 발견할지도 모른다. 그러한 과정은 점차 깊어져, 의식내용을 차례로 바꾸어 간다.

　　이러한 경험은 일상의식과는 조금 다른 의식상태 혹은 의식수준에서 인식되는 것이라고 생각될 것이다. 유명한 융의 집합적 의식 체험 등은 꿈에 보인 것을 중심적으로 가리키지만, 융 자신의 경험에서 말하는 필레몬Philemon이란 이름의 노 현자와의 대화는 산책 중에 이루어진 것이다.[80] 그러한 경험은 결코 일상의식에서 경험되는 것은 아니다. 그것은 평소 의식과는 다른 의식상태에서 인식되는 것이다.

　　그때까지 의식되지 않았지만 의식하게 된 것, 그것이 무의식이다. 명상의 경험은 무의식의 의식수준이 변함으로써 가능한 것임을 보여주고 있다.

　　융의 용법과는 다른 이해이지만, 명상은 무의식에 다가가는 유용한 방법이고, 명상 체험의 진화進化는 의식수준의 깊이를 이해하는 것이라고 생각하면 이러한 사고방식은 치유에도 유용할 것이다.

퇴행인가 성장인가

무의식의 이해를 둘러싸고 현대에 확립된 정신분석적 입장과는 상당히 멀어지고 말았다. 논의를 조금 바꿔 보자. 왜냐하면 현대의 정통적인 정신분석적 입장에 근거하면 명상을 무의식에 다가가는 유용한 방법으로 보는 견해는 아직 충분히 승인받지 못하기 때문이다. 정신분석의 전통은 오래 전부터 명상에 대해서는 꽤나 비판적인 역사를 갖고 있으며, 쉽게 새로운 해석을 허락하지 않는다. 애초 프로이트는 종교적 체험 혹은 대양 체험이라고 불리는 것을 모두 자아발달의 가장 원시적인 단계에 대한 심리적 퇴행의 산물로 간주하고 있었다. 그 전통을 계승한 정신분석적 관점은 그 후에도 명상에 대해서는 강한 거부감을 보이고 있다.

예를 들면 다음과 같은 의견이 대표적이다. "명상이란 자궁 내의 생활상황에 대한 심리학적, 신체적 퇴행이고 …, 일종의 인공적 정신분열증이다."[3]

그러나 그러한 학자들의 비판적인 견해가 많았음에도 불구하고, 명상은 서양의 일반사회에 널리 침투해 있었다. 현대의 명상연구는 일반사회로 널리 확대된 것을 기초로 하여, 발전한 것이다. 당연한 일이지만, 처음부터 회의적인 태도를 취하지 않고, 명상에 대해 정당한 평가를 내리고자 하는 심리학자와 정신과 의사들도 나타났다. 그리고 그 가운데는 스스로 명상을 하면서 실천하는 학자들도 나타났다.

그러한 흐름은 정신분석학파 속에서도 명상에 대해서 공감하는 태도를 취하는, 즉 명상에 정신분석적 상황과의 유사성과 접점을 찾아내고자 하는 관점을 가진 사람들도 나오게 되었다. 명상이 일시적 퇴행이라고 해도, 거기에는 발달의 과정에서 해결되지 않은 채 남은 모든 문제를 다시 활성화하는 과정이 보인다[138]고 하는 긍정적 견해도 나오게 되었다. 그리고 명상에는 단순히 퇴행만이 아니라 해결되지 않은 무의식의 내용을 적극적으로 끄집어내어서 치유 효과를 갖는 '적응적인(성장을 촉진하는)' 뛰어난 측면이 있다고 하는 견해도 제시되기에 이른다.[56]

즉 이러한 움직임 속에서 종래의 정신분석적인 접근을 지지했던 기본적 틀인 명상상태를 퇴행으로 보는 관점에도 변화가 생겨났다. 그래서 그 속에서 성장을 촉진시킨다는 적극적인 평가를 인정하는 관점도 등장했다. 그렇게 되자, 그때까지는 명상상태에서 독특하다고 간주되고 있었던 인식 이전의 지적 활동(맥락 없이 떠오르는 다양한 상념)과 백야몽과 환상이 단순히 퇴행에 의한 부정적인 산물이 아니라, 어떤 종류의 성장을 적극적으로 촉진시키는 중요한 요소라는 사고방식이 등장했다.

명상의 본래 목적을 생각하면, 명상은 원래 인간을 깨달음과 같은 어떤 종류의 성장으로 이끌기 위한 방법이었다. 고전적인 정신분석의 틀에서는 흔히 퇴행으로 생각하고 있지만, 명상은 인간을 퇴행시키는 즉 이전의 발달단계로 되돌리는 수단이 아니다. 명상은 그때까지 없었던 새로운 발달 단계 혹은 새로운 의식을 불러일으키는 성장의 수단으로 생각해야 할 것이다.

명상에 대한 정신분석적 견해는 이런 점에서 지금까지도 다양한 의견이 대립하고 있다. 그러나 이제는 구시대의 해석이 된 이해를 굳이 지지할 필요는 없다. 이 문제에 대해 무시하고 지나칠 수 없는 매우 중요한 논문이 발표되었다. 현대의 자아초월 심리학을 리드하는 이론가 중 한 사람인 켄 윌버K. Wilber의 '이전/초월의 허위pre/trans fallacy'[175]란 논문이다. 자세한 내용은 이 장의 끝에 있는 주를 참조하기 바란다. ●5

3　융파의 명상 이해와
　　적극적 상상

　　　　　　　　　　퇴행인가 성장인가라는 논의는 일단 잠시 보류해 두자. 여기에서는 프로이트파가 진전시켜온 명상 이해의 흐름에서 ─앞서 말한 무의식론과는 별도로─ 융이 명상을 연구할 때 취한 정신분석적 접근방식을 보다 심도 있게 고찰하고자 한다.

　　융은 프로이트와는 달리 자신의 깊은 심리적 체험에 강한 자극을 받아, 오늘날 변성의식이라는 일종의 비일상적인 의식상태에 깊이 관심을 가졌던 인물로, 요가와 동양의 명상에 관한 많은 연구를 남겼다.●6 현대는 명상연구를 포함해서, 서양과 동양의 본격적인 사상적 만남이 시작되는 시대이다. 그 기반을 닦은 사람이 융이었다고 말해도 좋다.

　　그러나 융은 이미 말했듯이 서양인이 요가와 같은 동양적 명상을 실제 실천하는 것에는 끝까지 강한 비판적인 태도를 취하였다. 왜 융이 그렇게 비판적이었는지는 현대 명상 실천과 관련해서도 매우 중요한 논의이기 때문에 좀 더 상세하게 소개하겠다. 융이 염려한 내용을 정리하면 다음과 같다.

　　서양인에게는 매우 엄격한 기독교 윤리관을 통해 본능적 충동을 강하게 억압하는 경향이 있다. 그리고 이른바 서양의 진보는 이러한 성향을 바탕으로 커다란 성공을 거두어 왔다. 그렇지만 그 반면 서양인은 무의식의 세계에 대해서 강한 불안과 공포를 갖고 있다. 서양인이 무의식의 세계에 대해서 불안을 갖게 된 것은 그러한 경향의 오랜 지적 전통 속에서 자라왔기 때문이다. 그런데 동양인은 서양인이 두려워하는 무의식의 세계를 수천 년 동안 생활 속에서 받아들이면서, 인간의 정신적 성장과 인격형성에 도움이 될 수 있는 기술로 길러 왔다. 동양은 예부터 정신적인 내면세계를 중시하여, 주관적 혹은 무의식적인 세계에 몰두하는 태도를 길러왔다. 하지만 서양인에는 그러한 토대가 없다. 융은 그러한 전통을 몸에 익히지 않은 서양인이 안이하게 동양의 명상을 직접 체험하는 것은 결코 권장할 만한 것이 아니라고 생각했던 것이다.

그렇지만 현재 명상뿐만 아니라 다른 동양적 전통의 실천체계에 대한 서양인의 관심은 계속 높아지고 있다. 실제 융파의 심리치료가들도 직접적인 명상체험을 바탕으로 뛰어난 연구를 진행하고 있다.[114] 융이 염려했던 서양인에 의한 동양적 기법의 실천은 이미 넓은 범위에서 이루어지고 있다. 그런 의미에서 동양과 서양과의 만남은 이미 완전히 시작된 상태이다. 예를 들어 만약 융이 현대의 미국을 방문하여, 많은 서양인들이 동양의 다양한 명상법들을 진지하게 실천 수행하는 모습을 보았다면, 그는 뭐라고 했을까. 우리들은 이미 이 본격적인 만남이 진행되는 시대에 살고 있다.

그렇지만 융이 남긴 경고를 쉽게 무시해서는 안 된다. 일본인들은 세계적인 관점에서 보면 분류상 동양인에 해당한다. 그러나 현대의, 특히 전후세대의 일본인이 처음으로 명상을 하려고 할 때, 융이 생각하는 '동양인'이라고 할 수 있을지 의문이다. 현대 일본에서 명상에 대한 관심이 새롭게 고양되고 있는 것은 현대 서양문화의 흐름에 커다란 영향을 받았기 때문이다. 그렇다면, 현대의 우리들에게는 서양의 견해를 충분히 이해한 다음, 우리 속에 있는 동양적 전통의 정신을 새롭게 찾아가는 과정이 필요하다.

융은 서양인에게는 명상보다도 그들 자신이 공부해서 찾아낸 '적극적 상상積極的 想像, active imagination' 이 적합하다고 주장하였다. 다음에는 융이 말하는 '적극적積極的 상상'과 명상과의 관련성을 생각해 보자.

적극적 상상 active imagination

융이 동양의 명상 실천을 반대한 것은 서양인 자신들이 역사적, 문화적 전통 때문에 무의식에 대한 강한 두려움을 갖고 있거나, 무의식에 대해서 너무나 낯설어한다는 이유 때문이었다. 융은 우선 서양인이 무의식이 갖는 성질, 즉 무의식에는 의식의 컨트롤을 따르지 않는 자율적인 힘이 있으며, 그 속에는 적극적인 창조적 에너지가 잠재되어 있다는 것을 이해하는 것이 무엇보다 중요하다고 생각했다. 그래서 고안된 것이 '적극적 상상'이라는 방법이다. 적극적 상상은 명상과 심리치료에 대해 생각할 때, 그 중간이라고 할 수 있는 중요한 위치를 차지하기 때문에 이 자리에서 살펴보고자 한다.

융은 적극적 상상을 몇몇 논문과 저술 속에서 다루고 있지만, 그것을 체계가 확립된 특정한 심리치료 기법으로 설명하지는 않았다. 그래서인지 지금도 이 방법은 융파의 심리치료가 사이에서도 일반적인 심리치료 기법으로는 사용되지 않는다. 그 이유는 융이 어떻게 해서 이 방법과 맞닥뜨렸는지를 알면 명확해진다. 하지만 그에 앞서 적극적 상상의 방법을 간단히 정리해 보자. 융의 구체적인 설명은 주에 있다. ●7

적극적 상상은 꿈을 포함하여 어떤 내적 이미지에 의식을 집중시키는 것이다. 그것들에 주의를 기울이면, 이미지는 저절로 다양하게 변화, 발전하는데, 그 모습을 마치 연극을 보는 관객처럼 가만히 계속해서 응시하는 것이다. 그리고 다만 그 이미지의 변화를 수동적으로 따라가는 것만이 아니라, 그것들에 적극적으로 관여하면서도 그 변화를 확실하게 기록해 두는 방법이 적극적 상상이다.

융이 이 방법을 제창한 것은 분명히 자신의 체험에 근거하고 있다. 잘 알고 있듯이, 융은 프로이트와 결별한 1910년대 미래에 대한 방향성을 잃어버리고 정신적으로 상당히 불안정한 상태에 있었다. 그 무렵 그는 아무런 이유도 모른 채 자신 속에서 끓어오르는 충동이 시키는 대로 어린 시절 열중했던 블록을 쌓아 올려 성과 교회를 만드는 놀이에 푹 빠져 있었다. 또 그 무렵에는 명확하게 환각이라고 할 만한 온갖 비젼vision이 엄습해 오는 체험도 했고, 반복해서 비젼으로 나타나는 노 현인과 산책하면서 대화하기도 하였다.[80]

이것은 적어도 일상적인 의식상태와는 다른 일종의 변성 의식상태이고, 어떤 의미에서는 시각적인 측면에 중점을 둔 일종의 명상이라고도 생각할 수 있다. 왜냐하면 특히 중국 등에서는 관상법이라는 일종의 이미지를 유도하는 다양한 방식이 예부터 있었는데, 그것들 역시 일종의 명상이라고 부를 수 있기 때문이다. 융은 실제 도교의 중요한 명상법인『황금꽃의 비밀』과 극락정토의 명상을 그린『관무량수경』등의 연구에도 깊은 관심을 갖고 있었다.

그러나 앞서 그 이유를 제시했듯이, 융은 서양인이 그러한 동양적 명상을 직접 하는 것에 대해 강하게 반대했다. 그래서 그는 적극적 상상을 제창한 것이다. 적극적 상상도 이런 의미에서 보면, 일종의 명상이라고 해도 아무 문제 없겠지만, 만약 차이가 있다면, 다음과 같은 점일 것이다.

즉 동양적 명상법은 모두 어떤 종류의 종교적 목적을 전제한 것인데, 융의 방법은 결코 종교적 목적에서가 아니라, 어디까지나 개인적인 관심에서 출발한 명상이라는 점이다. 그리고 그러한 개인의 관심에서 심리치료적인 목적으로서 내면에 출현하는 이미지를 무의식에서 나온 것이라고 이해하고, 그 무의식의 힘에 적극적으로 대면하고, 의식과 무의식과의 통합을 이루는 것을 명확한 목적으로 생각했던 것이다.

융의 창조적 퇴행

여기에서 앞서 말한 퇴행인가 성장인가라는 문제로 돌아가 보자. 앞에서 프로이트파의 학자들 가운데에서도 명상을 단순한 퇴행이 아닌, 성장을 촉진시키는 측면에서 보는 연구자들이 서서히 생겨나고 있음을 말했다. 퇴행 속에서 성장을 촉진시키는 요소를 보는 이러한 견해는 과거에 프로이트와 결별하면서부터 독자적 체계를 구축한 융의 사고방식과 통하는 것이다. [8]

융에 따르면 인간은 항상 변화하는 외부의 환경에 적응하려는 의식적 태도를 형성하는데, 그 태도가 일면적일 경우 그것에 반하는 것이 의식에서 배제, 억압되어 마음 속에 대립하는 갈등으로 나타난다고 한다. 이러한 대립갈등이 고양되게 되면, 마음의 에너지[리비도]의 움직임은 내면으로 향하고, 퇴행이 생겨난다. 그리고 퇴행은 의식에는 포착되지 않는 모든 심적 과정을 증가시켜, 무의식 내용의 가치를 높인다. 다만 그 무의식 내용은 프로이트가 말한 바와 같이 유아기의 성적 색채를 띤 것에만 한정되는 것이 아니라, 의식에 있어서는 부분적으로 부도덕하고, 추악한 게다가 비합리적이고 공상적인 도저히 받아들일 수 없는 내용과 경향을 갖는다.

퇴행에 의해 마음의 표면에 떠오르는 것은 이러한 무의식의 심층에서 오는 '싫은 것'이다. 그것이 처음에 의식에 떠오를 때는 일종의 점액처럼 느껴지지만, 그렇다고 프로이트의 정신분석이 주장하는 것과 같은 열등한 성질에만 머무르는 것이 아니라, 그 이상의 것, 즉 새로운 삶과 미래를 향한 가능성의 싹이 포함되어 있다고 융은 말한다.[81] [9]

이러한 융의 퇴행 개념에는 분명히 프로이트와는 다른 이해가 내포되어 있다. 융은 종래의 정신분석에서는 부정적으로만 이해되기 쉬운 퇴행이라는 개념에서 '새로운 삶과 미래를 향한 가능성'이라는 긍정적인 측면을 발견하고 적극적으로 평가한 것이다. 융의 퇴행은 이런 의미에서 때로 창조적 퇴행이라고도 불린다.

융의 이러한 사고방식을 근거로 하면, 앞에서 명상을 퇴행이라고 생각하는 정신분석적 견해도 반드시 부정적인 것으로 이해할 필요는 없다. 왜냐하면 퇴행 속에서 창조적인 가능성, 즉 치유로 이어지는 긍정적인 요소를 볼 수 있기 때문이다. ●10

4 명상으로 이어지는
심리치료의 여러 기법

퇴행에 대해서는 의견의 차이가 있지만, 프로이트도 융도 치유의 메커니즘으로서는 정신분석의 기본적 사고방식인 '무의식의 의식화'란 원리에 근거해 있다. 그렇지만 이 과정이 그렇게 간단히 이루어지지 않는다는 것 역시 두 사람 모두 끊임없이 지적했던 내용이다. 그들은 거기에서 여러 쉽지 않은 길을 극복하면서, 특수한 치료기법을 생각해 냈다.

프로이트의 자유연상법도 융의 적극적 상상도 그러한 고심의 결과로 나온 것이다. 그리고 두 사람 모두 치료 중에서 특히 꿈을 매우 중시했다. 그들이 꿈을 중시한 것은 꿈에서 무의식과 의식을 이어줄 수 있는 가교로서의 의미를 발견했기 때문이다. 보통 일상적 의식 속에서는 아무리 주의를 집중하고자 해도 무의식을 직접 체험하는 것은 거의 불가능하다. 그렇지만 수면 중에는 의식수준이 저하되어 의식에 의한 통제와 억압이 약해지기 때문에, 상대적으로 무의식의 활동이 활발해지고, 그것이 꿈속에서 다양한 형태를 취하면서 전개된다고 생각하기 때문이다. 프로이트도 융도 이 꿈의 체험이 구성된 독특한 틀을 깊이 연구하여 엄청난 양의 논문을 남겼다. 특히 프로이트의 경우는 억압된 성적 원망, 그리고 융의 경우에는 의식적 태도를 보상하는 측면이 강조되고 있다. 앞서 말했듯이 이것은 퇴행의 과정에서 표면으로 부상한 것인데, 그런 의미에서 꿈을 일종의 퇴행 상태로 이해할 수 있다. 즉 치료에서 꿈이 특히 중시되는 것은 일상적인 각성 상태의 의식에서는 곤란한 무의식의 활동이 의식적으로 파악될 수 있는 가능성이 많이 포함되어 있기 때문이다.

자유연상이나 적극적 상상 그리고 꿈 분석도 치료에 사용될 때는 그러한 근본적인 공통점을 중시한 것이다. 그렇다면 명상에도 역시 그와 같은 작용기능^[作用機序]이 있다고 생각하는 것은 결코 부자연스러운 일이 아니다. 실제 융은 이미 앞에서 말했듯이 명상을 '무의식에 이르는 왕도'로 생각했다.

　분명 명상은 정신분석에서 말하는 무의식을 중시해서 그것에 눈을 돌리려는 것은 아니다. 그러나 지금까지의 기술과 임상적 관찰에 따른 사실 등을 토대로 생각하면, 현대에 확립된 정신분석적 치료원리에서 보더라도, 명상에는 무의식을 의식화시키는 기능이 있다. 무의식의 과정에 휩쓸려 들어, 자기 자신을 잃어버리면 치료는 성립하지 않는다. 그래서 명상에서는 항상 의식을 확실하게 지키는 것을 기본으로 한다. 결코 의식을 잃어버리지 않으면서 무의식을 체험할 수 있는 방법이 명상이라면, 명상에는 치료기법으로서의 의의가 충분하다고 하겠다.

자유연상과 명상

　명상과 자유연상의 유사점은 앞에서도 말했지만, 애초 프로이트의 정신분석은 그가 말하는 사고하는 정신의 '비판적 능력'을 정지시키는 것이 가능하다고 하는 발견에 근거한다. 그리고 프로이트는 후배 정신분석가들에게 반복해서 '비판을 … 정지하고 관찰해야 할 모든 것에 대해서 한쪽에 치우지지 않는 주의를 … 기울'이도록[61] 권고한다. 그러한 태도를 버리지 않고, 자신의 심적 내용에 지속적으로 관심을 가지면서, 그럼에도 불구하고 환자의 이야기에 귀를 기울이는 것. 이것이야말로 명상인 것이다. 프로이트는 그것을 '평등하게 모든 것에 흐르는 주의'라고 불렀는데, 그것은 동양의 불교인들이 수천 년 동안 견지해 온 명상할 때의 자세이다. 그러나 그는 그러한 것을 전혀 모른 채, 오로지 자기 혼자 그것을 발견하고 실행한 것으로 생각했다. 프로이트는 그것을 정신분석에 관계하는 의식의 규범이라고도 생각하여, 다음과 같이 말하고 있다. "의사는 스스로의 주의 능력에 대한 의식적인 영향을 모두 금지하고, 스스로를 자신의 '무의식적 기억'에 위탁해야 한다. 또한 순수하게 기법적인 측면에서 말하면 의사는 단순하게 환자가 하는 말에 귀만 기울이면 되지, 그 말 중에 무슨 말을 기억해야 한다는 것 때문에 괴로워해서는 안 된다."[62]

　　그러나 프로이트의 이러한 주장은 훗날의 정신분석가들에게는 계승되지 않았다. 그것은 현재도 마찬가지이다. 사실 그러한 주의를 가진 의식 상태가 있다는 것 자체가 좀처럼 이해될 수 없는 것이고, 하물며 그것이 프로이트가 한 충고라는 이유만으로 받아들이고 실제로 실천한다는 것은 정말 어려운 것이기 때문이다. 프로이트의 권고를 실현하고자 애쓴 사람들도 있었지만, 주류의 정신분석가들로부터는 '단지 자신의 무의식 속에서 흘러가고 있는 것일뿐, 거의 아무 일도 하지 않는다.'[59]라는 부정적 평가를 받았을 뿐이었다.[137]

　　여하튼 이렇게 되돌아보면, 현대 심리치료의 기초를 구축한 정신분석이 그 출발점에서 명상과 거의 같은 의식적 상태를 중시한다는 점은 분명 주목해야 할 것이다. 이미 이 점을 재인식하여 심리치료에서 명상이 갖는 중요성을 발굴하고, 현대의 심리치료에 활용하고자 하는 노력에 힘입어 많은 뛰어난 연구 성과들이 나오고 있다.[58]

이미지 치료로서의 명상

　　융의 적극적 상상도 넓은 의미에서 보면 포함되지만, 근래 들어 심리치료의 한 가지 기법으로 평가되는

'이미지 치료'라는 말도 있다. 이미지 치료는 정신분석과 행동치료 등과 같이, 어떤 특정의 학파와 기법을 토대로 확립된 하나의 치료법을 가리키는 것은 아니다. 그래서 독립된 치료법이라고 말하는 것은 곤란하지만, 여기에서는 당면한 심리치료 과정에서 나타나는 내면적 이미지에 주목하여, 그것들을 치료에 적극적으로 이용하려는 모든 것을 총칭하는 말로 일단 정리하겠다.

근래 나온 새로운 심리치료에는 이러한 이미지를 활용해서 심리치료에 이용하는 경우가 늘고 있다. 종래의 심리치료를 보조하는 형태로, 다양하게 이미지를 형태로 나타내어 치료에 응용하는 '그림 치료' 등도 활발하게 이루어지고 있고, 다양한 이미지의 유도를 적극적으로 치료에 이용하는 것도 활발히 이루어지고 있다. 그러한 활동은 예부터 꿈을 치료에 활용해 온 정신분석적 접근법의 연상선상에서도 이해 가능하고, 그 중에서도 특히 융의 분석심리학의 흐름 속에서 성장해 온, 풍부한 이미지와 상징의 해석이 치료에 유효하게 도움이 된다.

심리치료의 일환으로 적극적으로 이미지를 활용하는 치료법은, 고대 그리스의 신전치료神殿治療 등에도 나타나듯이, 의료의 역사를 거슬러 올라가 보면, 가장 오래된 전통적 치료법이라고 말할 수 있다. 하지만 근대적인 심리치료의 흐름 속에서는 융이 말한 적극적 상상이 가장 선구적인 것이다. 이렇듯 이미지를 활용하는 치료법에서 명상과 많은 접점을 찾아내려는 것은 그다지 기이한 것은 아니다. 또 만약 심리치료 현장에서 실제 명상과 같은 방법이 이용되고 있다면, 그것들을 '이미지 치료'로 생각하는 것도 의미있는 일이다.

명상에서 이미지가 어떻게 취급되는지는 다양한 명상 전통에 따라 다르지만, 예를 들어 일본에서 긴 역사를 갖고 있는 선의 전통에서는 내면에 나타나는 다양한 이미지를 '악마의 경계魔境'라고 부른다.

수행에 방해만 되는 의미 없는 것으로 간주된다. 그러나 또 다른 전통, 예를 들면 티베트 불교 등에서 전하는 명상 전통 속에서는 그러한 이미지와 비전을 적극적으로 이용하는 기법이 존재한다.[104] 특히 중국의 도교 문화에 근거한 전통에서는 예부터 병을 치료하기 위해 명상 속에서 이미지를 활용하는 관상법을 다양하게 사용하였다. 중국의 고전古典을 읽어보면, 병을 치료하는 그러한 방법은 무수하게 많다.[148]

현대에서는 근대적 의료 행위가 별 소용없는 암 치료 등에서도 이미지 치료적인 접근(시각화visualizion라고도 부른다)이 시도되거나[146, 147] 고대부터 전승되어 온 이미지의 뛰어난 능력에 주목하여 치료를 시도하기도 한다.[1] 하지만 명상 중의 이미지가 인간의 역사 속에서 다양하게 병을 치료하는 데 응용되어 왔다는 것은 결코 경시되어서는 안 된다. 이러한 관점에 서서, 명상과 이미지 치료의 접점에 주목하면서, 여러 고전적 방법을 현대의 새로운 눈으로 재발굴하는 흐름은 이후 더욱 더 고양될 것이다.

여기에서는 그러한 흐름에 일조한다는 생각으로 최근 주목 받고 있는 포커싱focusing이라는 방법을, 이미지 치료로 들어가는 한 방법으로 이해하고, 시험적으로 명상과 이미지 치료의 접점이 되는 치료 메커니즘을 생각하는 데 참고하고자 한다.

포커싱과 체험과정

포커싱은 로져스Rogers파를 이어받은 젠들린E.T. Gendlin[63]이 제창한 새로운 심리치료 기법이다. 최근에는 일본의 임상심리학에서도 널리 도입, 실행되고 있다. 젠들린에 따르면 인간은 환경과 상호작용하면서 항상 변화하는 '과정'을 겪으며 산다. 그것은 언어화와 상징화가 이루어지기 이전, 직접 몸으로 느끼는 경험이다. 우리들은 순간순간에 그러한 끊어지지 않는 감정과 경험의 흐름을 체험하면서 존재한다.

그는 이 과정을 '체험과정[experiencing]'이라고 부르고, 이 체험과정이 비록 그 의미와 내용이 명확하게 파악되지 않더라도, 어떤 느낌(felt sense라고 불리는)으로 의식하는 것은 가능하다는 것에 주목한다.

포커싱은 이른바 언어 이전에 있는 '느낌' 혹은 '체험과정' 그 자체에 의식의 초점을 맞추고, 비록 막연하지만 거기에서 끓어오르는 독특한 감각을 몸으로 느끼면서, 그것에 딱 맞는 적절한 말과 이미지를 찾아 의식화하는 방법이다. 내면에 주의를 기울이는 기법의 경우, 그 초점이 향하는 방향에 따라서 의식된 내용은 달라진다. 예를 들어 자율훈련법과 같이 특히 신체 감각에 주의를 기울일 것을 강조하는 기법의 경우, 아주 조금만 시점을 옮겨보면, 포커싱에서 주장하는 것과 같은 감각에 초점을 맞출 수 있다. 이것은 명상을 하는 경우에도 마찬가지이다. 명상을 현대적 관점에서 '주의의 의식적 훈련법'이라고 정의하는 입장[9]에 서면, 포커싱과 자율훈련법도 일종의 명상이라고 이해할 수 있다.

젠들린이 말하는 포커싱과 체험과정의 사고방식을 적극적으로 밀고 나가서 이후 이러한 각도에서 바라보는 이해가 깊어지면, 세계 여러 전통에서 전해지는 수많은 명상법에는 뛰어난 심리치료적 요소가 무궁무진하게 잠자고 있다는 것도 생각해 볼 수 있고, 또 그것을 다양하게 응용해 볼 수도 있다.

5　심리치료에 있어서
　세가지 접근

　　　　　　　　　현대에는 정말이지 다양한 종류의 심리치료가 있다. 지금까지 살펴보았듯이, 그것들을 간단하게 정리, 분류할 수 없음을 알 것이다. 그러나 명상을 그 가운데 하나로 볼 때, 심리치료는 크게 세 가지로 나눌 수 있다. 여기에서는 지금까지와는 조금 다른 관점에서, 명상이 현대 심리치료에서 어떤 위치를 갖는지 확인하고자 한다.

　　명상에 깊은 조예가 있는 미국의 심리치료가 존 웰우드[J. Wellwood]는 심리치료를 인간의 ‘반성적 작업’으로 평가하여, 그 레벨에 따라서, 개념적 반성, 현상학적 반성, 반성적 목격으로 구분하고 있다.[171] 여기에서는 이러한 구분을 고찰해 봄으로써 명상이 어떠한 심리치료적 의미를 갖는지 살펴보고자 한다. 가능한 지금까지 논의와의 관련 속에서 웰우드의 관점을 자세히 소개하도록 한다.

심리치료라는 반성작업

　　　　　　　　　심리치료의 시작은 어떤 고뇌를 자각함으로써 자신에 대해 반성적 작업이 시작되는 순간이다. 제3장에서 불교와 심리치료를 잇는 개념으로 동일화를 언급하면서 말했듯이, 무의식적으로 동일화시켜온 과정에 의식적으로 관여하는 것이 치료라는 행위이다. 그런 의미에서 보면, 심리치료는 기본적으로 ‘반성적 작업’이라고 말할 수 있다. 반성적 작업 제1단계는 무의식적 동일화 과정에 대해 의식적으로 관여하는 것, 즉 동일화 과정에서 한 발 물러나서 동일화를 구축하는 과정을 반성하는 것이다. 불교를 포함하는 모든 심리치료는 여기에서 시작된다고 말할 수 있다. 이 반성이라는 작업은 우선 생각을 통해 이루어지고, 일어나는 것을 분석하고 설명하기 위해, 이론과 개념을 사용해서 반성하는 것이 출발점이 된다.

대부분의 심리치료는 우선 첫 번째로 든 '개념적 반성'을 사용할 것이다. 심리치료가들은 내담자를 괴롭히는 여러 가지 문제 해결을 위해, 다양하고 유용한 심리치료 방법을 구사하여 가능한 도움의 손길을 뻗치려 한다. 그것은 내담자가 자신의 체험을 반성하는 작업에 새로운 관점을 부여하게 된다. 그리고 치료자와의 공동작업을 통해, 문제 해결의 힘을 얻게 된다. 현재 이루어지고 있는 일반적인 카운슬링과 행동치료, 인지치료 등은 주로 이러한 방식으로 이루어지고 있다고 생각된다. 불교의 사제 역시 이러한 작업을 위한 가르침이라고 볼 수 있다.

이러한 작업은 기본적으로 모두 개념에 의한 반성이다. 그렇지만 심리치료는 그것만으로 이루어지지 않는다. 내담자의 생생한 체험을 통해 보다 깊은 접근을 시도하는 방식이 있다. 이것이 두 번째의 '현상학적 반성'이다.

개념적 반성 유형에서는 내담자의 체험은 항상 이론적인 구조를 매개로 전해진다. 즉 치료자는 내담자의 체험을 이해하기 위해 심리적 발달이론과 병리론病理論 등을 바탕으로 심리학적으로 유효성 있는 여러 기법을 이용할 것이다. 그리고 내담자는 주로 자신의 체험을 한 발 떨어져서, 체험의 내용을 바라보고 이야기하는 방식으로 치료가 이루어진다.

현상학적 반성과 반성적 목격

그러나 현상학적 반성 유형에서는 체험 그 자체와 거리를 보다 좁힌다. 예를 들면 앞서 말한 젠들린의 포커싱 방식과 같다. 젠들린은 신체감각의 느낌에 주의를 기울여, 신체감각에 있는 '어떤 느낌[felt sense]'과 '체험과정'을 중시하는 방법을 취한다. 이러한 방식에서는 개념적 반성보다는 체험 그 자체에 대한 반성, 즉 현상학적 반성이 중심이 된다. 이것은 철학용어인 '현상학적 환원'이 갖는 본래 의미에 근거한 것으로, 그것을 충실하게 실천에 옮긴 것이라고 말할 수 있다.

포커싱 외에도 프로이트의 자유연상과 융의 적극적 상상, 각종 이미지 치료 등도 개념적 반성보다는 체험 그 자체를 다룬다는 점에서 '현상학적 반성'을 중시한 심리치료 유형이라고 평가할 수 있다.

현상학적 반성에서는 관찰자와 관찰대상 사이의 거리가 줄어들어, 체험이 유동적流動的인 상태가 되어 새로운 변화가 가능해진다. 예를 들어 포커싱에서 처음에 가슴 부근에서 긴장을 느꼈다고 하자. 그 감각은 처음에 불안과 공포로 의식될지 모른다. 그러나 그것은 반성이 더욱 진행되는 사이에, 무력감으로 나타나기도 하고 나아가서는 사랑받고 있다는 불확실한 느낌과 부드러움 등으로 변하기도 한다. 처음에는 위협적이었던 체험도, 관찰대상이 되는 체험의 내용으로 더욱 다가가면서 오히려 자기 자신을 받아들이는 감각으로 변하기도 한다.

명상이란 이렇듯 관찰대상으로 더욱 다가가, 보다 주의 깊고 세심한 반성을 가능케 하는 접근법이라고 할 수 있다. 명상에서는 더 이상 특정의 체험내용과 관련을 갖지 않는, 단지 의식의 흐름 그 자체에 주의를 기울이기 때문이다.

명상에서는 관찰자와 관찰되는 대상과의 사이가 더욱 좁아져, 대상은 단지 목격될 뿐이다[반성적 목격]. 의식에 떠오르는 내용이 갖는 의미를 알거나 이해하고자 하는 관찰자의 의도를 완전히 배제하고, 현상학적 반성이라고 하는 전혀 다른 접근방식을 취한다.

즉 이 과정은 체험내용과 생각과 감정에 달라붙고자 하는 자아의

경향, 즉 끊임없이 무엇 혹은 누군가와 무의식적으로 동일화^[집착]하고
자 하는 움직임을 완화하는 과정이다. 흔히 명상이 이원론^{二元論}을 초월
한 통찰을 가져다준다고 말하는 것은 이것을 가리키는 것이다. 그리고
그 과정에는 무의식적 동일화를 완화한다고 하는, 치료적인 작용이 포
함되어 있다고 생각할 수 있다.

　　이렇듯 명상은 현대의 각종 심리치료와는 다른 것이지만, 다른 심
리치료에는 없는 특별한 작용을 가진 심리치료적 접근방식으로 이해할
수 있다. 현대 심리치료는 단순하게 증상을 치료하는 것을 목적으로 하
는 것이 아닌, 범위를 크게 넓혀 이 세 번째 현상학적 반성을 활용하는
것이 특히 요구된다 하겠다.

탈동일화와 명상

　　이러한 '목격적^{目擊的} 반성'이 갖는
치료적 의의를 다룬 것이 이탈리아의 정신과 의사 로베르트 앗사지오
리^{R. Assagiori}가 제창한 탈동일화^{disidentification}이다.[20] 앗사지오리는 원래
프로이트의 정신분석을 배웠지만, 나중에는 정신분석의 치유론 전체
에 대해 불만족을 느끼고, 융에게 많은 영향을 받으면서 독자적 치유체
계인 'psycho-synthesis^(정신통합)'란 거대한 심리치료체계를 만들어 낸 인
물이다.

　　앗사지오리의 기본적인 태도는 '정신은 분석되는 것이 아니라, 통
합되는 것이다'라는 것으로 프로이트와는 근본에서부터 다른 태도를
취한다.

　　그래서 그의 기본적 태도에는 성인의 발달 레벨을 넘어선 보다 고
차원의 단계를 시야에 넣은 매우 폭넓은 인간관의 발달을 볼 수 있다.

이러한 인간관은 현대에 태어난 자아초월 심리학의 선구가 된 것이기도 하다.

탈동일화란 자신이 다양하게 동일화해 온 것을 알아차리고, 그 내용에 거리를 두고 관찰하는 것을 말한다. 앞서 '인지치료로서의 명상' 항목에서는 다이크만의 탈자동화라는 개념에 대해서 말했다. 그것은 자동적으로 솟아오르는 지각과 반응의 패턴을 관찰함으로써 그 내용에서 해방된다는 개념이다. 대부분의 동일화가 자각 없이 습관적으로 이루어지는 것이라고 하면, 탈동일화는 탈자동화와 거의 같은 것을 다른 각도에서 본 것이다. 명상에서 이 과정이 촉진된다고 생각된다.

명상 특히 통찰형의 명상에서는 명상 중에 일어나는 모든 사건에 주의를 기울이는 것을 목표로 한다. 그리고 주의를 기울인 내용에 동일화하는 것이 아니라, 그 내용에서 떨어져서 또 다른 것으로 주의가 옮겨가는 것에 의식을 두어[탈동일화], 그것을 통해 보다 전체에 대한 관찰의 눈[알아차림]을 키워간다. 이 과정을 통해 동일화된 증상과 이른바 '과거의 자신'을 상대적 관점에서 바라보고 이해할 수 있게 된다. 여기에는 대단히 뛰어난 치료적 의미가 있다.

6　변성의식의
　치료적 의미

지금까지의 논의를 통해서, 명상에는 의학적, 심리학적으로, 심리치료로서 뛰어난 유효성을 시사하는 다양한 가능성이 인정된다는 것을 대강 살펴보았다. 보다 전문적이고 자세한 논의는 일단 보류하고, 우선 요점을 정리하면, 명상은 생리학적으로 긴장을 완화시키고, 자기관찰의 눈[알아차림]을 키우고, 심리적 방어를 제거하고, 무의식에 의해 억압된 심리적 내용이 출현되도록 촉진하는 치료적 작용이 있다고 할 수 있다.

그러나 명상이 초래하는 심리적 작용은 결코 그것만이 아니다. 지금까지는 심리치료적 측면의 고찰을 목적으로 종래의 심리치료이론과의 접점을 중심으로 고찰했다. 하지만 명상에는 종래의 이론에서는 간단히 파악할 수 없는 특수한 측면이 있음을 잊어서는 안 된다.

그것은 명상을 통해 도달하는 심리상태가 일상적 의식상태와는 다르다는 것도 중요한 측면이다. 다양한 명상전통에는, 예를 들면 깨달음이라든가 삼매samadhi라는 특이한 의식 상태가 언급되고 있다. 그리고 명상은 원래 병을 치료하는 치료법이 아니라, 오히려 그러한 '일종의 특이한 의식상태'를 목적으로 하는 실천방법이다.

현대의 의학적 명상연구에서는 이러한 측면을 중시하여 명상을 '변성의식 상태'로 이해하려는 시도가 있다. 변성의식 상태 연구의 기본적 태도와 사고방식에 대해서는 다른 책[9]에서 정리했기 때문에 여기에서 다루지 않겠다. 다만 이 접근은 명상연구 분야에서는 매우 중요한 접근이란 점만 밝혀두겠다. 그러나 이 책의 목적은 어디까지나 심리치료와 관련된 명상을 생각하는 것이다. 그래서 여기에서는 변성의식 연구 자체가 아니라, 명상을 변성의식으로 이해하는 입장에서 명상의 심리치료적 의의를 더욱 깊이 살펴보고자 한다.

그러면 우선 그 논의에 들어가기 위해서, 앞서 말한 다이크만의 관찰하는 자기와 탈자동화로 돌아가 보자. 탈자동화에는 이미 변성의식의 입장에 근거한 사고방식이 포함되어 있기 때문이다.

다이크만은 명상에 의한 인식의 변화에 초점을 맞추어 연구를 진행하면서, 명상에는 '습관화되어 있는 지각과 반응 패턴의 해방' 그리고 '의지와 상관없이 자동적으로 이루어지는 사고, 감정, 환상의 흐름과의 동일화를 중지하는' 프로세스가 있음을 말하고 있다. 즉 명상에는 일반적인 분석적, 추상적, 지성적 지각구조 혹은 인식 모드 자체에, 어떤 전환이 보인다는 것이다. 그리고 실험적인 연구에서 보이듯이[46] 보다 생생하고 예민한 지각, 지각경계의 융해, 대상 항상성의 감소, 신체감각과 삼차원 감각의 소실, 대상에 융화된 감각 등의 출현은 그러한 인식 모드의 전환에서 이루어진 것으로 생각된다.

다이크만[47]은 탈자동화를 '잘못된 인식적 확신에서 분리되는 프로세스'로 보고, 그 프로세스를 통해 다양한 신비적 체험과 비일상적 지각 모드가 이끌린다고 했다. 그리고 그런 여러 체험은 이전엔 사용할 수 없었던 리얼리티를 의식에 초래함으로써 '지각인식의 확장' 혹은 '모든 자극의 새로운 차원에 대한 알아차림'으로 이해할 수 있다고 말한다. 이것은 이전에는 알아차리지 못했던(획득되지 않았던) 의식의 출현, 즉 일반 의식과는 다른 변성의식에 대한 기술이다.

자기와 세계에 대한 습관적인 지각과 사고방식을 초월한 체험 혹은 의식은 초월이라는 말에서 그 의미가 나타난다. 그런 의미에서 명상의 본래 목적은 '초월'에 대한 체험이 가능하도록 준비하는 것이다.[113] 초월 체험은 종종 말로 표현될 수 없다고 한다. 하지만 몇 가지 특징으로 정리할 수 있는데, 즉 뛰어난 명석함과 사실적인 이해, 무상성, 수동

성, 합리성, 존재 상호간의 연관에 대한 인식, 긍정적 감정 등을 특징으로 한다.[113] ●11

만약 명상을 통해 이러한 체험을 얻을 수 있다면, 명상의 심리치료적 의의에는 지금까지 말하지 않았던 특수한 요소가 있다고 말할 수 있다. 다만 심리치료라는 틀에서만 이러한 체험이 가능하다는 것은 실제 임상에서 응용할 때에는 상당히 신중한 검토가 필요함을 보여주는 것이기도 하다. 다음 장에서 말하겠지만, 안이한 자세로 치료에 도입하는 것은 큰 위험을 동반하는 경우도 있음을 충분히 주의해야 한다.

그러나 명상의 가치는 '모든 정신내용의 흐름 자체를 알아차림으로써 명상하는 사람이 개인적 문제와 고뇌에 사로잡히는 것을 최소화하는 것'이고, 그것으로써 '개인의 아이덴티티의 감각과 자기에 대한 사고방식에 커다란 변화를 초래하는 것이다'[48] 라고 한다면, 그것은 심리치료의 관점에서 볼 때, 매우 중요하며 뛰어난 의미가 있다고 이해된다.

또 명상에는 '고립된 상태의 자아가 갖는 사실적인 신념이 삶을 건강하게 이끄는 것이 아니라, 오히려 고뇌를 증가시킨다고 하는 인식을 촉진시키는' 요소가 있다[119]고 생각된다. 불교에서 말하듯이, '인간의 자연스러운 본성이 갖는 마음의 순수함과 따뜻함, 개방적 자세, 지성을 어둡게 하는 거만하고 자기 기만적인 태도를 깊이 성찰케 하는' 요소가 있다면,[159] 지금까지의 심리치료 역사에서는 생각하지도 못했던, 근본적이면서 '훌륭하고 특이한' 치료적 작용이 잠재되어 있다고도 생각할 수 있다.

심리치료는 개인의 문제와 병에 초점을 맞추어, 보다 건강해지는 것을 목표로 하여 이루어지는 것이다. 그런데 명상은 그러한 자세와는 전혀 다른 입장에 서서, 사람들에게 치료적인 작용을 하는 것으로 생각할 수 있다. 종래의 심리치료가 개인의 심리적 내용을 다루는 것이라면, 명상은 오히려 그 배후에서 그것들을 가능하게 하는 의식상태라는 맥락 그 자체를 정면으로 다룬다는 표현도 성립한다.

　　개인적인 자기 문제에 사로잡히지 않은 관점, 즉 지금까지 없었던 '초월적 관점'에서 자신을 보는 눈을 갖추는 것, 그것은 일상적 의식 속에서 매몰된 상태에서는 좀처럼 불가능한 것이다. 그래서 어떤 종류의 실천을 통해 일상을 떠나고, 그 일상의 떠남을 통해 일상의 자신을 보는 눈을 키우는 것, 그리고 자신을 바라보는 눈을 통해 고뇌를 해소하는 것이 '변성의식'의 입장에 선 치유론이라고 말할 수 있을지도 모른다. 심리치료라는 임상적 치유의 틀 속에서, 이러한 견해가 얼마만큼 지지를 얻을 수 있는가는 이후 임상연구의 몫이다.

7　자기실현과
자기초월의 의미

　　　　　　　　　명상과 심리치료를 고찰할 때에는 우선 두 체계가 원래 목적으로 하는 것이 무엇인지를 명확히 할 필요가 있다. 하지만 지금까지는 이 문제를 일부러 다루지 않았다. 왜냐하면 이 책에서는 명상이 현대의 심리치료라는 맥락에서 일반사회로 점차 침투하기 시작한 현상을 우선 논의하고자 했기 때문이다.

　　굳이 언급하지 않아도 되지만, 명상은 예부터 종교라는 체계에서 이루어진 실천법이다. 즉 그것은 어떤 종류의 종교적 통찰을 획득하는 경지에 도달하기 위한 하나의 방법이다. 따라서 명상이 추구하는 것은 서양 심리학이 목표로 하는 이른바 자아를 완성하는 것[자기실현]이 아니라, 자아를 초월하는 것[자기초월]이라고 할 수 있다.

　　말하자면, 명상에서는 본래 정신의 병리적 상태를 경감시키거나, 감정적인 모든 문제를 개선시키고자 하는 것은 고려하지 않는다는 것이다. 그리고 명상을 하는 정통적 체계에서는 다양한 의식적 체험과 깊은 통찰, 특이한 정신상태에 대한 기술이 있지만, 심리치료가 주목하는 것과 같은 무의식과 방어기제의 존재, 불안과 분노와 죄 등의 감정적 갈등, 또한 유아기의 심리적 외상 등의 문제에 대한 이해는 거의 제시되고 있지 않다. 비록 서양심리학에서 말하는 무의식과 관련된 내용이 때로 보인다고 해도, 그것은 오히려 명상을 방해하는 장애물로 간주된다. 또한 명상에는 무의식의 내용을 의식화하는 작용이 있어도, 그 의식화된 내용에 대해서는 서양과 같은 심리치료적 방식을 취하지는 않는다. 명상에서는 심리치료에서와 같이 다양한 감정과 감각에 특별한 의미를 부여하는 것이 아니라, 그것들을 단지 지나가는 대로 관찰만 하는 것이다.

요약하자면 명상은 무의식의 내용을 가두어 차단하는 방법은 아니다. 양자에 이러한 큰 차이가 인정되는 것은 분명하다. 다만 그렇다고 해서 그것들을 반드시 상반되는 것으로 이해할 필요는 없다. 각각의 목적을 간단히 표현하면, 한쪽은 무의식 내용을 의식화하는 것, 다른 한쪽은 보다 고차원의 의식을 추구하는 것으로 생각할 수 있다. 그렇지만 그것들을 또 다른 관점, 즉 의식의 영역을 넓히는 것에 관여한다는 관점에서 보면, 공통의 특성이 있다고 이해하는 것도 가능하다.[134]

두 가지 접근 방식 사이에는 전혀 아무런 관계가 없기도 한다. 깊은 무의식의 내용에 접근한다고 해서 보다 고차원의 의식에 다가가는 것은 아니다. 또한 무의식의 내용에 접근하지 않고도 보다 고차원의 의식에 도달하는 경우도 볼 수 있다. 그렇다고 해서 이 두 가지 접근방식이 늘 각각의 목적 달성을 위해 이루어지는 것은 아니다. 무의식의 내용이 무엇인지를 자각하여, 그것을 통해 개인의 여러 가지 문제가 해결될 때, 명상이 보다 깊어지는 경우도 볼 수 있다.

또한 그 반대로, 명상을 통해 내면의 세계에 민감하게 반응함으로서 치유에 필요한 무의식의 내용이 출현하는 데 보다 열린 태도를 갖게 되기도 한다. 두 가지 접근 방식은 결코 상반되는 것이 아니라, 각각의 목적을 깊이 이해하는 데 서로 도움이 되기도 한다.

따라서 명상과 심리치료는 반드시 한 쪽은 자기실현을 위한 것이고, 한 쪽은 자기초월을 위한 것이라고 구분해서 전혀 다른 것으로 이해할 필요는 없다. 인간의 성장을 생각하면 양자 모두가 협조적으로 움직일 수 있는 것으로 이해할 수 있는 것이다. 자기실현과 자기초월에 대해서는 제3장에서도 다른 각도에서 다루었다. 그 결론에서도 말했듯이, 자기실현과 자기초월을 전혀 다른 개념으로 이해하는 것에는 별 의미가 없다.

　　명상은 인간의 성장에 매우 중요한 수단이다. 종교적 맥락에서는 의식의 확장을 촉진시키고, 치료적 맥락에서는 개인의 치유를 촉진시키는 다양한 가능성을 가지고 있다. 이후 명상의 치료적 이용이란 측면이 더욱 적극적으로 모색되어야 할 것이다.

8　심리치료가를
　위한 명상

　　　　　　　여기에서는 관점을 크게 바꾸어, 치료자에게 명상이란 어떤 의미인지 생각해 보고자 한다. 심리치료에서 명상이 갖는 의미는 치료수단이라기 보다는 치료자에게 어떤 의미가 있는지가 더 중요하다고 할 수 있다.

　　심리치료가에게 가장 중요한 것은 무엇보다도 우선 내담자의 말에 귀를 기울여, 이야기를 '있는 그대로 듣는 것'이다. 여기에 누구도 이론을 제기하지는 못할 것이다. 그렇다면 좋은 심리치료가가 되기 위해서는 혹은 좋은 심리치료가를 양성하기 위해서는 있는 그대로 듣기 위한 훈련이 이루어져야 한다. 또한 치료에 있어서는 로저스[C.R. Rogers] 가 치료의 필요충분 조건[128]으로 말한 수용, 공감, 순수성(자기일치)이라는 세 조건이 이른바 심리치료에 관련된 사람의 상식이라고 할 수 있는 중요한 요소다.

　　그러나 이런 말들은 누구나 쉽게 알 수 있는 말이지만, 사실은 깊은 의미가 있는 개념이다. 현재 심리치료가의 훈련과 교육은 거의가 이론과 지식, 기법과 정보의 전달로만 이루어지고 있는데, 치료의 가장 기본적인 태도에 대해서는 다시금 깊이 생각해 볼 필요가 있다.

　　이론과 기법이 중요한 것은 틀림없는 사실이다. 그렇지만 그것들은 결코 심리치료가의 있는 그대로 듣는 능력과 수용, 공감, 순수성 등을 키우는 것은 아닐 것이다. 그것들은 오히려 지식이 많으면 많은 만큼, 오히려 마이너스로 작용하는 경우도 볼 수 있다.

　　심리치료와 대인원조에서 수용과 공감이 중요하다는 것은 누구나 인정하는 것이다. 그렇지만 거기에서 중요한 것은 '수용하는 것'과 '공감하는 것'보다는 '수용하는 마음', '공감하는 마음'이며, 어떤 '의식^意

識’을 갖고 있느냐다. 그러한 마음이 없으면 수용도 공감도 얻을 수 없다. 바꾸어 말하면, ‘수용하는 마음’이 있으면, ‘수용하는 것’은 저절로 이루어지는 것이지 ‘수용에 힘쓰는 것’이 중요하는 것이 아니다.

심리치료와 대인원조에서 중요한 것은 얼마나 풍부하고 열린 마음을 갖추고 있느냐다. 수용, 공감이라고 하면 누구나 알고 있지만, 실제로는 그렇게 간단히 몸에 익히거나 갖출 수 있는 것이 아니다. 인간에 대해 무조건 긍정적으로 바라보고 받아들인다고 말하는 사람이 있는데, 실제로 다른 사람을 그렇게 받아들인 사람이 있을까? 이른바 성인聖人이라면 모를까, 보통 사람은 거의 불가능하다. 그렇다면 수용이나 공감이 아무리 치료라는 특수한 장소에서 일어난다고 해도, 그러한 마음을 가져본 적이 없는 사람, 즉 그러한 의식을 알지 못하는 사람이 어느 날 갑자기 쉽게 그러한 마음을 갖출 수 있는 것이 아니다.

그렇긴 하지만 수용과 공감의 마음을 갖추고자 노력하는 것은 중요하다. 수용 즉 ‘무조건 긍정적으로 받아들인다’는 태도를 어떻게 갖출 것인가. 이에 관해서는 조금 다른 각도에서 논의해 볼 필요가 있다. 그래서 제6장에서 배려와 연민을 깊이 고찰한 뒤에, 명상과의 관계에 대해서 생각해 보겠다. 여기에서는 일단 ‘있는 그대로 듣는 것’에 대해 생각해 보겠다.

예를 들어, 심리치료의 경험은 별로 없지만 이론과 지식은 확실하게 공부하여 자신감에 차 있는 사람이 있다고 하자. 그 사람은 아마도 내담자의 이야기를 듣고서는 그때까지 공부해 온 많은 지식을 총동원해서 치료에 적용하려고 할 것이다. 수용과 공감, 경청의 중요함은 물론 지식으로서는 잘 알고 있다.

그때 거기에서 무슨 일이 일어날까. 실제 치료에 오히려 마이너스로 작용될 것이 많겠지만, 한 마디로 표현하면 치료의 장소에 치료자는 내담자 앞에 있으면서도, '그곳에 없는' 사태가 발생한다.

이론과 지식은 언어적 사고를 활발하게 한다. 그러나 언어적 사고는 그 성질상, 그 장소에서 현재진행형으로 실제 일어나는 일과는 분리되어, 별도로 일어난다. 수많은 지식과 이론이 머릿속에 맴돌아 사고와 상상이 활발하게 진행되면, 그 장소에서 내담자의 이야기를 듣는다고 하는, 실제 일어나는 체험에 대한 의식은 점점 옅어지게 된다. 그때 그 사람은 '지금 거기에서 없어지는' 것이다. 이것은 '있는 그대로 듣는 것'과는 전혀 다른 상태이다. 그런 의미에서 '있는 그대로 듣는 것'은 '지금 여기에 있다'는 체험을 중시하는 것이다.

규칙적인 호흡에 주의를 기울이면서, 내가 무엇에 주의를 기울이고 있는지를 '보는' 훈련을 반복하는 것이 명상이다. 즉 명상이란 '지금 여기에 있기' 위한 방법인 것이다. 사고와 상상의 세계를 키워 '거기에 존재하지 않는' 것이 아니라, 항상 '지금 여기'를 의식해서 '자신으로 존재'하기 위한 방법이 명상이다. 따라서 심리치료가에게 있어 명상이란 심리치료에서 가장 중요한 것인 '있는 그대로 듣기'를 위한 훈련인 셈이다.

'자유연상과 명상'이라는 항목에서 말했지만, 위대한 심리치료의 창시자인 프로이트가 치료자를 위한 훈련으로 권장한 '평등하게 모든 것에 흐르는 주의'는 이것을 말하고 있음에 틀림없다. 심리치료에서 명상의 의의는 이미 그 창시자인 프로이트에 의해서 가장 중요한 점이 발견되었고, 잘 인식되고 있었던 것이다. 프로이트는 명상이란 치료자에게 반드시 필요한 것이라고 생각했다고 말해도 큰 문제는 없을 것이다.

명상은 미래의 심리치료에서는 불가결하다고 말해야 할 정도로 중요한 것은 아닐까. 현대 이루어지고 있는 연구와 임상에서의 응용은 미래를 위한 준비라고 생각해도 좋을 것이다.

각주

[1]　　여기에서는 예를 하나 들어 보겠다. 행동과학이라고 불리는 의학적 접근법 중에서, 교차억제交叉抑制 혹은 역억제逆抑制, reciprocal inhibition라는 생각이다. 예를 들면 불안에 대한 반응이 있으면, 그에 대해 생리학적 대항인 완화relax와 같은 반응(앞서 완화반응으로 든 효과)이 생기는데, 그 반응이 억제 혹은 억지이다. 이러한 사고방식에 입각하여 명상이 정신적 건강을 가져다주는 메커니즘으로서 건강한 정신적 요소를 통해 불건전한 정신적 요소를 교차억제하는 원리가 있다는 생각도 생겨났다.[66]

그러나 현재 명상의 이해에서 이러한 사고방식에는 다양한 비판이 제기되고 있다.[28, 30] 우선 명상에서는 이 원리가 설명하는 것과 같은, 반대 반응(역반응)에서 대항하고 있다는 측면보다도 실천자의 주의가 다른 곳으로 이동하는 것과, 혹은 인식의 방식 자체가 통상의 의식 상태와는 다르다는 것에 중점을 놓고 이해하는 편이 보다 타당한 태도로 생각된다는 것이다. 또한 명상에서는 결코 어떤 감각에 부정적인 것이라는 가치평가를 하지 않고, 교차억제와 같은 부정적인 것에 대항해서 그것을 제거하는 원리를 그대로 적용하는 것은 무리이다. 또한 더욱이 가장 중대한 결점은 완화 반응 모델을 적용하는 행동과학의 접근법에서는 명상과 다른 완화와의 차이가 전혀 발견되지 않는다.

[2]　　여기에서 사용한 '인지행동치료로서의 명상'이란 절의 타이틀은 명상을 치료로 생각하여, 그 자각과 인지적 측면을 중시한 하나의 접근법으로 정리하기 위해 편의상 사용한 것이다. 원래 명상이 인지치료의 하나로 포함된다는 생각은 옳지 않다.

[3]　　이러한 접근법과 명상을 관련지어 생각할 때는 하나 주의할 것이 있다. 행동과학적 치료 접근법에는 원래 치료를 목적으로 적극적으로 작용하여 컨트롤한다는 태도가 발견되지만, 명상에는 그러한 태도가 없다. 예를 들면, 선과 비교를 행한 어떤 연구에서는 다음과 같은 의견이 있다.[141] 서양의 자기 컨트롤기법(바이오피드백 등)에는 우선 해결되어야 할 특정한 증상에 초점을 맞추어, 그것을 관찰 데이터로 기록, 평가하여, 컨트롤하는 측면이 있지만, 선에는 그러한 것이 보이지 않는다. 또 선에는 서양의 스트레스 관리를 위한 행동과학적 프로그램 등에 보이는 특정한 긍정적 이미지와 사고를 이끌어 내거나 키우는 조작적 측면도 보이지 않는다. 행동과학적 접근법에서 명상을 이해하는 경우에는 우선 인지행동치료 등과 명상 사이에는 이러한 점에서 기본적인 입장 차이가 있음을 인식할 필요가 있다.

[4]   명상은 결코 내면적 세계로 침잠하는 것이 아니다. 실제 불교의 명상 지도자들은 다음과 같이 말한다. "명상의 실천은 내면에 집중을 요구하는 것이 아니다. … 사실 명상은 외부세계와 현상세계 없이는 명상 자체가 불가능하다. 왜냐하면 개인과 외부 세계는 단절될 수 없는 것이고, 함께 공존하는 것이기 때문이다."[154]

[5]   현재의 자아초월 심리학의 체계적 이론을 선도하고 있는 중심적 인물 가운데 한 사람인 켄 윌버의 심리학적 이론은 프로이트 이래 정신분석이론의 발전을 기반으로, 인간의 심리학적 발달의 완전한 모델을 구축한 이론이다. 거기에서는 명상에 의한 의식상태에 대해서, 종래의 심리역동적 이해에서는 없었던 전혀 새로운 접근법이 이루어지고 있다.[174]

그의 이론체계에 대해서는 그 타당성에 관해 아직은 많은 논의가 필요하다고 생각되지만, 그 일부에 대해서는 다른 책[9]에서 다루었기 때문에 반복하지는 않겠다. 다만 명상상태에 관한 심리역동적 접근법을 검토할 때는 반드시 참조해야 하는 매우 뛰어난 이론적 틀이 제출되었다고 생각한다.

그 이론적 틀은 그의 일련의 저작에서 방대한 자료에 근거하여 치밀하게 검토되면서 구축된 것으로, 여기에서 간단히 설명하는 것은 무리일 것이다. 자세한 것은 꼭 그의 저서[174, 175]를 참조하길 바란다. 그렇지만 여기에서 논의에 필요한 최소한의 범위에서 그 이론의 골격만을 설명하면, 인간에게는 그 성장과정 속에서 감각적, 심리적 그리고 정신적 영적이란 세 가지 존재와 앎의 영역을 활용하는 능력이 있다는 커다란 전제에 입각하여 인간의 심리적 발달을 고찰한 것이다.

인간은 태어난 직후에는 자타가 미분화된 단순한 '감각적' 상태에서 서서히 발달을 이루어 이른바 자아의식이 생겨나고, 사고를 발달시켜 가는 '심리적' 상태로 성장해 간다. 그리고 예를 들어 타당성을 인정받고 있는 피아제의 발달론에 근거해 설명하면, '형식적 조작적 사고'가 성숙되면 이 '심리적' 발달이 정점에 달한다고 한다. 그러나 윌버의 검토에 따르면 세계 여러 나라의 방대한 문헌에 비추어 보면, 인간에게는 이 '심리적' 시기를 초월한 그 앞에 나타나는 발달 단계, 즉 '정신적 영적'인 제3의 발달단계가 인정될 가능성이 충분히 있다. 그에 따르면 인간의 발달에서 인정되는 이 세 가지 영역은 무의식적 · 자기의식적 · 초월의식적 혹은 전합리적前合理的 · 합리적 · 초합리적超合理的 그리고 또 자아이전적[前個的] · 자아적[個的] · 자아초월적[超個的] 등으로도 바꾸어 말할 수 있다.

그는 인간에게 이들 세 가지의 영역이 있다고 할 때, 이 세 영역을 생각할 때 종종 중대한 잘못된 판단을 하기 쉬운 경향이 있음을 지적하고, 그것을 '이전/초월의 허위pre/trans fallacy'의 문제라고 명명했다.[176]

그는 이렇게 말한다. "문제는 예를 들어 전합리적과 초합리적은 어느 것이나 각각

독특한 의미에서 비합리적이기 때문에, 미숙한 눈에는 그것들이 같은 것으로 보이거나, 때로는 동일한 것으로도 보인다. 일단 이 혼동 즉 이전[pre]과 초월[trans] 의 혼동이 일어나면, 필연적으로 다음의 어느 하나가 일어난다. 초합리적 영역이 전합리적 상태로 환원되거나 혹은 전합리적 영역이 초합리적 영광으로 끌어 올려진다. 여하튼 결락이 없는 전체적인 세계관은 한 가운데에서 부러진 채로, 참된 세계의 일부분 즉 이전[pre] 또는 초월[trans]은 근본적으로 잘못 취급되어 오해된다. 우리가 관심을 가질 것은 그러한 오해이다.”

윌버는 이 ‘이전/초월의 허위’가 지금까지의 모든 학문 분야에 존재하고, 우리의 이해에 중대한 인식의 왜곡을 만들어 내며, 심리학에서는 그 대표적인 인물인 프로이트에게도 융에게도, 이 왜곡의 눈은 두루 미치고 있다고 한다. 즉 프로이트는 전개적인 이드와 개적인 자아를 바르게 인식하고 있다고 해도, 모든 영적 · 자아초월적[超個的] 체험을 자아이전적[前個的] 레벨로 환원시키고, 융은 일관적으로 그 반대의 잘못, 즉 영적 · 자아초월적 체험은 바르게 인식했다고 해도, 자아이전적[前個的] 체험을 자아초월적[超個的] 레벨로 끌어올리는 잘못을 범하고 말았다고 한다.

즉 명상 상태에 대해서 심리학적으로 접근할 때에는, 특히 프로이트의 틀은 이러한 결정적인 잘못을 범할 가능성이 잠재되어 있고, 바른 인식이 이루어지지 않는다고 하는 냉엄한 비판을 받는다고 한다. 이러한 윌버의 견해에 따르면, 명상의 본질적인 요소는 무의식에 잠자는 억압된 구조를 여는 것이 아니라, 오히려 보다 고차원적인 의식 구조의 발달 내지 성장을 촉진시키는 것이라고 한다. 즉 명상이란 자아를 단순하게 퇴행시키는 것이 아니라, 자아를 초월로 이끄는 것이라고 이해된다.

굳이 말하자면, 이 윌버의 관점은 명상의 전통적 체계 속에서 수행을 쌓은 사람들이 반복해서 주창해 온 ‘명상이란 통상의 의식상태를 초월한 그 앞에 있는 일종의 독특한 의식상태를 얻기 위한 방법이다’ 라고 하는 주장을 대변하는 것이다. 그 입장에 서서, 현대에 이르는 종래의 심리역동적 이해와 분명한 대화가 가능한 용어를 사용해서, 정당하고 날카로운 비판을 한 것으로 볼 수 있다.

다만 윌버의 이러한 견해가 현재 자아초월 심리학의 내부에서도 완전하게 인정된 통일된 견해라고 볼 수는 없다. 프로이트의 이론적 틀에 대한 비판에 관해서는 거의 의견이 일치되었다고 말해도 좋지만, 특히 융의 흐름을 받아들인 연구자들로부터는 윌버의 이론에 대해서 현재 다양한 논의가 이루어지고 있다. 그중에서도 가장 주요한 논점이 되는 자아초월적[超個的] 영역에 대한 ‘초월’ 이란 점에 관해서는 윌버의 모델은 ‘수직적 계층적’ 측면이 너무나 강조되어 있다고 비판된다. 그 대신에 ‘수평적 나선(螺旋)’ 모델(융의 흐름을 계승한 것)이 필요하다고 하는 주장이 제기되고 있고, 그 입장에서 현재 ‘초월에 봉사하는 퇴행’ 이란 관점이 유력하면서도 임상적으로 유용하다고 하는 중요한 견해도 제시되고 있다. 이 이론에 대해서는 관심 있는 사람은 마이클 워슈번 『자아와 역동적 기반』[166]을 참조하시오.

[6] 융이 동양의 명상에 관심을 갖게 된 것은 중국학자인 리하르트 빌헬름이 중국의 명
상법에 대해서 쓴 『황금꽃의 비밀』의 번역에 해설을 의뢰받은 것이 계기가 되었다
고 한다. 그렇지만 자서전 등을 보면, 융은 그 만남 이전부터 이미 요가와 점성술을
시도하거나 만다라를 그리는 등 자신도 모르는 사이에 동양의 정신적 내면세계에
깊게 접근해 있었던 듯하다.

여하튼 융은 1930년대가 되면, 많은 동양학자와 협력하면서 정력적으로 명상 등
의 연구에 전념하게 되어, 많은 중요한 연구논문과 강의를 남기고 있다. 이 점에
대해서는 융의 저작 『동양적 명상의 심리학』[76]에서 간결하게 정리하고 있으므로
참조하기 바란다.

[7] 융은 최후의 중요한 저작인 『결합의 비밀 ―연금술에서 마음의 모든 대립의 분리와
통합의 탐구』에서, 이 방법에 대해 다음과 같이 말하고 있다(Jung, Collected Works
vol.14)

꿈이나 그 외의 공상 이미지를 선택, 그리고 순수하게 그것을 가지고 지녀[保持] 응
시 하는 것으로 그것에 집중하라. 싫은 느낌을 출발점으로 하여, 그 느낌에서 어떠
한 공상 이미지가 생겨나는가, 또는 어떤 이미지가 이 느낌을 표현하고 있는가를
찾아내는 것도 가능하다. 그리고 주의를 집중함으로써 이 이미지를 마음에 고정한
다. 단순히 그 이미지를 묵상[默想]하는 것만으로도, 그 이미지는 활성화되기 때문에
보통 그 이미지는 변화한다. 변화의 모습은 항상 주의해서 기록해야 한다. 왜냐하
면 그 변화는 무의식을 배경으로 심적 과정을 반영하고, 의식적인 기억 소재로 되
어 있는 이미지의 형태를 취하여 나타나기 때문이다.

이렇듯 의식과 무의식은 폭포가 위와 아래로 이어지듯이 결합한다. 공상관념의 연
쇄가 발전해서, 서서히 드라마의 성질을 띠게 된다. 즉 수동적인 과정이 하나의 행
동이 되는 것이다. 처음 그 과정은 투영된 모습으로 나타나고, 이것들의 모습은 극
장의 스크린의 영상처럼 관찰된다. 바꾸어 말하면, 눈을 뜨고 꿈을 보고 있는 것이
다. 그렇지만 굳이 말할 필요도 없지만 참된 진보는 없이 같은 주제에 대해서 다양
한 것이 끊임없이 연속해 나올 뿐이다. 그러면 이 방법의 목적과는 전혀 맞지 않게
된다. 무대에서 공연하고 있는 것은 아직 배경의 과정에 머물고 있을 뿐, 관찰자는
결코 감동하지 않는다. 관찰자의 감동이 적으면 적을수록 이 사적인 극장의 카타
르시스의 효과도 적게 된다. 연기되고 있는 작품은 단순하게 편견 없는 눈으로 보
는 것이 아니라, 관찰자의 참가를 바라고 있는 것이다. 만약 관찰자가 자기 자신의
드라마가 이 마음 속의 극장에서 연기되고 있음을 이해하면, 그 사람은 그 줄거리
와 결말에 무관심하게 있을 수 없을 것이다. 배우가 계속하여 나타나 이야기의 줄
거리가 복잡하게 되어 가면, 배우들은 그의 의식상황에 어떤 목적관계를 가지고,
그에게 무의식을 통해 말을 걸고, '그것'이 이러한 공상 이미지를 그 앞에 출현시
키고 있음을 알게 된다. 그러므로 그는 단지 극장에 앉아 있는 것이 아니라, 이 극
에 참가하고, 참으로 자신의 분신과 결착을 짓지 않으면 안 된다고 느낀다. 혹은
그렇게 하도록 분석가로부터 격려를 받는다. 그것은 우리들 속에 모순이 전혀 없

다는 것이 아니라, 의식이 취하지 않을 수 없는 입장을 통해, 마음의 어두운 구석의 어딘가에, 부정, 보상효과, 승인, 분개 등을 불러일으키기 때문이다.

우리들이 타자와 화해하는 이 과정에는 충분한 가치가 있다. 그것은 이 방법에서 우리들은 자기 자신에게는 결코 인정하려 하지 않았던 우리들의 본성의 모든 측면을 알게 되기 때문이다. 이것이 일어났을 때에는 그 전과정을 기록하는 것이 매우 중요하다. 그렇게 하면, 항상 출현할 수 있는 자기 기만의 경향에 훌륭하게 대처할 수 있게 되어, 눈으로 볼 수 있는 증거를 얻을 수 있기 때문이다. 그림자를 다루기 위해서는 항상 기록을 해 두는 것이 절대로 필요하다. 왜냐하면 그렇게 하지 않으면, 그림자의 현실성을 간파할 수 없기 때문이다. 이러한 고통에 가득 찬 방법을 통해서만 우리들 인격의 복잡한 본성에 관해서, 건설적인 어떤 통찰이 얻어지는 것이다.

[8] 원래 프로이트의 퇴행 개념은 발달적으로 보다 이른 시기의 미숙한 단계로 되돌아 간다는 의미에서 사용된다. 프로이트 자신은 퇴행을 국소론적(局所論的) 퇴행, 시간적 퇴행, 형식적 퇴행의 세 종류로 구별하고 있지만, 현재는 이 중에서 시간적 퇴행이 가장 일반적인 퇴행으로 이해된다. 그러나 융이 생각한 퇴행은 여기에 그치지 않았다.

[9] 이 '점액과 같이 싫은 것'은 단순히 수용되지 않고 거절된 일상생활의 잔재나, 불편하고 불유쾌한 동물적 경향을 포함하고 있는 것만이 아니라, 새로운 삶과 미래를 향한 가능성의 싹을 가지고 있는 것으로 이해될 수 있다. 실제 억압된 내용 속에 새로운 삶의 가능성을 볼 수 없다면, 정신분석은 전혀 도움이 되지 않는 비난받을 만한 일이 될 것이다. 새로운 가능성은 그 속에 지금 존재해야 한다.[81]

[10] 이렇게 보면, 앞의 켄 윌버의 견해, 즉 인간 발달 레벨을 생각할 때, 명상이 촉진하는 것은 자아적(自我的) 차원의 '퇴행'이 아니라, 자아초월(超自我的) 차원의 '초월'이라고 하는 사고방식에 대해서도, 다른 이해가 가능하다. 퇴행을 결코 시간적 퇴행에만 한정해서 사용하지 않으면, 명상은 창조적 퇴행을 통해, 초월을 촉진하는 것으로 이해할 수 있기 때문이다. 융은 특히 인생의 중년기에서 스스로 인간에 종종 일어나는 퇴행적인 상태에 주목하고 있었는데, 성인으로써 분명한 자아가 확립된 인간이 인생의 그 앞길을 걸을 때, 명상은 거기에서 자연스러운 경과로 일어나는 퇴행 속에서 초월을 향한 길을 열어주고, 촉진시키는 것으로 평가할 수 있다. 앞서 말한 융파의 철학자 마이클 워쉬번은 인간의 발달에서 이 과정을 중시하고, 그것을 '초월에 봉사하는 퇴행'이라고 이름하였는데, 명상을 이렇게 이해하는 것은 종래의 정신분석적 견해와도 충분한 연결고리를 갖는 타당한 의견이라고 생각된다.

[11]　이것은 유명한 매슬로우의 지고체험至高體驗의 기술이기도 하다. 몇몇 연구에 따르면, 지고체험은 '교조적, 권위적인 것이 아니라, 자기주장적, 상상적, 자기충족적인 긴장완화'를 사람들에게 가져다 주고[103], '삶의 의미와 목적이 확대된 느낌을 수반한, 내성적인 자기의 알아차림을 지닌, 자기 보증적保證的 개인성'을 초래하여[180], 자기와 세계에 대한 체험의 '실존적 이동을 가능하게 한다'[113]고 정리할 수 있다.

05

명상치료의
실천

- 스트레스
  감소

- 통증·고통에
  대한 대처

- 심리치료의 보조
  그리고 통합

- 명상의 적응과
  비적응

- 불안·공포·
  패닉에 대한 대처

- 말기의료의
  심리적 지지

- 명상의 함정

명상을 계속하면서 불안이 줄어들기도 하고
어떤 이는 병이 회복되기도 하지만,
단순히 그 정도에만 머물지는 않는다.
환자는 다양한 것, 특히 삶과 죽음이라고
하는 중요한 문제에 대해서 감각적으로
이해하게 된다. … 일반적으로 말하면
삶과 죽음은 어떤 근원적인 과정의 두 가지
다른 면에 지나지 않는다는 것을
직감적으로 알게 된다.

좌선을 하면서 오랫동안 시달렸던 두통과 어지러움이 나았다는 이야기도 가끔 들린다. 모든 종류의 자율신경 실조 증상과 이른바 스트레스병이라고 불리는 것에는 의학적 치료만이 아니라 다양한 민간치료도 시도된다. 좌선과 명상 또한 일종의 민간치료와 같은 것으로 보이는 면이 있을지도 모른다.

그러나 현대에 이르러 의학적 치료가 확립된 현장에서도 점차 다양한 형태로 명상과 좌선이 도입되고 있다. 제4장에서는 주로 정신분석과 같은 심리치료 이론과의 관계에서 명상을 살펴보았지만, 제5장에서는 현대의학에서 명상과 좌선이 구체적으로 어떠한 형태로 응용되고 시도되는지에 대해서 고찰하고자 한다.

일본에서는 아직 명상을 중심으로 의료에 활용하는 시설은 없지만, 치료에 응용하기 위해서 각종의 시험적 연구를 거듭해 온 미국에서는 이미 몇몇 공적인 의료시설에서 실제로 명상이 도입되는 것을 볼 수 있다. 여기에서는 그러한 의료시설에서 이루어지는 몇 가지 새로운 시도를 소개하고자 한다.

❙ 스트레스
감소

　　　　　　일본에서도 최근에는 '스트레스 클리닉'이란 이름의 의료시설을 볼 수 있게 되었다. 명상을 처음 치료수단으로 도입한 것은 이른바 스트레스 감소를 목적으로 한 의료현장에서이다.

　　　미국에서는 현재 명상을 통한 스트레스 감소를 목적으로 하는 몇몇 의료 시설이 실제로 있다. 가장 대표적인 것으로 매사추세츠 대학 메디컬 센터의 스트레스 리덕션 센터Stress reduction center, 스트레스 클리닉를 들 수 있다. 이 시설에서는 위빠사나 명상(mindfulness 명상) 경험이 풍부한 심리학자 존 카밧진J. Kabat-Zinn이 중심이 되어 이미 10년 이상의 역사를 가진 프로그램이 실시되고 있다.[82]

　　　이 스트레스 클리닉에서는 8주간에 걸쳐 '스트레스 감소와 이완 프로그램Stress reduction and relaxation program' 이 실시되고 있다. 참가자는 매주 2시간 '알아차림 명상'과 '바디스캔'이라는 자율훈련법과 요가와 비슷한 운동이 결합된 클래스에 참가한다. 그리고 매일 테이프나 비디오 등을 이용해서 집에서 과제를 하게 되는데, 6주째가 되면 7시간 반 정도 집중적인 명상 합숙도 실시되는 일반적인 코스이다.

　　　프로그램에 참가하는 사람에게는 신체적, 감정적 증상을 열거한 질문 리스트가 나누어진다. 그 집계결과에 따르면, 참가자가 안고 있는 증상은 한 사람당 110항목의 질문 가운데 평균 22항목을 넘는다고 한다. 환자로서 방문하는 사람들 중에는 심장병, 암, 폐질환, 고혈압, 두통, 만성적인 고통, 불면증, 피부병 등 다양한 의학적 문제가 있는 사람들이 포함되어 있고, 오랜 기간 다양한 의료치료를 받고 있음에도 불구하고, 거의 효과가 없어서 찾아오는 사람들(만성적 증상에 시달려온 기간은 평균 7년)

도 적지 않다고 한다.

그런데 보고에 따르면, 프로그램이 종료될 때에는 처음에 체크된 증상이 평균 14항목으로 감소하고, 증상의 정도도 36% 정도 호전을 보였다고 한다. 이것은 참가자들이 오랜 기간 다양한 증상을 안고 있었다는 것을 생각하면, 놀랄만한 숫자라고 할 수 있다.

이 프로그램에 참가한 사람들의 수는 현재 4,000명을 넘었으며, 조사에 따르면 수강한 사람의 90% 이상이 종료 후 4년이 되어도 어떤 형태로든 명상을 계속하고 있다고 한다. 최근에는 이 프로그램이 다른 의료시설에서도 동일하게 이용되고 있고, 그 효과가 검증, 확인되고 있다.[21, 130]

스트레스의 심리

스트레스 감소를 목적으로 하는 새로운 의료시설에서는 명상을 어떤 관점에서 이해하고 응용하고 있을까. 프로이트 이래 심리역동적 이해와는 또 다른 견해도 필요하게 되었기 때문에 여기에서는 현대의학이 명상을 바라보는 일반적 관점에서 명상의 의미를 생각하고자 한다.

스트레스라고 해도 그 종류는 다양하다. 현대사회에서 스트레스라고 하면 '인간관계의 스트레스'와 '일의 스트레스'가 가장 먼저 언급될 것이다. 매우 애매한 표현이지만, 병원 외래에서도 이러한 스트레스 때문에 내원하는 사람들도 적지 않다. 울렁증, 위의 통증, 소화불량, 어지러움, 구토, 두통 등을 비롯하여, 이른바 자율신경 실조증이라고 하는 모든 증상은 스트레스와 깊은 관계를 갖고 있음은 잘 알려져 있다. 이러한 스트레스는 일견 개개인의 외부 상황에서 비롯되는 것으로 보일지도 모르지만, 동일한 상황에서도 사람에 따라 심각한 경우와 그렇지 않은 경우가 있다. 즉 스트레스는 개인의 내적인 심리 문제이기도 하다. 예를 들어 직장에서 싫어하는 동료가 옆 자리로 오게 되면, 매일 매일이 스트레스의 연속일 것이다. 그러나 반대로 죽이 잘 맞는 동료가 오면, 회사에 출근하는 것이 즐거울 것이다. 파티나 회식이 있으면 불안, 긴장, 고통을 느끼는 사람이 있는가 하면, 좋아하는 사람도 있다.

우리들은 대개 마음에 들지 않는 상황에 직면하게 되면 무의식 중에 적대적인 반응을 보이고, 바로 그 자리에서 공포, 노여움, 불안, 고통 등의 감정에 휩싸이기 쉽다. 싫은 타입의 사람과 만나면, 말도 하지 않았는데 부정적인 상황을 멋대로 만들어 버리기도 한다. 그리고 일단 그러한 감정에 지배되면, 더 이상 자신이나 타인에 대해서 냉정하고 바른 판단을 할 수 없게 되고, 원활한 커뮤니케이션도 곤란하게 되어, 악순환만 되풀이 된다.

스트레스 반응과 스트레스 응답

스트레스에 의해 사람에게 일어나는 반응을 '스트레스 반응[reaction]'이라고 한다. 그것은 대개의 경우, 자동적, 무자각적으로 일어나는 반응이다. 그런데 만약 그 사람이 그 곳에서 무엇이 일어나는지를 '관찰'하는 관점을 갖게 되면 상황은 변한다. 그때까지는 자동적으로 반응했던 상황에서 스트레스를 자각 혹은 의식하는 것이 가능해지기 때문이다.

이전에는 자각할 수 없었지만, 상황을 부정적으로 만들어 스트레스를 초래한 것은 자신도 모르게 공포와 분노 등의 감정에 휩쓸렸기 때문이다. 예를 들어 싫어하는 상사를 만났을 때 자신도 모르는 사이에 그러한 부정적 상황이 만들어진다. 그러나 그때 공포와 분노가 일어난 자신의 감정을 솔직하게 느끼고 의식하여 받아들이면, 그러한 생각과 감정에 당혹해 하지 않고 세상을 있는 그대로 바라볼 수 있게 된다. 명상은 이 '알아차림'의 프로세스를 촉진시키는 것이고, 침착함을 잃어버리지 않도록 하면서, 자신의 생각이나 감정을 바꿀 수 있는 힘을 기르는 훈련이기도 하다.

이러한 스트레스에 대한 자각적인 관여를 보통 스트레스 반응과 구별해서 스트레스 응답[response]이라고 한다. '무자각적인 반응'에서 '자각적인 관여'로 이동이 일어나면, 스트레스에 반응하는 힘을 감소시키게 된다. 평소 지속적으로 트레이닝을 하면, 스트레스에 직면했을 때, 무자각적이고 자동적으로 반응했던 것을 자각적인 응답으로 바꿀 수 있는 힘이 단련될 것이다. 그렇게 되면, 스트레스 반응이 감소되어, 순간순간의 무자각적인 행동 대신에 다른 방법을 준비할 수 있게 된다.

그렇지만 자각적인 응답이 가능하게 된다고 해도, 공포와 불안과 고통을 전혀 느끼지 못하는 것은 아니다. 그런 것이 아니라, 그러한 감정이 그 순간에 존재한다는 것을 보다 명료하게 알아차리게 된다. 알아차림은 그러한 감정이 생겨나는 것을 응시하여 강도를 약하게 하고, 그러한 감정을 바로 극복할 수 있도록 도와준다.

2 불안·공포·패닉에
　　대한 대처

　　　　　　　　현대를 불안의 시대라고 한다. 현대인은 도시 속에서 자유를 만끽하는 한편, 고립되기 쉬운 삶을 살면서 여러 가지 불안을 야기하는 요인들에 둘러싸여 있다. 병원에서 진료할 때에도 여러 가지 불안을 안고 내원하는 사람들을 어렵지 않게 만날 수 있다. 그런데 일단 어떤 커다란 불안에 사로잡히면, 마음에서 불안을 제거하여 벗어나는 일은 거의 불가능한 경우가 많다.

　　불안과 공포라고 하는 것은 한 번 마음에 자리 잡으면, 사실 불안과 공포가 일어날 원인이 없다고 해도, 짐작만으로도 바로 그러한 감정에 사로잡히는 것이 특징이다. 불안이 만성적으로 지속되면, 그로 인해 정신적, 신체적 긴장이 지속되어 결국 자율신경계의 부조화가 발생하고, 불면을 비롯한 울렁증, 어지러움, 두통, 구토 등 다양한 증상이 나타나게 된다. 그렇게 되면 불안은 더욱 커져가고, 악순환이 반복된다.

　　이러한 불안과 공포에 반응하는 것도 결국은 자신도 모르는 사이에 일어나는 것이다. 따라서 앞서 '스트레스 응답'에서 말했던 방법을 적용해 보면 명상이 효과적임을 알 수 있다. 평소에 명상을 지속하면, 악순환이 반복되지 않도록 예방하는 데 반드시 도움이 된다. 그리고 만약 악순환에 빠져 헤어나오지 못하게 된 경우, 치료 방법으로 명상을 활용하는 것도 가능하다.

　　제4장에서 잠시 다루었듯이, 불안이나 패닉 장애와 같은 다양한 공포증에 대한 의학적 접근은 약물치료와 함께 인지행동치료가 가장 일반적이다. 그러나 현재는 명상을 새로운 치료 방식으로 받아들여, 그것을 실제 치료에 응용하는 단계에 이르렀다.

　　불안신경증과 패닉 장애에 명상을 적용한 연구는 지금까지 많지는 않지만 보고되고 있고, 대부분의 경우 양호한 결과를 보이고 있다.[27, 49, 64, 145] 또 근래에는 앞서 소개한 매사추세츠 대학의 스트레스 클리닉에서도 연구방법에 제법 공을 들여 정확도 높은 연구보고가 발표되었다.[83] 그 중에서 불안 장해에 한정한 연구 결과에 따르면, 22개의 사례 가운데 20개의 사례에서 불안치수와 우울치수의 유의미한 저하가 확인되었다. 그 결과는 프로그램 종류 후 추적조사 기간 중에도 계속 유지되었다고 한다. 또한 패닉 증상을 지닌 예에서도 치수가 실질적으로 저하되었다. 그리고 집단적 알아차림 명상 훈련 프로그램은 불안과 패닉의 여러 증상을 효과적으로 완화시키고, 전반성 불안 장해, 공간 공포를 수반하는 패닉 장해 및 공간 공포를 수반하지 않는 패닉 장해를 갖고 있는 환자들의 증상을 경감시키고 유지하는 데 도움이 된다고 결론내리고 있다.

● 필자의 경험에서

한때 특수한 신흥종교교단의 광기로 벌어진 소동으로 일본에서는 명상을 위험한 것으로 인식하게 되었다. 그래서 유감스럽게도 '병원에서 명상을 치료에 응용한다'고 하면, 곧 냉담해지고 이상한 눈으로 바라본다. 그런데 자율신경계의 실조증상을 중심으로 한 스트레스성 질환과 불안 장해를 가진 사람들에게 미국 등에서 발표된 연구성과에 대한 정보를 충분히 제공하고, 그 가운데 동의를 표한 사람들을 대상으로 시험적으로 명상치료를 시도해 보았다.

명상교육을 번역하여 넣은 카세트테이프를 준비해서 집에서 훈련할 수 있도록 하여, '바디스캔'이라는 자율훈련법과 요가와 유사한 방법을 했던 사람도 있다. 물론 매사추세츠 대학과 같이 조직적인 프로그램을 짜서 실행한 것이 아니어서 아직 그 결과에 대해 정확한 데이터를 제시할 수는 없지만, 명상을 적극적으로 받아들여 꾸준히 한 사람들 중에는 이전과는 달리 증상이 뚜렷하게 호전되었다는 것만은 사실이다.

그렇지만 나의 실험에 참여했던 사람들은 지금까지 명상을 계속하고 있는 사람들은 많지 않은 것 같다. 이른바 부작용 때문에 명상을 중지한 사람은 없었지만, 인내심 있게 계속해 나간 사람은 적었다. 이것은 미국 등에서 발표된 보고를 볼 때마다 느낀 것이지만, 경험이 풍부한 지도자들이 그룹을 만들어 열의를 가지고 친절하게 진행하는 프로그램과 비교하면, 늘 바쁘게 움직이는 대학병원의 일반외래 진료에서 이루어지는 방법으로는 충분하지 않고, 또 병원에서 명상지도에 익숙하지 않은 사람이 지도하는 것도 주된 원인이 아닌가 생각된다.

그러나 지금까지의 경험을 통해 말하면, 적어도 명상이 유익했다고 말하는 경우는 많았다. 그렇지만 앞 절에서 제시한 '스트레스 응답'의 메커니즘을 촉진시킨 것까지는 아직 도달하지 못한 것이 실상이다. 하지만 제4장에서 말한 명상의 완화 효과가 다양한 스트레스성 질환에 유익하다는 것은 분명하다. 다만 이것은 다른 완화 기법과 큰 차이는 없다. 또 명상의 경우에는 완화 효과만이 아니라, 호흡법이 지닌 유익한 작용도 있다.

스트레스와 불안은 곧 신체의 긴장을 야기하지만, 그것이 만성적으로 지속되면, 여러 자율신경계의 실조가 초래된다. 곧잘 심하게 긴장하는 사람에게 보이는 특징 중 하나는 호흡이 얕다는 것이다. 자율신경계란 자기 의지로 컨트롤할 수 없는 자율적인 신경계통을 가리키는데, 그 속에서 유일하게 의식적으로 컨트롤할 수 있는 것이 호흡이다. 긴장으로 인해 얕아진 호흡을 자신의 의지로 천천히 그리고 깊게 조절하는 것[調息]은 자율신경계를 조절하는 것으로 이어진다. 그리고 신체적 측면에서 긴장을 풀어주게 되고, 여러 증상의 경감으로 이어진다.

이러한 규칙적이고 바른 호흡[복식호흡]에 익숙해지면, 일을 하거나 회의 중에서도 다른 사람이 눈치채지 못하게 할 수 있게 된다. 일상생활의 인간관계에서도 활용되어, 이전과는 달리 침착하게 대인관계를 풀어갈 수 있게 되었다는 예도 있다. 또한 오랜 기간 복용해 온 약을 줄일 수 있게 되었다는 사람도 있다.

현재 의료계를 보면 의학적 치료에서 실제로 명상 등(약물치료 이외의) 치료법을 어디까지 적용할 것인지에 대한 문제는 남아 있다. 하지만 미국의 선례에서 우리가 배워야 할 것은 많다.

3 통증·고통에
   대한 대처

기본적으로는 스트레스였든, 불안과 공포였든, 또 신체적 감정적 통증과 고통이었든, 명상에서 하는 것은 그것들을 단지 있는 그대로 관찰하는 것이다. 명상 특히 이 책에서 설명하는 통찰형의 명상에서는 그 순간순간에 거기에 있는 것, 혹은 일어나고 있는 −사고, 감정, 신체감각 등을 포함하여− 모든 것에 주의를 기울이는 것, 즉 자각^(알아차림)을 갖고 대응하는 것이 그 핵심이다. 어떠한 불안이나 통증에 대해서도 판단을 내리지 않고 주의를 기울이면, 그때까지 알지 못했던 세세한 관점이 나타나게 된다.

앞서 말한 카밧진의 설명에 따르면 명상에서는 불안과 통증이라는 감각에 대한 자기 생각과 감정을 알아차리는 것이 중요하다. 그때까지는 그 감각을 '통증'이라고 불렀을지 모르지만, 통증이라고 이름붙인 것은 자기의 생각과 감정이다. 마음에는 이 통증과 관련한 다양한 생각이 계속해서 일어난다. 예를 들면 '더 이상 견딜 수 없다'라든가 '어떻게든 하지 않으면', '이런 고통 속에서 계속 살 바에야'와 같은 생각이 끊임없이 일어난다. 그러나 이것들은 어디까지나 자기의 생각일 뿐, 고통 그 자체는 아니다.

그리고 고통에 대한 생각은 자기 자신이 아니다. 그것은 고통을 받아들일 준비가 되어 있지 않을 때에, 고통에서 해방되고자 원하는 반응이다. 고통에 대한 자기의 생각과 감정, 고통스러운 신체적인 느낌, 그리고 신체 자체를 자신과 동일시해 버리면, 더더욱 혼란스러워져 '객관적인 방관자로서의 관점'이 유지될 수 없게 된다. 명상에는 이 '방관자적 관점'이 필요하다고 카밧진은 강조한다.

신체라는 것은 함께 인생을 걸어가야 하는 반려이자, 결코 무시할 수 없는 존재이다. 그렇지만 그것은 '바로 자기 자신 그 자체'가 아니다. 신체 그 자체가 내가 아니라면, 신체의 고통도 나의 것이 아니다. 그리고 명상을 통해 그러한 자기의 존재감각에 깊숙이 들어갈 수 있으면, 고통과의 관계가 변하게 된다. 명상을 통해서 이러한 체험을 하게 되면 고통을 받아들일 여유가 생겨나고, 고통과 함께 살아갈 자기 나름의 방법을 개발하는 것도 가능하게 된다.

매사추세츠 대학의 스트레스 클리닉에서는 이러한 생각에 입각하여 병원의 '통증 클리닉pain clinic'과 연계하여 프로그램을 운용하고 있다. 통증 클리닉에서 의료 처치만으로는 나을 가망이 없는 사람들 가운데, 그래도 포기하지 않고 무엇인가를 하려고 하는 사람들을 대상으로 적극적으로 명상을 도입한 치료적 관여가 이루어지고 있다. 그 치료 성과의 소개에 따르면, 의학적인 '통증 척도'에서 측정된 만성적인 통증을 안고 있는 환자들 중 61%에서, 통증이 반감되었다는 결과도 보고되고 있다. 또한 그뿐만 아니라 치료 프로그램을 통해서 자기 신체에 대한 부정적인 견해도 단기간에 큰 폭으로 개선되었다고 한다.

병원의 통증 클리닉에서 표준적인 의료처지와 그것을 보충하는 이학요법적理學療法的 치료가 이루어지고 있는 42명의 환자를 대상으로 해서, 그 절반에게는 통증 클리닉과 병행해서 스트레스 클리닉의 명상 트레이닝을 실시한 연구 결과에 따르면, 명상을 계속한 그룹에서는 36%의 사람들에게서 통증이 개선되었음이 관찰되었지만, 나머지 절반의 그룹에서는 전혀 변화가 없었다는 보고도 있다.[84] 클리닉에서는 비록 어떠한 통증이라고 해도, 통증을 받아들이고, 통증에서 무엇인가를 배우고자 하는 자세가 있으면, 명상을 통한 접근방법은 커다란 효과를 발휘할 수 있다고 주장한다.

근래 이 스트레스 클리닉 이외에서도, 명상이 다양한 의학적 증상을 경감시키는 데 도움이 된다는 것을 실증하는 의학적 연구 보고도 늘어나고 있고,[127, 173] 더욱이 암환자의 심리적, 신체적 스트레스의 경감에도 유효하게 이용되고 있음을 보여주는 연구도 이루어지고 있다.[149]

4 말기의료의
##　　심리적 지지

　　　　　　　　　　　　암과 에이즈의 치료 등에서 뚜렷이 드러나는 말기의료는 현대의학이 직면한 최대의 난제이다. 그 병의 원인 해명과 치료약 개발을 목적으로 한 연구가 세계 각지에서 막대한 비용이 투입되면서 이루어지고 있음은 새삼 말할 필요도 없지만, 죽음을 선고받은 사람들에게는 지금 그 성공을 느긋하게 기다릴 시간이 없다.

　　이러한 상황에서, 종래의 의학적 태도에서는 볼 수 없었던 치료 접근방식과 과학적인 서양의학의 틀에서 배제되어 왔던 동양의 여러 의학과 이른바 민간치료와 전승치료라는 것들이 각광을 받게 되었다. 또한 종래의 서양의학에서는 생각할 수 없었던, 기적이나 예외로 밖에 표현할 수 없는 일들이 동양의학의 방법으로 치유되는 경우도 있음을 인정하게 되었다.

　　그러한 치료 가운데 하나가 바로 심리치료이다. 암에 대한 칼 사이몬튼[C. Simonton] 박사의 '이미지 치료[visualization]'[147]와 베니 시겔[B.S. Siegel] 박사의 '예외적 암환자'에 대한 꿈과 그림을 사용한 접근방법[146] 등은 이미 알고 있는 분들도 있을 것이다. 예를 들면, 자기 몸에 있는 암 세포에 대한 면역력을 높인 자신의 면역세포들이 암 세포와 싸워, 암의 근원을 제거한다는 이미지를 강하게 떠올리거나, 그러한 이미지를 그림으로 그리고, 또한 구체적으로 마음속으로 그려봄으로써 의학적으로 암이 줄어든 경우가 실제로 인정되고 있다.

　　이것들 역시 일종의 심리치료라고 할 수 있는데, 제4장의 이미지 치료에서도 말했듯이, 넓은 의미에서 일종의 명상이라고 생각할 수 있다. 실제로 이러한 종류의 시도를 명상이라고 부르고 있다. 근래 들어, 그러한 성과가 의학의 과학적 접근법에서도 주목받기 시작하여, 이러한 심리치료를 통해 면역이 높아지는 작용 등을 연구하는 '정신신경 면역학'과 '정신 종양학'이라는 새로운 학문으로 발전되고 있다.

그러나 많은 사람들이 이러한 노력에 기대를 걸고 있어도, 인간은 언젠가 죽음을 맞이할 존재라는 것은 움직이지 않는 사실이다. 말기의료의 중심 문제는 결국 인간이 직면할 수밖에 없는 죽음을 수용하는데 있어 의학은 무엇을 할 수 있는가라는 문제일 것이다. 최근에는 호스피스와 완화 케어, 정신적 케어spiritual care라는 말도 자주 사용하는데, 인간이 존엄을 잃지 않고, 생활의 질QOL을 유지하면서 죽음을 맞이하는 것이 지금 의료의 여러 문제 가운데에서도 가장 중요한 과제로 부상하고 있다.

죽음의 선고를 받은 사람들이 충격, 부정, 흥정, 분노, 억울함, 퇴행, 수용이라고 하는 심리 상태를 단계적으로 거친다는 것을 정리한 엘리자베스 퀴블러 로스E. Kubler-Ross의 연구[91]는 매우 유명하다. 현재 이 연구가 특히 중요시되는 이유는 말기의료에서 무엇보다 중요한 것은 병을 가진 사람들의 심리 상태를 정확히 아는 것이기 때문이다. 이 심리적인 단계적 변화는 반드시 순서에 따라 움직이는 것은 아니지만, 죽음에 직면한 사람들이 이러한 심리적 상태를 오가면서 죽음과 계속해서 싸우고 있다는 것은 사실일 것이다. 말기의료에 종사하는 의료인들의 일은 이러한 심리적 동요에 가장 최선이라고 생각되는 대처법을 찾아내어, 그 사람이 스스로 죽음을 분명하게 수용할 수 있도록 지원하는 것이다.

◉ 호스피스의 명상

호스피스 등에서는 이런 어려운 상황에서도 매일같이 헌신적인 노력이 펼쳐지고 있다. 그러한 노력을 원조하기 위해 요즘 명상이 점차 널리 이용되기 시작하고 있다. 구미에서 호스피스 등에서 일반 사람들이 자원봉사자로 활동하고 있는데, 이러한 심리적 원조활동에 종사하는 사람들도 드물지만 볼 수 있다. 명상은 실제로 이러한 자원봉사 활동에서 자주 이용되고 있다.

　미국에서는 말기환자들을 위해서 전문적으로 명상지도를 하는 조직이 이미 4반세기 가까운 역사가 있고 명상의 말기의료에 대한 응용도 다양하게 시도되고 있다. 그런 조직으로는 The Association for Death Education and Counseling[http://www.adec.org], ZEN Hospice Project[http://www.zenhospice.org] 등이 있다.

　미국에서 자원봉사활동과 워크숍 등을 통해서 죽음에 직면한 사람들의 원조활동에 오랜 기간 종사해 온 스티븐 레바인[S. Levine]은 그 활동에 적극적으로 명상을 도입한 인물 가운데 한 사람이다. 그의 저서 『위로받는 죽음』에는 말기의료에서 명상이 매우 유용하게 작용하는 모습을 자세히 묘사하고 있고, 풍부한 경험 속에서 활용된 많은 명상법이 구체적으로 소개되고 있다. 또한 그것들을 통해서 죽음을 수용한 사람들의 생생한 목소리도 많이 수록되어 있다.[99]

　죽음에 직면한 사람들의 의식에는 보통의 건강한 상태에 있는 사람은 상상조차 할 수 없는 복잡한 감각과 감정, 즉 엄청난 고통, 분노, 두려움, 시샘, 의심, 후회, 비탄, 죄책감, 자기불신과 같은 다양한 사고가 끊임없이 일어나 엄청난 충격을 주고 있음에 틀림없다. 레바인은 명상을 하게 되면, 그러한 다양한 감각과 감정, 생각들에 놀라지 않게 되고, 그러한 것들이 전개되는 모습을 있는 그대로 지켜볼 수 있게 되어 과거의 마음과 동일화되어 있던 집착에서 벗어나 전체 과정에 대한 보다 깊은 통찰, 즉 알아차림이 직접 체험된다는 것을 강조한다. 이것은 제4장에서 말한 명상에 의한 탈동일화의 과정에서도 확인된다. 죽음에 직면하게 되면 명상이 갖고 있는 본래의 목적, 즉 삶에 대한 깊은 통찰이 자연스럽게 이루어지게 된다.

말기 의료에 명상을 도입한 오스트리아의 의사 에인즐리 미아즈는 다음과 같은 자신의 경험을 말한다. "명상을 계속하는 동안, 불안의 경감과 병의 증상이 회복되는 예도 볼 수 있는데, 사실은 그것만이 아니다. 환자는 다양한 것, 특히 삶과 죽음이라는 중요한 문제에 대해서 감각적으로 이해하게 된다. 이것은 참된 이해이지만, 이런 종류의 문제를 지적으로 분석한 것과는 전혀 다른 것이다. 그것은 철학적 이해이면서, 동시에 언어가 갖는 논리적 의미를 초월한다. … 일반적으로 말하면 삶과 죽음은 어떤 근원적인 과정의 두 가지 다른 면에 지나지 않는다는 것을 직감적으로 알게 되는 것이다."[146]

5 심리치료의 보조
그리고 통합

명상이 심리치료에 응용된 것을 지금까지 살펴보았듯이, 명상은 스트레스의 감소나 불안, 통증 등의 경감, 말기환자들이 죽음을 수용할 수 있도록 도와주는 등 구체적인 목적을 가진 새로운 치료법으로 받아들여지고 있다. 그러나 명상의 본령은 아무래도 심리적 병이나 고뇌에 대한 일반적 심리치료에 어떻게 이용될 수 있는가에 있을 것이다.

이 점에 대해서는 제4장에서 명상의 구체적인 작용기능을 탐구하면서, 아주 약간이지만, 실제 응용사례에서도 다루었고, 또한 그 이용 가능성에 대해서도 고찰하였기에 반복하지 않기로 한다. 여기에서는 정리 차원에서 실제로 명상을 치료에 도입할 때 유념해야 할 몇 가지 기본적인 사고방식에 대해 말하고자 한다.

심리치료의 보조

명상에 대한 평가 가운데 가장 타당하다고 생각되는 것은 명상을 독립된 새로운 심리치료법이 아니라, 보조적인 것으로 평가하는 견해이다. 이미 몇몇 곳에서 소개했던, 명상 연구의 임상적 응용 분야에서 선구자적 존재인 정신과의사 아더 다이크만A.J. Deikman은 이 입장을 취한다.[48]

심리치료는 현대 사람들이 일상생활과 일에 지장을 초래하는 여러 증상에서 벗어나고자 할 때 가장 유용한 방법이다. 서양에서 생겨난 심리치료란 개인 욕구의 보다 나은 충족을 목표로 이루어지는 것이고, 그 사람이 스스로의 욕구에 어울리는 보다 효과적인 새로운 방식을 찾을 수 있도록 도움을 주고자 하는 것이다. 현대 심리학에서 명상의 치료 메커니즘이 어떻게 이해되었는지를 고찰한 앞 장의 내용을 보면, 명상이 현대 심리치료의 보조로서 유용하게 이용될 수 있는 가능성은 충분하다고 생각된다. 명상을 심리치료의 중요한 보조로서 접근하게 되면 이후 보다 다양한 가능성이 열릴 것이다.

심리치료의 기초

명상을 어디까지나 심리치료의 보조적인 것으로 평가하는 신중한 접근은 결코 경시되어서는 안 된다. 앞 장에서도 말했듯이, 현대에서 명상이 주로 정신분석적 방법들과 결합되면서 풍부한 결과물들이 나오고 있다. 이러한 경험에서 명상을 단순히 보조적인 것으로 평가하는 것에 그치지 않고, 심리치료의 도입에 유용한 것, 혹은 그 기초가 되는 것으로 보는 견해도 있다.[93, 94]

자기 마음을 관찰하는 것은 자신의 심리가 어떤 식으로 만들어지는가를 볼 수 있는 통찰의 획득으로 이어지고, 보다 커다란 책임감을 갖게 되는 것이기도 하다. 마음의 관찰에는 자신의 습관적이고 뻔한 반응과 행동의 한계를 알게 하고, 그 한계를 벗어날 수 있도록 도와주는 요소가 있다.

심리치료는 자기 자신을 알고자 하는 욕구를 갖게 하는데, 명상은 이러한 욕구를 더욱 더 자극하고, 심리치료의 치료과정을 더욱 강화시킨다. 명상에 의한 내적 성찰이 치료섹션 속에서만이 아니라, 예를 들면 집과 같이 치료실을 떠난 곳에서도 이루어지게 되면, 심리치료만으로는 충분히 이루어지지 않는 자기 탐구의 과정이 보다 심화되고, 치료의 질도 높아지게 된다. 그리고 명상과 심리치료를 병행함으로써 고통의 경감이 예상되고, 심리적 성장이 더욱 촉진된다. 이러한 견해에 기초한 이해에 따르면, 명상과 심리치료는 '기술적으로 양립할 수 있는 것이며, 서로 그 작용을 강화하는' 것으로 생각된다.

그러나 이러한 견해에는 반대의 의견도 있다. 명상의 목적은 본래 자기 혹은 자아라는 것이 환상에 불과한 것임을 자각하게 하는데 있는 것이기에, 자아의 발달을 촉진시켜 치료목적을 달성하는 심리치료와는 양립할 수 없는 것이란 의견이 그것이다.[34] 또한 심리치료와 명상을 결합시킨다면 결합에 앞서 우선 환자의 심리적인 발달 레벨을 주의 깊게 고려해야 한다는 의견과,[44] 심리치료와 명상의 결합은 중복적인 것이기에 필요 없다고 보는 견해도 있다.[178] 명상과 심리치료의 결합에는 이러한 부정적인 견해가 존재한다. 따라서 쉽게 양자를 결합시키는 것보다는 그 적응의 예와 방법에 대해서 신중히 음미할 필요가 있을 것이다.

그렇지만 명상과 심리치료의 특징에 대해 숙지하고 있다면, 양자의 결합은 단순한 결합이 아닌, 아주 유용한 것이 될 수 있다는 견해 역시 여전히 중요하다. 명상과 심리치료는 모두 인간의 건강과 행복을 향상시키는 데 유용한 작용을 하며, 또한 둘 사이의 차이를 명확히 인식할 수 있다면 각각의 특징적인 힘을 활용하여 양자를 통합, 목적을 달성할 수 있기 때문이다.

오랜 역사 속에서 면면히 이어져 온 전통적 영지인 명상을 충분히 활용하여 심리치료와 결합시켜 새로운 뛰어난 체계로 성장시키기 위한 노력은 이제 막 시작 단계에 불과하다.

6 명상의
함정

현대 사회에서 명상이 널리 알려지고, 실제 심리치료 현장에서 임상 효과에 대한 조사도 활발히 이루어지는 한편, 반대로 명상으로 정신의 상태가 나빠지거나, 실제 정신과 치료를 받는 사례까지 보고되고 있다. 명상을 통해 얻어지는 모든 체험에 대한 정확한 지식은 전문적으로 명상하는 사람들만이 아니라, 명상을 배우려는 사람들 그리고 명상에서 파생되는 여러 문제를 다루는 정신의료와 정신보건복지 전문가들에게도 필요하게 된 것 같다.

필자는 다양한 명상 경험을 갖고 있는 한 사람으로서, 여기에서 말할 것들이 반드시 자주 일어난다고는 생각하지 않지만, 명상을 심리치료로 이해할 때 꼭 알아두어야 할 중요한 내용도 많다. 여기에서는 다른 책[9]에서 기술한 내용과 겹치는 부분도 있지만, 명상을 하면서 일어나는 다양한 정신적 문제들을 정리하고자 한다.

사고와 감정의 범람, 지각의 변용

명상을 통해 내면에 주의를 기울이면, 끊임없이 의식에 떠오르는 생각과 감정의 정신적 내용들에 민감하게 반응하게 되는데, 그중에는 명상을 하는 당사자에게 커다란 충격을 주는 의식내용이 출현하는 경우도 볼 수 있다. 특히 명상이 상당히 진행된 단계에서는 지각知覺 면에 있어서도 다양하고 기묘한 변화가 나타나기도 한다.

다양한 감정들이 쏟아져 나와 갑자기 심한 절망감과 기쁨, 깊은 슬픔, 공포 등에 압도되는 경우도 있다. 또한 과거에 대한 후회와 회한,

미래에 대한 불안 등이 뒤섞여 감정이 제어되지 않거나, 또는 신체가 매우 커진 듯 느껴지거나 반대로 작아지는 듯 느껴지기도 하고, 몸이 돌처럼 무거워지거나, 하늘에 떠 있는 것처럼 가볍게 느껴지기도 하며, 앉아 있는 자신을 위에서 내려다보는 유체이탈과 같은 체험을 하기도 한다. 이와 같은 체험 가운데에서 가장 대표적인 것이 힌두교권에서 말하는 '쿤달리니 각성'이다. 이것은 돌발적으로 강렬한 신체적, 감정적 에너지가 솟구쳐 올라, 청각이나 시각적으로 다양한 환상 체험이 나타나는데, 때로는 그것들에 압도되어 정신의 컨트롤이 불가능하게 되는 경우도 보고되고 있다. 또한 참선 수행 전통에서도 힘든 수행의 과정에서 다양한 자율신경 실조증상과 환각 체험이 엄습하는 '선병'이라는 것도 알려져 있다.

　　이러한 다양한 현상은 어느 것이나 명상을 실천하는 도중에 일어나는 장해이고, 함정이 될 가능성이 있는 것들이다. 이러한 현상이 나타났을 때 크게 불안해하거나, 그러한 현상들을 판단하여 저항하려하는 것이 가장 좋지 않은 대응방법이라고 한다. 왜냐하면 불안으로 두려워하거나 저항하게 되면 오히려 그러한 체험에 깊이 이끌린 나머지 체험에서 벗어나지 못하거나 아니면 명상을 지속하기 싫어지기 때문이다.

　　명상 실천에서는 이러한 체험 내용을 관찰하면서도 결코 그것들에 과도하게 주의를 빼앗기지 않으며, 판단이나 사고를 하지 않고, 다만 그것들이 지나가는 대로 두도록 지도한다. 즉 이러한 경우에는 바른 명상법을 확실하게 익혀, 제자리를 찾아갈 수 있게 하는 것이 가장 중요하다. 그렇기 때문에 명상은 풍부한 경험자에게 배워야 한다.

현실과의 괴리

오랜 기간에 걸쳐 집중적으로 합숙할 때 특히 명상체험이 심화되고, 내면에 대한 의식의 집중이 깊어지게 되어, 외부 세계와 일상생활에서 의식이 멀어지게 된다. 그런 경우에는 다시 일상생활로 돌아오는 것이 곤란해진다. 현실적인 바른 인식기능이 약해져, 사고과정이 완만해지고, 자신이 무엇을 해야 하고 어디로 가야 하는지 좀처럼 판단하지 못하는 경우도 있다.

또한 현실사회에서 도피하려는 의도로 명상을 하는 사람들과 일상생활에서 부딪힌 어려운 문제를 초월적인 능력으로 해결할 목적으로 명상을 하는 사람들을 간혹 볼 수 있다. 그러한 경우에 그들은 명상 그룹이나 지도하는 사람에게 크게 의존하는 경향을 보이기 쉽다. 일단 그렇게 되면 현실생활에서 건전한 활동이 어려워지는 위험성도 있다는 것을 충분히 유념해 두어야 할 것이다.

신심信心에 내포된 함정

현대에서 명상은 종교와 별도로 이루어지는 경우가 많지만, 그래도 어떠한 형태로든 믿음[信心]을 갖고 집단 속에서 이루어지는 경우도 있음은 사실이다. 명상 자체에 문제가 있어서 일어나는 것은 아니지만, 믿음이 존재하는 집단 속에 잠재되어 있는 함정에 대해서 몇 가지 주의할 것이 있다.

우선 첫 번째로는 그 집단이 자신들의 신념이야 말로 유일 타당한 것이라고 주장하는 경우를 들 수 있다. 그들에게는 당연하겠지만, 그러한 태도는 자신들 이외의 다른 집단을 배척하고자 하는 자세로도 나타난다. 이러한 경향은 회사 등 일반 사회 속에서도 흔히 볼 수 있다. 만약 자신이 그러한 경향을 쉽게 보인다면, 우선 자신이 받아들일 수 없는 측면을 배제하려는 충동이 외부에서 기인한다는 가능성에 충분히 주의할 필요가 있다. 그리고 명상을 한다고 자신을 특별한 사람으로 생각하는 경우도 있을 수 있다. 고차원적 의식이나 초월적이라는 말에 혹하여 자신이 대단히 엄청난 것을 하고 있다고 착각하는 경우가 있다. 초월과 같은 것들은 명상의 부수적 요소들로 나약한 자신을 과대평가하기 위한 도구로 사용될 가능성이 있음도 충분히 주의해야 한다.

　뿐만 아니라 오늘날과 같은 환경에서 명상을 할 때는 이러한 외골수적 생각에 빠질 위험성에 주의하지 않으면 안되는 것들이 매우 많다. 오늘날의 명상은 종교와 관계없이 이루어지지만, 반대로 종교가 갖고 있던 전통이라는 든든한 틀을 상실함으로써 생겨나는 결점도 많다. 종교적 전통에서 갖고 있던 틀에서 명상을 하면 안전이 보장된다는 측면도 있다. 여하튼 오늘날 명상을 할 때는 그 이점과 결점에 대해서 분명히 의식할 필요가 있다.

지름길로서의 명상

　오늘날 서양에서 명상을 심리치료로 받아들이는 것은 일반적으로 널리 알려진 견해이다. 정신과 의사이자 명상 지도자인 잭 잉글러J. Engler는 "그 누구도 아닌 자기 자신이 되기에 앞서, 누군가가 될 필요가 있다."[55]고 말한 적이 있다. 잉글러에 따르면 현재 서양에서 명상을 배우려는 사람들에게는 자기 정체성과 자기 평가의 면에서 나약함과 왜곡을 지닌 사람들이 많이 보이고, 그들이 자신들이 갖고 있는 여러 문제들을 해결할 목적으로 불교와 명상을 지름길로 이용하려는 경향도 강하게 보인다고 한다.

만약 그러한 태도로 명상을 하면, 자기라는 것이 환상이라는 불교적 사고방식은 그 참된 의미를 잃어버린 채, 자신들의 미숙한 태도를 오히려 정당화하고 합리화하기 위한 도구로 전락되고 만다. 그렇게 되면 사회생활에 필요한 사회적 역할을 쉽게 포기하는 태도마저 생길 수 있다. 실제 오늘날 명상실천가들 중에는 −서양만이 아니라 일본에서도− 그러한 태도를 지닌 사람들이 많이 나타난다. 유감스럽게도 명상을 간판으로 내걸고 있는 일부 신흥종교들에 이런 사람이 모여서 여기에서 말하는 위험성들이 실제 노출되는 경향이 있다.

잉그라에 따르면 그러한 사람들은 아직 자신에게 필요한 인격발달을 갖추지 못한 사람들이고, 명상을 할 수 있는 단계에 도달하지 못한 사람들이다. 또한 앞서도 여러 번 언급했지만, 자신의 내면에 눈을 돌려서 자신의 사고와 감정과 감각에 주의를 기울일 때에는 때로는 필요상 억압되어 있는 내용들에도 주의를 기울이는 경우도 있으며, 그때 아픔이 수반되는 심리적 내용들이 떠오르기도 한다. 병리적 구조를 가진 개인의 경우에는 그러한 구조에 의한 것이긴 하지만, 종종 아픔을 견딜 만큼 충분히 강한 자아가 준비되어 있지 않은 경우가 있다. 그러한 경우 명상은 여러 가지 위험한 혼란을 초래할 가능성이 높게 된다. 이 점은 실제로 명상을 임상현장에 도입할 때 매우 중요하게 고려되어야 한다. 따라서 풍부한 임상적 경험이 부족한 경우에는 특히 신중한 태도가 필요하다.

이후 명상이 다양한 심리치료에 이용되게 된다면, 그 위험성을 충분히 고려한 다음에 응용되어야 할 것이다.

7　명상의 적응과
　　비적응

　　　　　　　　아마도 심리치료로서의 명상은 이후 다양한 곳에서 더욱 널리 활용될 것이다. 그러나 명상을 실제로 심리치료에 응용할 때에는 앞에서 말한 내용을 포함하여, 충분히 유념해야할 내용들이 꽤 많다. 또한 명상을 치료법으로 이용한다면, 모든 치료법이 그렇듯이, 그 치료법이 어떤 사람에게 유용하고, 어떤 사람에게는 적용해서는 안 되는지에 대해서도 생각해야 한다. 여기에서는 명상의 치료적 측면에 대한 마지막 결말로서 명상의 적응과 비적응의 문제에 대해서 다루어보고자 한다.

　　우선 처음에 심리치료가 그 대상으로 하는 병에 대해서 취하는 기본적인 사고방식에 대해서 말해 보자.

　　심리치료의 접근은 일반적으로 크게 두 가지로 구분될 수 있다. 하나는 지금까지 몇 번이나 예로 들었듯이, 무의식에 억압되어 있는 내용을 의식화하여 그것을 의식에서 받아들이는 것이 치료 작용을 갖는다고 하는 '억압 해제적 기법uncovering technique' 이다. 프로이트의 정신분석적 사고에 기반을 둔 것인데, '신경증 레벨'과 같은 대개의 심리적 병의 경우 기본적으로 이 방법을 취한다.

　　그러나 일반적인 신경증 레벨보다 심각한 장애로 간주되는 경계성 인격장애[境界例]와 같은 경우에는 이 억압 해제적인 방법이 오히려 유해하다. 왜냐하면 경계성 인격장애와 같은 병의 경우 억압 해제적 기법에 견딜 만큼 충분히 성숙된 자아가 형성되어 있지 않은 것이 첫 번째 문제이고, 그리고 아직 충분히 억압이 이루어지지 않은 내용들이 병을 만들어 내는 원인이라고 생각되기 때문이다. 이러한 경우에는 억압을 해제시키는 것이 아니라, 오히려 필요한 억압을 강화시켜,

자아의 구조를 분명히 만들어 내는 접근, 즉 구조구축적structure building 기법이 필요하다.

심리치료에서는 이렇듯 자아의 발달 단계를 충분히 고려하여 병리구조를 파악하면서 치료법을 선택해야 하는데, 명상을 심리치료로 응용할 때도 이 관점은 매우 중요하다. 명상의 치료적 메커니즘을 고려하면, 명상이 억압 해제적 기법으로 응용되거나 그 보조로 이용될 수 있는 가능성은 충분히 인정될 수 있다.

또 자아의 발달 단계가 신경증 레벨보다도 앞서 진행되어 있는 경우에는 명상이 유용하게 이용될 가능성이 충분히 있다.

그러나 종래의 심리치료에서 구조구축적 기법이 필요한 병의 경우에는 명상은 쉽게 적용되어서는 안 된다. 그러한 케이스에 적용되면 오히려 사태를 악화시켜, 혼란을 초래할 가능성이 크기 때문이다. 즉 명상은 경계성 인격장애와 자기애적 인격 등의 인격장애와 정신병에 대해서는 적용되어서는 안 된다. 그러한 정신병의 경우에 차분히 가라앉은 정신병 증상이 명상으로 인해 활성화된 케이스도 보고되고 있다.[160]

다시 말하지만, 명상을 치료에 응용할 때에는 다양한 함정이 있다는 것에 대해 충분히 알아두어야 한다. 명상을 실천하는 과정 속에는 다양한 정신적 혼란을 야기할 만한 위험성이 있다는 것과 때로는 종래의 의료와 심리치료로는 대처하기 어려운 경우도 있음이 보고되고 있다.[87] 앞으로 더욱 연구가 진행되고, 숙련된 명상 지도자들과의 대화와 교류도 활발히 이루어지는 것이 필요할 것이다.

06

알아차림의
심리학

- 심리치료의
  목표로서의 알아차림

- 알아차림과
  배려

- 배려를 어떻게
  회복할 것인가

- 깨달은 자들의
  가르침

- 자기의식과
  명상

- 공유공간에
  대한 의식

- 일상생활에서
  알아차림

불교를 배우는 것은 자기를 배우는 것이다.
자기를 배우는 것은 자기를 잊는 것이다.
자기를 잊는 것은 만법萬法을 증득하는 것이다.
만법을 증득하는 것은 자기의 몸과 마음
그리고 다른 이의 몸과 마음을
탈락시키는 것이다.

— 도겐道元 『정법안장』 현성공안

불교와 관련해서 특히 중요한 자기실현이라는 심리학적 개념에 대해서는 이미 여러 곳에서 언급했다. 여기에서는 불교와 선의 이해를 보다 심화시키기 위해, 자각self-awareness이라는 개념에 초점을 맞추어 검토하고자 한다. 이 개념은 이 책에서 제시하는 '불교심리학'을 이해하는 데 있어서 가장 중요한 개념이다.

알아차림은 주로 사회복지활동에 관련된 대인 원조활동을 하는 사람들이 적극적으로 도입한 말이다. 때문에 현재의 심리학과 정신의학에서는 그다지 익숙지 않은 표현일지도 모르겠다. 그러나 사회복지와 정신보건복지관계의 활동과 논문속에서는 비교적 흔히 사용되는 용어이다.

이 개념이 사용되게 된 과정을 되짚어 보면, 본래는 대인 원조활동을 할 때 일어나는 역전이●1의 문제 때문에 그 이론적 중요성이 강조되어, 주목을 모은 것이었다. 그러나 그 사용법은 시대의 변천과 함께 변화하였다. 그리고 현재에는 복지에 관련된 사람들이 원조활동을 할 때에 반드시 배워야 할 전문적 지식과 의식으로, 특히 현장 교육에서 중요하게 사용되는 용어로 넓은 의미로 혹은 본래의 의미로 이해되었다.[88] 이러한 흐름은 구미 역시 마찬가지로, 근래 사회복지활동에서 자각self-awareness의 중요성이 강조된 논문은 적지 않다.[37, 39, 132]

알아차림은 문자 그대로 자신을 자각하여 아는 것이다. 아주 간단 명료한 말이지만, 깊은 의미를 지닌 말이다. '자기에 대해 알아차리다' 혹은 '자기를 알다'라는 말은 전문용어로 사용하기에는 의미가 애매하다고 생각할지 모르겠다. 하지만 오히려 이 말은 누구나 쉽게 알 수 있다는 특징이 있기 때문에 전문용어로서도 충분히 중요성이 있다고 생각된다. 왜냐하면 이 말을 전문적으로 엄밀하게 의미를 규정하는 것보다도, 직감적인 전달력이 뛰어난 측면을 충분히 활용하는 것이 말의 의미를 생생하게 살릴 수 있기 때문이다. 이후로 이 말이 사회복지 관계만이 아니라, 다양한 활동과 학문의 장에서도 유용하게 널리 사용되길 기대해 본다.

▎ 심리치료의
목표로서의 알아차림

　　　　　　　　　　　　　근대의 가장 대표적인 심리치료법
이라고 하면, 프로이트의 정신분석과 로저스의 내담자 중심치료를 −
누구나가 알고 있는− 드는 사람이 많을 것이다. 이 두 가지 치료법은
조금 각도를 바꾸어 보면, 본질적으로는 '알아차림'을 목표로 한다고
이해하는 것도 가능하다. 우선 그들의 이론을 간단히 되짚어 보자.

　　로저스의 풍부한 임상경험에서 생겨난 내담자중심치료client centered
therapy의 생각에 따르면, 내담자는 유기체로서의 경험과 자기개념self-
concept이 일치하지 않기 때문에, 심리적으로 불안정하여 불안의 정도가
심하거나, 쉽게 상처받기 쉬운 상태가 된다고 한다.[129] 인간은 누구나
정도의 차이는 있어도, 정말로 경험하고 있는 것(유기체로서의 경험)과 자신
이 경험하고 있다고 생각하는 것(자기개념)과의 사이에 차이[gap]가 발생하
게 되는데, 이 차이가 크면 신경증적인 정신적 왜곡이 생겨난다. 그러
므로 이 차이를 알아차려(자기의 경험을 열어), 가능한 차이를 좁혀서 자기일
치self-congruence하는 것이 치료 목표라고 생각된다.

　　로저스가 말한 유기체로서의 경험은 실제 치료적 의미에 중점을
두면, 정신분석의 무의식에 상당하는 것이라고 이해할 수 있다. 그렇다
고 하면, 무의식의 의식화라는 정신분석의 기본적 치료원리는 유기체
로서의 경험을 알아차리는 것으로 고쳐 이해하는 것도 가능할 것이다.

　　이러한 현대 심리학 치료의 기초를 이루고 있는 가장 대표적인 두
가지의 치료법이 알아차림 즉 자신을 자각하여 아는 것을 기본 원리로
삼고 있다면, 심리치료는 일반적으로 말해서 이 자각 self-awareness을 굳
건히 하는 것이 목표라고 할 수 있다.

　　당연하지만 심리치료는 심리적인 병이나 번민을 해결하는 것이

다. 즉 심리치료의 목표는 어디까지나 증상의 해소와 번민의 해결이다. 그러나 그때 이루어지는 것은 알아차림을 공고히 하는 것이고, 이 과정에서 많은 심리치료가 갖고 있는 공통점을 볼 수 있다.

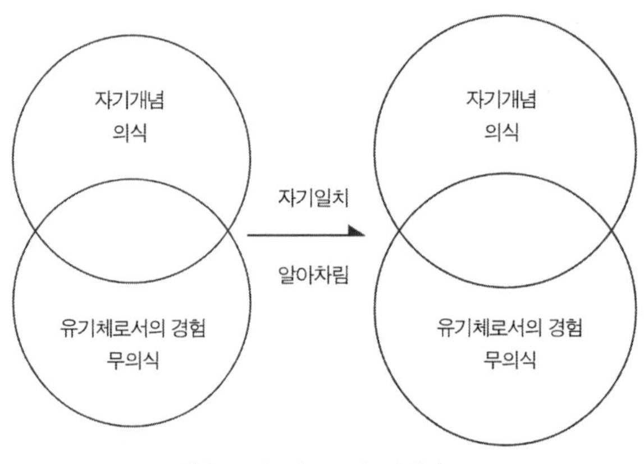

그림 2 _ 로저스와 프로이트의 개념

알아차림의 심리치료

현대 심리치료가 추구해야 할 참된 치료 목표는 바로 자각self-awareness이라고 선언한 심리치료체계가 있다. 정신과 의사 프리츠 펄스가 미국에서 발전시킨 게슈탈트 치료가 그것이다.

이 치료체계에서는 내담자의 자각awareness을 공고히 하는 것이 무엇보다도 중요하다고 하며, 치료자의 노력은 끊임없이 그 과정을 적극적으로 촉진시키고, 끌어내는 것에 집중된다. 그리고 그를 위해서는 종래의 심리치료에서는 생각하지도 않았던 치료적 개입방법이 다양하게 고안되어 사용된다.

치료적 개입방법은 시기에 따라 실로 다양하게 구사되기 때문에 하나의 기법으로 간단하게 정리하여 기술할 수는 없지만, 펄스가 기록한 다음의 기술을 통해서 그 기본적인 내용을 이해할 수 있다.

> 치료의 처음부터, 또 치료 중에서도 계속 내담자에게 권하는 실로 간단한 표현이 있다. 그것은 '지금 나는 ～을 알아차리고 있습니다.'라는 말이다. 이것은 간단한 언어상의 문제가 아니라, 게슈탈트 치료의 정신, 사고방식이다.[122]

펄스가 이러한 방법을 사용하게 된 것은 종래 서양의 심리치료로는 결코 만족하지 못했기 때문이었다. 펄스의 견해에 따르면, 내담자는 모두 과거의 '미해결된 과제unfinished bussiness'들을 질질 끌고 다니는데, 그것들은 치료의 장소에서 단지 서로 이야기하는 것만으로는 의미가 없다. 종래의 심리치료에서는 과거의 기억과 정신적 외상trauma을 서로 이야기하는데, 그것들은 어디까지나 과거의 것을 이야기할 뿐이다. 그러나 내담자들은 그것들을 의식할 수 없어서 그것들을 질질 끌고 다닌다. 즉 '현재를 산다'는 것이 불가능하다. 그럼으로 그것들은 실제로 '지금-여기'에서 체험되고(알아차리고), 현재의 문제로서 취급되어야만 치료적 의미를 갖는다. 그 알아차림을 얼마나 공고히 하는가에 치료의 본질이 걸려 있는 것이다. 펄스는 알아차림의 자각에 대해서 이렇게 말한다.

> '자각'이란 것은 지적이고 의식적인 것이 아니다. 말과 기억에 의한 '～이었다'라는 상태에서 바로 지금 계속되는 경험으로의 이동이다. 내담자가 과거에 잘 처리하지 못했던 것과 잃어버린 것이 아니라, 현재를 살아가는 방식에 대해서, 우리들이 하고 있듯이 일을 하고 있다고 '알아차리는' 것은 내담자와 치료자 쌍방에게 내담자가 안고 있는 문제의 모습을 명확히 해준다. '자각'은 항상, 현재에 일어나는 것이고, 행동으로 옮겨질 가능성을 여는 것이다. 틀에 박힌 것과 습관은 학습된 기능이다. 그것을 바꾸기 위해서는 항상 새로운 알아차림이 요구된다.[122]

이렇게 펄스의 접근법은 치료 장소에서 '지금-여기'의 자각을 가장 중시한다. 왜냐하면 내담자는 그것을 통해 비로소, 자기 자신의 문제를 받아들이고, 그것을 마주하게 되기 때문이다. 만약 내담자가 자기 자신과 자기의 생각과 언어와 행동에 이르기까지 정말로 세세한 내용을 알아차릴 수 있게 되면, 본인이 얼마나 많은 문제를 일으키고 있는지, 현재 문제의 핵심은 무엇인지, 어떻게 하면 좋을지를 알게 되고, '지금-여기'에서 자기 문제를 스스로 다룰 수 있게 된다. 문제를 하나하나 극복할 때마다, 그 다음 문제는 더 쉬워지고, 자신을 지지할 수 있는 힘은 더욱 커지게 된다.[122]

게슈탈트 치료에서는 이 자각을 촉진시키기 위해서라면, 때로 감정을 크게 흔드는 공격적인 언동도 마다하지 않는다. 정말이지 장렬하고 지난한 싸움이 벌어지는 경우도 종종 있다. 자각이라는 계기는 그 정도의 노력을 기울여야만 겨우 얻을 수 있는 어려운 과정이고, 또 그 정도의 노력을 해서라도 얻어야만 하는, 중요한 것이라고 할 수 있다.

그러나 팔레스의 경우에는 너무나 서양적 접근법이라고 간주되는 특징이 뚜렷하게 나타나 있다. 실제로 게슈탈트 치료는 일본인의 성격에는 맞지 않는다는 평가도 있다. 역시 그러한 접근법은 이른바 동양적인 심성과는 양립하지 않는 것일지도 모른다.

그렇지만 심리치료에서, 혹은 인간에게 자각self-awareness은 서양 심리치료 문화보다 훨씬 이전부터, 실은 동양의 ^(심리치료적) 전통문화에 오래 전부터 전해져 온 것이 아니었는가. 우리들은 그 귀중한 전통적 지혜를 마치 문화유산처럼 박물관에 넣어 두었던 것이다. 풍속화의 가치가 서양인의 눈을 통해 평가되어 현대에 되살아난 것처럼, 알아차림 또한 서양인에 의해 되살아난 것은 아닐까.

2 자기의식과
    명상

　　　　　　　　　　　　　　지금 말한 동양의 귀중한 문화유산
이 명상이다. 동양에서는 서양적인 치료문화와는 본질적으로 다른 각
별한 치료문화가 성장해 왔다. 이미 여러 번 말했듯이, 불교 전통이 일
종의 심리치료적 체계로 활용될 수 있다고 하면, 불교에서 중요하게 전
승되어온 명상은 알아차림을 위한 뛰어난 기법으로서 새로운 모습을
보여줄 것이다. 일본에서 아름다운 꽃을 피운 선의 본질은 기사구명己
事究明을 취지로 하는 것이다. 기사구명은 문자 그대로 자신을 아는 것,
자신을 궁구하는 것, 즉 알아차림을 거듭 쌓아서 계속하는 것과 같다.

　　펄스는 그의 만년에 선에 강한 관심을 보였는데, 그것은 매우 자
연스러운 과정으로 이해할 수 있다. 펄스가 남긴 뛰어난 통찰 중에는
"주의를 일정한 곳에 머물게 하는 것은 자기와 접촉하는 첫걸음이 된
다."[122]는 말도 보인다. 이 말에는 이미 명상으로 이어지는 통로가 확실
하게 열려 있다고 볼 수 있다.

　　명상과 선의 전통은 현대 서양의 치료문화가 도달한 알아차림의
문제를 서양과는 다른 방법으로 해결하고자 한 동양의 독특한 치료문
화라고 간주될 수 있다. 그것은 예부터 종교라는 전통문화 속에서 소중
하게 지켜져 온, 동양적 영지의 결정이었다. 그것은 오늘날 서양의 심
리치료가 발전하여 생겨난 새로운 문화적 관점에서 그 위대한 가치가
재평가될 날을 맞이하고 있다.

　　이미 현대 심리치료에서 다양한 방식으로 명상을 응용하려는 실
험적 시도가 수없이 이루어지고 있음은 앞 장에서 소개했다. 그 성과가
열매를 맺기 위해서는 동양과 서양의 치료문화가 다양한 측면에서 융
합해 가야 한다. 그것이 우리들에게 남겨진 가장 커다란 과제이다. 그

렇지만 지금 우리들에게 그것이 비록 일본의 전통적 문화라고 해도, 선과 명상은 -서양인과 마찬가지로- 전혀 새로운 문화로서 눈앞에 나타나 있는 것이며, 이제 막 그 탐구의 입구에 선 것에 지나지 않는다. 이제 우리들의 발밑에 있으면서도 지나쳐 버린 소중한 정신문화의 전통에 한발 한발 다가가면서, 선인들이 남긴 유산을 발굴해 가는 작업이 필요하다.

3 알아차림과
배려

알아차림 즉 자기 내면을 자각하는 것, 그것은 사고를 통해 개념적으로 아는 것이 아니다. 그것은 열심히 생각한다고 되는 것이 아니다. 또 의식적으로 아무리 노력한다고 해서 얻어지는 것도 아니다. 오히려 이 의식적으로 생각하고자 하는 것과 힘을 문득 내려놓을 때, 알아차림이 가능해진다.

내면을 알아차린다는 것은 의지와 생각보다도 고통과 나른함 등의 신체적 감각에 오히려 가깝다고 말할 수 있다. 그 의미에서 알아차림은 자신이 의식할 수 없었던 세세한 감각을 민감하게 파악하는 능력을 가리키는 것으로 일종의 통찰력이라고 부르는 편이 정확한 표현이다. 즉 알아차림을 깊이 한다는 것은 통찰력을 키우는 것이며, 그것은 한 순간 한 순간의 행동에 보다 세세한 주의를 기울일 수 있는 능력을 키우는 것을 의미한다.

잠시 자신을 돌아보면 알 수 있을 터이지만, 우리들의 의식적 주의는 거의 대부분이 외부에 보이는 것과 귀에 들리는 소리를 향해 있다. 우리들의 일상생활은 그러한 외부로부터의 자극과 정보에 끊임없이 노출되어 있고, 거기에 꼼짝없이 못박혀 있다고도 말할 수 있을 것이다. 그러나 내면을 알아차리는 것은 그것과는 전혀 다른 의식적 주의를 통해 이루어지는 것이다. 우리들은 살아 있는 한, 외부의 현상과 많은 자극에 노출될 수밖에 없는데, 단순하게 외부의 현상을 보거나 듣거나 할 때에도 내면에서 생겨나는 감각이 있다. 우리들은 보통 그 내면에서 일어나는 것을 거의 보지 못한 채, 완전히 외부 대상에 사로잡혀 살아가고 있다.

예를 들면, 지금 눈앞에 숲 속의 나무들이 보인다고 하자. 눈에 비치는 것은 사진처럼 아름답게 보이는 나무들의 외관과 풍경이다. 그러나 거기에서 아주 조금만이라도 의식을 내면으로 향해 보면, 그 나무를 보면서도 자신 안에서는 다양한 감각이 생겨나고 있음을 알 수 있다. 나무의 모습이 아름답다, 나무 사이를 지나가는 바람 소리가 기분 좋게 느껴진다, 햇빛에 눈부시게 빛나는 나뭇잎에서 부드러운 따스함이 되살아난다, 그 생기발랄한 엷은 초록빛에는 햇빛을 받고 있는 순수한 기쁨과 건강함이 느껴져 반갑다 등등. 실제로 이러한 것들은 명확하게 의식되지 않고, 말로 표현할 수 없는 것이지만, 나무를 보는 순간 모든 것을 온 몸으로 느끼는 것이다.

그러나 일상생활 속에서는 방금 전에 말한 것과 같은 자신을 보는 일은 거의 없다. 자신을 바라보지 못하면 감각들은 언제나 봉인된 채로 남게 된다. 그러한 감각들은 세세하게 주의를 기울여 의식되는 일 없이, 그저 눈앞에 보이는 일을 처리하느라 바쁜 일상을 보내고 있다.

이것은 사물을 보았을 때, 들었을 때, 사람과 만났을 때 등 생활 속에서 언제나 일어나고 있는 것이다. 사람과 만났을 때, 우리는 그 표정과 말에서 여러 가지를 이해한다. 그리고 그 이해방식에는 깊이가 있다. 사람의 말을 들으면, 그 말의 의미가 이해되는데, 그때 그 말에는 다양한 표정이 있다. 예를 들어 '안녕하세요'라는 말을 듣고, 거기에서 따듯함, 차가움, 일견 밝지만 어딘가 그늘이 있다고 하는 것만이 아니라, 이 사람은 어디 건강이 나쁜가, 뭔가 떳떳치 못한 것이 있나, 게다가 과거에 이런 일을 해온 사람은 아닐까, 이런 인생을 살아온 것은 아닐까 등이 문득 느껴지는 경우도 있다.

물론 그것들은 주관적인 생각에 지나지 않는다고 말할 수 있고, 실제로 전혀 맞지 않는 경우도 있을 수 있다. 하지만 우리들은 그 만남의 한 순간에 (그때에는 의식할 수 없는 것도 포함하여) 다양한 의미를 이해하게 되고,

그 이해에는 깊이가 있게 마련이다. 그것은 결코 의식적으로 생각해서 알게 되는 것이 아니다.

다만 무자각적으로 일상생활을 보내고 있을 때, 자기와 내면은 간단하게 간과되어 표면적인 감각에 사로잡혀 세월을 보내게 된다. 그 깊숙한 곳에 있는 보다 깊은 감각은 자각되지 않은 채 잠자고 있다. 그것을 알아차리기 위해서는 습관화되어 있는 일상적인 의식적 주의의 존재방식을 바꾸지 않으면 안 된다. 그것은 결코 쉬운 일이 아니다. 그렇기 때문에 우리는 훈련이나 수련이 필요한 것이다.

조금씩이라도 좋다. 그러한 내면을 이해하는 자신을 보는 훈련을 쌓아가다 보면 어떤 힘 즉 통찰력이 생기게 된다. 무엇을 배우든지 노력과 훈련이 필요하다는 것은 누구나 알 것이다. 선과 명상은 매우 전문적인 훈련이지만, 그렇다고 반드시 배워야 하는 것은 아니다. 그렇기에 더욱 많은 노력과 훈련이 필요하다. 일상생활을 하면서 조금씩이라도 명상을 해 보는 것은 누구에게나 가능하다. 그러한 자세만 있다면 특별한 훈련을 하지 않고도, 많은 것을 배울 수 있는 다양한 기회를 갖게 될 것이다.

친구가 자신의 결점을 적나라하게 지적해서 충격적으로 자신을 알게 되는 경우도 있다. 심리치료를 받아서 알게 되는 경우도 물론 있다. 또한 홀로 있을 때에 자연스럽게 자신을 반성함으로써 의식하고 있지 않았던 깊은 감각을 문득 알아차리는 경우도 틀림없이 있다. 그렇게 생각하면, 사람과 교류하는 매일의 생활은 모두 알아차림을 키우고 배우는 장소가 된다. 심리치료와 대인원조활동 등에 종사하는 것은 ―그런 눈만 있다면― 알아차림, 즉 자기의식을 보다 깊게 할 수 있는 절호의 장소라고 말해도 좋다.

4 공유공간에
대한 의식

내면을 향한 섬세한 주의력을 지닌 의식이 자라나면, 지금 여기에서 일어나고 있는 많은 감각에 대해서 민감한 감성을 갖게 되고, 그 곳에서 일어나고 있는 현상에 대한 깊은 이해능력, 즉 통찰력이 생겨난다. 다른 사람과 만날 때, 매 순간 일어나는 일들을 명확히 이해하여 자신을 보는 능력을 소중하게 키워 가면, 자연스럽게 이전보다 깊은 통찰력을 갖게 될 것이다. 배려는 이런 능력에 기반을 둔 심리와 태도를 가리키는 말이다. 그것은 문자 그대로 '생각을 베푸는 것'이다. 그곳에서 일어나고 있는 많은 내면의 감각들에 섬세하게 주의를 주는 것, 즉 그것들에게 생각을 베푸는 것이다.

눈앞에 있는 사람이 실제 어떻게 느끼고 있는지는 그 사람이 아니면 알 수 없지만, 그 당사자가 모르는 것을 다른 사람이 느끼고 이해하는 경우도 많이 있다. 만남 속에서 일어나는 일들은 결코 개개인의 피부 속에 갇혀 있지 않다. 왜냐하면 그것은 사람과 사람 사이에 있는 '공유공간'에서 일어나고 있는 일이기 때문이다.

통찰력은 그런 '공유공간에 대한 의식'의 깊이를 나타내는 것이고, 그 정도가 배려의 깊이다. 따라서 만약 배려를 이렇게 이해한다면 나무에 대한 배려, 공간에 대한 배려, 벽에 대한 배려, 의자에 대한 배려도 가능할 것이다.

거기에는 공유공간이 있다. 나무와 자신과의 공유공간, 그것에 대한 의식에는 깊이가 있다. 그 의식이 보다 깊어지면, 나무에 대한 배려가 깊어진다. 내가 그곳에서 나무의 소리를 들으면, ─나무에 대한 통찰력을 키워 본다면─ 나무에게 해서는 안 되는 것과 해야 할 것 등이 저절로 보이게 될 것이다. 그리고 자신과 나무의 공유공간은 틀림없이 자신과 자연, 자신과 사람, 자신과 세계, 자신과 지구로 점점 넓어지게 될 것이다.

　여기에서 주의해야 할 것은 '공유공간에 대한 의식'을 '본다'는 작업은 타자와 상대에게 의식을 향하게 하는 것이 아니라는 것이다. 보통 배려라고 하면, '타자의 기분이 되어 보거나' 혹은 '타자의 입장이 되어 생각해 보는 것'이라고 흔히 말하지만, 배려는 타자에게 단순하게 '생각을 베푸는 것'이 아니다. 상대만을 보면, 거기에는 쉽게 '동정'이 생겨나게 된다. 그러나 동정은 배려와는 전혀 다른 것이다. 배려는 상대의 기분이 되어 보는 것이 아니라, 상대를 통해서 생겨나는 자신의 내면에 '생각을 베푸는 것'이다.

　간단히 말하면, 배려는 '공유공간에 대한 의식'이다. 따라서 그 의식이 충분히 깊어지게 되면, 자연히 '예의'가 생겨난다. 그 의미에서 배려는 예의라고 말할 수도 있다. 공유공간에 있는 자, 즉 장소를 함께 하고 있는 자와의 사이에서 '생각을 베푸는 것', 그것이 태도로 나타나는 것이 예의이다. 그것은 눈앞에 있는 사람만이 아니라, 멀리 떨어져 있지만 같은 공간에 살고 있는 사람들, 나아가 동시대를 살아가는 사람 모두에게 적용된다. 더욱이 그것은 자연이나, 지구에 대해서도 적용되는 것이다. 그러므로 이렇게 말할 수도 있을 것이다. 예의가 없는 사람은 배려가 없는 사람이다. 배려가 적은 사람은 이웃만이 아니라, 지구에 사는 사람들 그리고 지구환경에도 예의가 부족하다고. 즉 배려가 없는 사람은 무엇에 대해서도 예의를 갖추지 않는 사람이다, 즉 '실례'하는 사람인 것이다.

　배려와 예의 두 가지는 어느 쪽이 먼저고 어느 쪽이 나중에 나온 것이 아니다. 따라서 만약 통찰력이 충분히 갖추어지지 않는다면, 먼저 예의라는 형식을 배워, 배려를 갖추는 것도 가능할 것이다. 그렇게 생각하면, 예의^(의 형식)와 인사가 무엇보다도 중요하다고 한 옛날 교육은 - 지금은 폐지된 것과 같지만- 배려를 전해 준 뛰어난 문화임에 틀림없다.

　　사찰에서 이루어지는 운수 수행생활은 무엇보다도 우선 이 예의를 배우는 것에 중점이 있다. 그것을 일정 기간 집중함으로써, 바로 배려를 몸에 익히는 훈련, 그것이 수행생활의 의미에 포함된 중요한 요소 가운데 하나일 것이다. 그렇게 생각하면, 수행기간의 집중적인 훈련도, 결코 스님이 되고자 하는 사람들만의 것이 아니라, 많은 사람들에게 의미 깊은 훈련이 된다.

　　배려는 말처럼 쉽게 갖추어지는 것이 아니지만, 결코 불가능한 것은 아니다. 날마다 반복적으로 마음가짐을 다잡고 훈련을 함으로써, 배려는 갖추어지고 깊어져 가는, 상대를 대하는 능력인 것이다. 다만 배려가 전혀 없는 곳에서는 아무리 의식적으로 노력한다고 해도 쉽사리 갖추어지는 것은 아니다. 늑대 무리 속에서 자란 인간은 결국 인간으로서의 능력을 갖지 못했다. 배려를 전해 준 뛰어난 문화가 지금 저 구석 한편에 버려져 있다면, 그 문화에 있던 귀중한 가치를 현대인이 충분히 납득할 수 있는 형태로 끄집어내는 시도가 필요할 것이다.

5 배려를 어떻게
회복할 것인가

제2장의 '기원과 자애'의 절에서, 요즘 일본의 청소년에게 배려의식이 쇠퇴하고 있다는 심리학적 연구를 소개했다.[111] 이것은 사실 요즘 어른의 문제이다. 이 결과는 분명히 현대 일본이 안고 있는 커다란 결함을 드러낸 것이고, 이후 모든 일본인이 심각하게 받아들여야 할 중대한 문제가 될 것이다. 이미 앞서 다루었지만, 이 문제는 현대를 사는 우리에게 매우 중요한 것이다. 여기에서는 자기각지와 관련하여 다른 각도에서, 현대 사회가 '어떻게 배려를 회복할 수 있을까'라는 문제를 다시금 생각해 보고자 한다.

많은 연구에서 보이듯이, 배려 의식은 태어날 때 갖추어지는 것이 아니라, 태어난 후 경험을 통해 획득되는 것이다. 따라서 선행 연구들에서는 특히 학교교육이 담당해야 할 역할의 비중이 매우 크다는 것을 지적하면서, 그 변화의 필요성을 강조해서 말하고 있다.[111]

그러나 아무리 배려의식이 희박하게 되었다고 해도, 그것은 과연 학교에서 배워야 할 것인가? 또 가르칠 수 있는 것일까? 라는 의문 또한 자연스럽게 생기지는 않는가. 이 문제가 어른을 포함한 사회와 문화 전체의 문제라면, 근본적으로는 역시 배려에 관한 그 나라의 정신문화에 변화가 생겨야만 한다. 현대사회에서 한 나라의 문화에 영향을 주는 것으로는 현재 급속히 진행되고 있는 세계화Globalization의 파도가 가장 클 것이다. 이것은 역시 그 시비를 물을 사이도 없이 정말이지 빠른 스피드로 정신없이 밀려오는 변화이다. 그것은 교육을 포함한 한 나라의 문화를 삼켜 변용시키는 힘을 갖고 있다.

개인들의 소외감이 조용히 퍼져가고, 한편으론 과학주의와 합리주의의 영향으로 잃어버렸던 내면에 눈을 돌리기 시작한 마음의 시대.

물질의 풍부함보다도 마음의 풍부함이 중요하다는 것을 인식한 현대인은 자기실현과 기아문제 등 어려운 문제에 늘 칼을 겨누고 있다. 우리들은 그 엄청난 고통의 경험 때문에, 슬픔을 공유하는 의식을 심화시키면서, 개인성을 초월한 보다 넓은 자각에 대한 용기를 키우기 시작한 것은 아닐까. 이러한 현대적 문제는 모두 배려와 깊이 연결되어 있을 것이다.

　　세계화가 직접 배려의식을 고양시키지는 않지만, 그것을 통해 보다 넓은 세계적 시야를 갖게 된 사람들이 늘어간다면, 지금 말한 배려에 관한 현대인의 의식변화를 더욱 적극적으로 평가하고, 시대가 나아가야할 중요한 방향성의 하나로 강조하여 이끌어 내고, 인식하는 노력이 이루어져야 하지는 않을까 생각한다.

　　자기실현에 다가가서 알아차림이 깊어지는 것은 바꾸어 말하면 배려가 고양되는 것을 가리키는 것이다. 그것은 현대인이 지금 만들어 내고자 하고 있는 세계적 규모의 정신문화가 나아가야 할 방향성인 것이다. 현대사회는 과거에는 생각할 필요조차 없었던 지구환경의 문제를 누구나 심각하게 의식하고 행동할 것을 요구하고 있다. 실제 환경문제를 심각하게 받아들이면서 학문적으로 그러한 제언을 하고 있는 사람들도 자기실현과 불교에 대해 큰 관심을 보이고 있다. 그런 까닭에 이 책에서 다루는 동일화의 개념이 필요불가결한 중요한 개념으로 사용되는 것이다. 이 동일화가 다른 사람, 생물 그리고 한 생명과 지구라는 존재로까지 넓어질 가능성에 대한 여러 주장들이 나오는 것이다. 딥 에콜로지Deep ecology라는 현대 환경운동 사상의 리더인 아르네 네스[전 오슬로대학 철학 교수]의 말에서 그 대표적인 내용을 볼 수 있다.

인간은 성장하면서 자기와 다른 존재를 동일화하는데, 그것을 통해 자신을 넓히고 또 깊이를 심화시켜, 타자 속에서 자신을 본다`는 것이 가능해진다.

이러한 사고방식에서 사용되는 '자기실현'은 현재 '동일화'하고 있는 '자기'를 넓혀 가는 것이고, 개개의 동물, 그것들의 집단, 생태계 그리고 이 너무나도 아름다운 행성 −지구에 대한 '동일화'를 심화하는 것이다. 네스가 말하고 있는 것이지만, 인간은 건전하게 성장하고, 사회적 '자기'가 충분히 성장하면, 커다란 케이크를 혼자서 차지하려고 하지 않는다. 아주 자연스럽게 친구나 가까이 있는 사람들과 케이크를 나누고자 한다. 우리들은 이 상처 입은 지구에 살고 있는 모든 생명과 이렇게 나누어야 할 것이다. 그리고 '자기'가 넓어지고 깊어지면, 자연스럽게 '연민'과 '배려'라는 자세가 생겨나게 된다. 원시 자연을 보호하는 것이 자신을 보호하는 것으로 인식되고, 또 그렇게 느끼기 때문이다.

　　이러한 동일화에 대해서는 매슬로우A. Maslow도 역시 인류 전체와의 동일화라는 말로 자기실현과 자기초월을 설명하고 있다.

> 애정의 동일화도 일종의 초월이다. 예를 들어 자기 아이라든가, 친애하는 친구에 대한 애정이다. 즉 이타주의이고, 이기적인 자기의 초월이다. 이것 또한 보다 넓은 범위의 동일화를 나타내는 것이다. 즉 이전보다도 훨씬 많은 사람들이 모든 인간과 가능한 최대한으로 동일화를 이루려고 한다. 이것은 자기가 보다 포괄적인 존재가 되는 것이다. 여기에서의 한계는 인류 전체와의 동일화에 다다르는 것이다. 내면 심리적, 현상학적인 견지에서 말하면, 자아는 형제의 일원이기도 하고, 인류에 속하는 것으로 경험되는 것이다.[102]

이 진술에는 현대인의 자기 동일화에 대한 반성이 포함되어 있다. 인간이 갖는 뛰어난 심리적 능력인 동일화는 그 본래의 능력을 발휘해서, 더욱 더 유용하게 사용될 필요가 있다. 환경문제나 지구의 상태에 분명한 관심을 가질 때, 그때 자신 속에서부터 자연스럽게 배려와 연민의 마음이 일어나는 것은 아닐까. 환경문제, 즉 지구의 참상은 지금 마치 교사나 심리치료가와 같은 역할을 갖고, 우리들에게 철저한 반성을 재촉하고, 우리들 한 사람 한 사람이 보다 깊은 배려에 눈뜨도록 이끌고 있는 것처럼 생각된다.

세계화는 일견 그 나라 고유의 문화를 희박하게 즉 세계 표준화에 맞게 만드는 것으로 보이지만, 그것은 또한 자국의 문화에 새로운 자극을 주는 긍정적인 측면도 갖고 있다. 수차례 강조해서 말했듯이, 일본의 경우 그 방향성은 불교적 정신을 그 기반으로 갖는 전통적인 배려의 문화, 연민의 문화에 대해 새로운 측면에서 보는 것으로 이어져야 할 것이다. 배려의 회복에 정신문화 전체의 질적인 변화가 중요하다면, 여기에서는 그 계기가 될 커다란 가능성을 볼 수 있다.

현대 서양 선진국에 퍼지고 있는 불교와 명상에 대한 높은 관심은 환경문제에 대한 관심의 성숙으로 이어져 현대인의 마음의 행방을 나타내는 대표적인 움직임의 하나로 이후 더욱 커다란 흐름을 만들어 갈 것임에 틀림없다. 왜냐하면 이 움직임은 현대라는 특유의 시대적 배경에서 솟아난 것이기 때문이다. 여기에서는 현대를 살아가는 사람들의 마음이 그 잃어버린 균형을 회복하고자 하는 보상적인 움직임으로 나타나고 있다고 볼 수 있다. 제3장에서 말했듯이, 불교가 본질적으로 추구하는 목표는 배려와 연민을 되찾아 키우는 것이다. 그것은 현대인이 집합적으로 추구하는 마음의 행방과 그 근저의 흐름에서 깊이 서로 공명하고 있는 것이다.

이러한 상황 속에서 명상에 대한 관심은 과학적인 태도 즉 실험정신을 견지하면서 현대인의 건강과 자기실현을 추구하는 것이다. 명상이 그것을 달성하기 위한 기술로서 간주될 수 있다면, 그것은 또한 알아차림을 심화하는 기술로서도 현대인에게 중요한 의미가 있을 것이다.

6　일상생활에서
　　알아차림

　　　　　　　　　알아차림이라는 자세는 명상을 통해 길러지는 것이지만, 일상생활에서 활용되지 않으면 의미가 없을 것이다. 여기에서는 명상을 통해 이루어지는 심리 훈련이 얼마나 일상생활에서 의미를 가질까라는 관점에서, 지금까지와는 다른 각도에서 명상과 알아차림의 의미를 생각해 보고자 한다.

　　이미 배려란 공유공간에 대한 의식이고, 그것은 통찰력이라고 할 수 있음을 말했다. 명상은 이 의식을 보다 깊이 있게 기르는 것을 목적으로 해서 끊임없이 '자신을 보는', 즉 '자신이 무엇을 하고 있는지'에 주의를 기울이는 훈련이다. 단 이 훈련은 결코 훈련을 위한 훈련이 아니다. 그것은 그 자세를 일상생활에서 활용하고, 몸에 익히기 위한 것이다. 명상은 이런 이유에서 알아차림을 추구하는 사람들에게 특히 중요한 것으로 여겨진다.

　　명상을 해보면, 자신의 주의가 무엇을 향해 있는지 알 수 있다. 떠올랐다가 사라져 가는 수많은 생각과 감정, 주위의 다양한 소리와 냄새, 온몸의 여러 곳에 있는 신체의 감각 등, 주의는 차례로 어떤 대상을 향해 가면서 옮겨간다. 그것을 다만 가만히 '보는' 것이 명상이다. 그러나 그 아주 단순한 것을 계속하는 것이, 명상을 실제로 해 보면, 결코 쉬운 일이 아님은 바로 알 수 있다. 주의는 끊임없이 옮겨간다. 주의가 어디를 향하고 있는지 의식하는 ^(보는) 자세는 생각보다 쉽게 놓쳐버린다는 것을 곧 알아차리게 된다. 그것을 알아차린 순간, 명상에서는 다시금 의식을 다잡아 주의를 기울이라고 한다. 그것은 다른 말로 하면, ^(순간순간마다) '자신은 무엇을 하고 싶은지' 스스로 끊임없이 묻는 것이다. 명상에서 하는 것, 명상의 본질적인 의미는 이것이라고 나는 생각한다.

'나는 어떻게 하고 싶은가'라는 자신에 대한 질문은 '나의 길을 찾는 것'이라고도 말할 수 있다. 일상생활에서도 '나는 어떻게 하고 싶은가', '나는 무엇을 하고 싶은가'라는 문제는 다양한 행동의 저변에서 늘 활동하고 있는 의식일 것이다. 평소에 의식을 자각하고 행동하는 경우는 거의 없을 것이다. 하지만 어떤 의미에서는 우리들이 하는 모든 행동은 '나는 어떻게 하고 싶은가'를 묻는 것으로 이해된다. 물론 마음에 들지 않는 것을 어쩔 수 없이 하는 경우도 있을 것이다. 하지만 그것은 의식의 표면에서의 일이다. 그 행동 또한 자신이 정말로 그것을 하고 싶은가라고 묻고 있는 것이다.

이렇게 생각하면, 보통 나의 행동도, 나는 무엇을 하고 싶은가를 찾는 것, 즉 나의 길을 찾는 행위로서 다시금 이해될 것이다. 우리들은 매일 사람과 이야기하거나 다양한 책과 정보를 찾아보면서, '나는 어떻게 하고 싶은가'를 찾고 있는 것은 아닐까. 그 의미에서 일상생활에서도 우리들은 모두 자기각지를 계속하여 찾고 있다.

그러나 우리의 일상생활은 바깥에서 오는 많은 정보와 자극 그리고 처리하지 않으면 안 될 일에 쫓기고 있다. 거의 모든 에너지가 그것들을 처리하는 데 소모되어, 자기 내면에서 일어나는 것(내면의 일)을 의식할 여유를 갖지 못한다. 그렇기에 잠시만이라도 고독과 고요의 시간을 가지는 것은 정말로 중요하다. 그러한 시간을 갖는 명상이라는 훈련은 일상에서는 어려운, 오로지 밖으로만 향해 있는 주의를 안으로 돌리는 자각적인 작업이 된다.

그러한 훈련을 통해서 자신을 보는 눈, 즉 자기의식의 자세가 자라난다. 자신 속에는 다양한 생각과 감정, 감각, 불안, 공포, 분노, 질투, 증오, 슬픔, 기대, 희망 등이 언제나 끓어오르고 있다. 처음에는 아주 어렵지만, 그것들에 주의를 기울이는 훈련을 계속하다 보면, 그것들을 '보는' 자세가 점차 몸에 익게 된다. 그렇게 되면, 천천히 일상생활에서도 자기 안팎에 있는 세계의 경험 하나 하나에 대해서 동시에 주의를 기울이는 태도가 자라나게 된다.

지금 할 수 있는 것은 자신의 태도를 잘 살펴보아, 자기 세계, 자기 일 그리고 자기 자신에 대해서 취하고 있는 스스로의 접근 방식을 알아차리는 것, 즉 자각self-awareness의 자세를 가능한 한 갖도록 유의하는 것이다. 그 자세가 갖추어질 때, 자기 자신에 대한 태도가 조금씩 변화하게 된다. 이 자세가 분명하게 몸에 익었을 때, 우리들의 태도에는 지금까지와는 전혀 다른 커다란 변화가 찾아온다. 왜냐하면 알아차림의 자세를 갖춘다는 것은 자신이 하고 있는 모든 것에 대해 배우는 자로서의 태도를 자각하는 것이기 때문이다. 그렇기 때문에 모든 경험이 세계와 타자, 그리고 우리들 자신을 배울 수 있는 감추어진 원천으로써 처음으로 눈앞에 나타나게 된다. 그리고 우리들은 모든 일에 배우는 자세로 임하게 되고, 나아가 더욱 성장하고 싶다는 강렬한 기분을 갖게 된다.

명상 훈련과 알아차림의 자세가 자라나게 되면, 점차 자신이 하고 있는 모든 것에 대해서 더욱 섬세한 감수성과 인식을 갖게 되어 배워가는 것이 가능해진다. 배움이 진행되면, 자신을 한계 짓고 있는 잘못된 신념과 지각, 행동 그리고 자신이 공헌할 수 있는 능력 등에 대해서도 조금씩 보다 깊은 알아차림이 가능하게 된다. 그것들을 분명히 인식하게 되면, 우리들은 거기에서 또한 많은 것을 배우게 될 것이다. 이렇게 해서 우리들이 마음속에 알아차림을 갖추면 갖출수록 모든 것이 배워야 할 것으로 드러난다. 눈앞에 있는 사람과 만물 모든 것이 스승이 된다. 그리고 우리들은 더욱 더 보다 깊게 배우는 자로서 자각을 갖고, 어떤 일에 대해서도 보다 겸허한 태도를 몸에 익혀 행동하게 된다. 경험하고 있는 것은 모두 어떤 것이든, 자기 이해를 심화해 가는 수단이 되는 것이다.

　우리들이 일이나 생활 속에서, 끊임없이 배우고 스스로를 성장시킬 수 있는 방식을 사용할 수 있게 되면, 그것은 정말이지 커다란 의미를 갖게 된다. 이것을 뛰어난 정신문화를 구축해 온 인도의 위대한 전통에서는 '카르마 요가'라고 하며 수천 년 동안 전해져 오고 있다. 그 가르침에서는 노동과 봉사, 즉 일상생활 모두가 배움과 알아차림을 위한 좋은 기회로 이해된다. 사람들을 위해 일하는 것^(봉사) 그 자체가 알아차림을 가능케 하는 절호의 기회가 되며, 그로부터 배우는 것이 자기성장에 크게 도움이 된다. 여기에서 '봉사하는 자'는 '배우는 자'이고, '배우는 자'는 '공헌하는 자'의 모습으로 변한다. 일상생활에서 우리들은 모든 것에 대해서 봉사하는 자이면서 봉사 받는 자, 학생이면서 선생이 되는 것이다.

7 깨달은 자들의
가르침

유혈이 낭자한 전투 속에서 비폭력을 실천한 인도의 위대한 지도자 간디는 "당신이 마을 사람들을 위해 할 수 있는 모든 힘을 다하는 것은 참된 인도주의적 입장에서 하는 것입니까."라고 친구에게 질문받고 이렇게 답했다. "내가 여기에 있는 것은 다른 누구를 위해서가 아니라 나 자신을 위해서입니다. 나는 마을 사람들에 대한 봉사를 통해서 내 자신의 자기실현의 길을 찾고 있는 것입니다."[42]

간디는 다양한 사회변혁운동의 선두에 선 지도자였지만, 그 자신이 정말로 찾고 있었던 것은 인도의 정치적 자유의 획득이 아니라, 그가 말하는 자기실현, 즉 개개인의 진정한 해방이었다. 그 봉사는 '자기를 없애는 무사無私의 행위' 즉 좁은 의미의 자기(혹은 자아의 지배)를 없앰으로써 보다 커다란 자기에 이르는 자기실현의 길이었다. 자기의식을 궁구하고, 거기에서 확대된 자기를 자각하게 되면 모든 생명은 친밀한 관계로 연결된다. 그리고 이 친밀한 관계에서 동일화의 능력이 생겨나고, 자연스러운 결과로서 비폭력을 실천하는 것이다. 거기에서 도덕을 설할 필요가 없었다. 필요한 것은 모든 것을 꿰뚫는 힘 즉 통찰력이고, 모든 생명이 본질적으로 하나라고 믿는 것이다. 간디는 말한다.

> 나는 만물의 일원성을 믿는다. 인간은 궁극적으로 하나라는 것, 그리고 실제로 역시 모든 생명은 하나라는 것을 믿고 있다. 그럼으로 만약 누군가 한 사람이 풍부한 정신성을 얻게 되면, 세계 전체도 또한 이것을 얻게 되고, 또 누군가가 정신성의 획득에 실패하면, 세계도 역시 그에 따라 정신이 빈약해진다는 것도 믿고 있다.[109]

이 말을 이해하게 되면, 간디가 말하는 자기실현과 비폭력, 모든 생명의 평등주의 등도 자연스럽게 이해될 것이다. 이것은 완전히 불교, 즉 붓다의 언어와도 일치한다. 붓다께서 가르치신 "마치 어머니가 자기의 외아들을 목숨을 걸고라도 보호하듯이, 그처럼 일체의 모든 살아 있는 것에 대해서도 무량한 (연민의) 마음을 일으켜야 한다."[35]라는 말은 이 연민의 마음이야 말로 모든 생명을 하나로 감싸 안는 자기의 인식이 있음을 설한 불교의 위대한 가르침이다. 불교에서 좌선과 명상의 실천이 중시된 것은 그 실천이 이처럼 중요한 연민의 마음을 열어주는 힘이 있기 때문이다.

　위대한 현자의 가르침을 들려면 끝이 없다. 여기에서는 대표적으로 20세기를 살았던 가장 아름다운 여성인 마더 테레사의 말을 들어보고자 한다.

> 가난한 사람은 위대한 사람, 사랑해야 할 사람들입니다. 나는 가난한 사람들을 동정하여 물건을 나누어 주거나, 도와주는 것이 아닙니다. 나는 가난한 사람이기 때문에 주님의 말씀을 듣고 있는 것입니다. 이 기쁨을 전하고 싶고, 나누고 싶은 것입니다.[157]
>
> － 제1회 아시아 종교자 평화회의 폐회식

고귀하다고 말할 수밖에 없는 뛰어난 인격적 성장을 이루어 낸 많은 위대한 선인들의 삶의 방식을 알게 되면, 거기에는 더 이상 자신과 타인, 부자와 가난한 사람, 배우는 자와 가르치는 사람, 봉사하는 사람과 봉사 받는 사람, 그리고 자신과 사회, 자신과 세계, 자신과 지구, 자신과 우주라고 하는 구별이 사라지게 됨을 알 수 있다.

　자신을 깊이 통찰하여 알고 있는 사람, 즉 자기실현에 끝없이 다가가 자기의식을 궁구한 사람들은 모두 '개인성을 초월한 의식'에 서서, 사람과 만물을 대하고 있다. 그것은 결코 불가능한 것은 아닐 것이다. 선인들이 몸으로 가르쳐 준 것은 목표를 향하여 나아가고자 조금이라도 노력하는 삶의 모습 속에 인간이 가진 본래의 아름다움이 있고, 인간에게는 누구에게나 고결한 본성이 갖추어져 있다.

각주

[1]   **역전이**逆轉移 정신분석의 중요 개념 가운데 하나. 치료 관계에서 생겨나는 전이(환자의 과거 인간관계가 치료자를 향해 반복되는 무의식적 반응)에 대해서, 치료자에게서 일어나는 무의식적 반응을 말한다.

07

현대사회의
심리치료

● 현대성과
영성

● 일본의
영성

● 현대인의
영성의 탐구

● 명상의 시대에서
현대사회의
심리치료

● 영성이란
무엇인가

● 영성의
간결한 정의

● 개인과
종교

현대인은 이제 심리치료를 원하는지,
영성을 원하는지 알 수 없게 되었다.

명상 붐이라는 말이 생긴 지도 오래되었다. 지금 명상이 일반사회에서 얼마나 퍼져 있는지는 알 수 없지만, 현대 서양문화에서 동양의 명상과 불교에 대한 관심이 높아지고 있는 것은 사실이고, 세계화의 움직임과 함께 지금 그러한 조류가 국내에도 쇄도하고 있음은 부정할 수 없다. 이 책의 출발점도 이러한 현대 서양문화에서 일어난 움직임이 ―그대로라고는 말할 수 없지만, 마찬가지로― 서양 문화를 향수하면서 발전해 온 우리에게 커다란 영향을 미치고 있다는 사실을 전제로 한 것이다.

　　앞서 여러 번 말했듯이, 예를 들면 1960년대 후반부터 70년대 초기 미국에서는 인간의 잠재능력에 주목하면서, 인격적 성장에 대한 욕구에서 생겨난 새로운 심리치료에 대한 깊은 관심과 변성의식에 대한 흥미, 그리고 개인적 탐구로서의 영적 실천과 영성에 대한 흥미가 사회에서 크게 분출하였다. 그리고 그러한 시대의 커다란 움직임은 동양의 여러 종교와 명상을 비롯하여 원문화native culture와 샤머니즘에 대한 깊은 관심으로도 자연스럽게 이어져, 비일상적 의식과 영성에 접근하려는 현대 심리학적 연구의 고조 등에 깊은 영향을 주었다.

　　요즘은 치유라는 말이 여기저기에서 무분별하게 사용되고 있다. 이 책이 중점적으로 다루어온 현대 심리치료가 불교와 명상에 대해 관심을 갖게 된 것은 역시 서양문명을 향유해 온 현대인들의 치유에 대한 자연스러운 관심 때문이다. 역사상 일찍이 볼 수 없었던 정도의 화려하고 풍요로운 시대를 살고 있는 것처럼 보이는 현대인이 도대체 왜 이처럼 열정적으로 치유를 갈망하는 것일까.

　　우리들은 지금 강력한 과학의 힘을 통해 온갖 어려움을 극복하면서, 안전한 생활환경과 풍요롭고 쾌적한 삶을 위한 지식을 풍부하게 확보하고 있다. 세계 곳곳에서 일어나고 있는 사건들을 과거에는 꿈도 꾸지 못할 정도의 스피드로 정확하게 알게 되었다. 많은 사람들이 쉴 새

없이 전세계를 날아다니다가, 결국은 우주여행마저 가능해졌다. 장기를 교환해서 생명을 연장하고, 유전자 코드를 밝혀내고, 우주의 기원까지도 밝혀내기 시작했다. 인간이란 상상을 초월하는 능력을 지닌 생명체이고, 현대 과학기술의 진전은 멈출 줄 모르는 듯이 보인다.

그러나 그러한 눈부신 진보에도 불구하고, 우리들의 미래는 결코 행복이 약속되어 있다고는 말하지 못한다. 조금만 관점을 바꾸어 보면, 현대의 진보 때문에 생겨났다고 할 수 있는 지구적 규모의 환경파괴가 이제 우리들 자신의 생명의 존속까지도 위협하는 심각한 사태를 초래하고 있다. 또한 전세계적으로 막대한 돈이 군비로 지불되는 덕분에, 수많은 사람들이 식량 부족으로 시달리며, 기아와 병으로 죽어가고 있다. 그러한 심각한 문제는 마치 우리들 자신을 비추는 거울이 되어, 우리 인간이 자기 자신을 그리고 자신들의 내면을 응시할 것을 요구하고 있다.

우리들은 외부의 화려함에 눈을 빼앗겨, 자신들 내면을 등한시하고, 자신이 갖고 있는 가능성을 간과하고는 어딘가에 버려둔 것은 아닐까. 우리들은 자신의 내면에서 떨어져 나가, 내면을 바라보는 눈을 왜곡시켜 버린 것은 아닐까. 외부에서 행복을 찾는 현대 문명의 진보는 어느덧 이러한 반성을 우리들에게 일깨워주고 있다고 생각한다. 현대란 그러한 움직임이 집합적 규모로 일어나기 시작하고 있는 시대라고 말할 수 있지 않을까.

여기에서는 이 책의 결말로서 현대의 이러한 상황, 특히 서양문명이 초래한 상황을 더 깊이 생각하면서 보다 넓은 시야로 불교와 심리치료에 대한 이해를 더욱 심화시키고자 한다.

▌현대성과
영성

현대는 모든 일에 합리적으로 대처하게 된 시대라고 말해도 좋다. 일반적으로도 널리 인정되듯이, 저명한 사회학자 막스 베버[M. Weber]가 제시한 견해에 따르면, 전통사회에서 현대사회로의 이행은 과학, 기술, 경제, 학문의 발달을 수반한 합리화에 기반을 둔 진보를 가져왔고, 사람들을 마술과 신비적인 것이 가진 공포로부터 자유롭게 하는 '주술로부터의 해방'을 가져왔다. 우리는 합리적으로 모든 것을 생각함으로써 이제 알 수 없는 것이나 미신적인 것에 대해서 불필요한 공포를 갖지 않아도 되었다.

그러나 그것은 분명히 진보라고 할 수는 있지만, 인간의 가능성을 확대하는 방향으로 이끈 것은 아니었다. 그 진보를 통해 구축한 근대라는 틀은 차갑고, 견고하고, '견딜 수 없을 정도로' 인간성을 압박하는 것이 되었다. 베버의 말을 인용해 보자.

> 오늘날 자본주의적 경제조직은 기성의 거대한 질서세계로, 개개인은 태어나면서 그 속에 깊숙이 들어가게 되고, 개개인에게는 사실상 그 속에서 살아갈 수밖에 없는 변혁하기 힘든 철함鐵檻으로 주어진 것이다.[170]

현대의 사회학적 분석에 따르면, 자본주의의 강력한 발전 과정은 모든 영역에서 의미와 자유를 상실한 합리화를 밀고 나가는 것이고, 결국은 우리들의 생활세계까지 빼앗고 말았다. 자본주의는 빈곤화, 기술화를 수반한 병적인 상황(생활세계의 식민지화)으로까지 연결되어 있다.[67] 그것은 분명 진보라고는 할 수 있어도, 인간의 가능성을 확대하는 방향으로 이끈 것은 아니었다고 말할 수 있다.

우리들의 사회생활은 합리화에 근거한 자본의 이론과 정치구조가 만들어낸 거대한 시스템에 둘러싸여 있다. 그러한 합리화의 과정은 지금은 사회나 환경에만 머무르지 않고, 개개인의 커뮤니케이션 차원에까지도 은밀하게 침투해 있다. 합리화에 근거한 시스템에서는 개인의 내면적 생활과 인간성이란 의미와 가치가 없는 것으로 냉정하게 내팽개쳐지고 만다. 그것들을 공적인 의미와 가치가 없는 주관성의 영역으로 쫓아 버렸다고 말해도 좋을 것이다. 자연과 환경에 대한 합리화의 과정은 당사자인 인간을 향해 은밀하게 미끄러져 들어오기 때문이다. 제3장의 첫머리 부분에서 인용한 에리히 프롬의 말에서도 나타나 있듯이, '자기 자신으로부터의 소외, 동료로부터의 소외, 자연으로부터의 소외'는 현대인의 특징으로써, 합리화에 근거한 시스템을 구체적으로 표현한 말이다.

인간의 내면생활을 지탱해 온 전통적인 체계인 종교도 주술로부터의 해방과 합리화를 통해 서서히 세속화되고 형식화되고 있다. 거기에서는 종교에 포함되어 있던 '중요한 것'까지도 모두 의미를 잃어버리게 되었다. 여기서 말하는 '중요한 것'은 인간이 자신의 내면에서 커다란 의미를 부여해 온, '성스러운 것'이라고 부르는 '마음의 영역'이다. 루돌프 오토R. Otto[118]가 추구했듯이, 성스러운 것은 누미노제Numinose, 즉 표현하기 어려운 것, 경건敬虔, 외경畏敬, 힘, 매혹하는 것, 숭고라는 특질로 표현되는, 우리 인간의 '정신 내적인 사실'로서의 감정적 체험을 본질로 갖는 것이다. 그것들은 아무리 과학과 현대문명이 진보한다고 해도, 인간인 이상 자신의 내면에 분명히 존재하는 본능이라고 불리는 감정일 것이다.

현대사회의 생활에서 알아차리는 기회가 매우 적게 되었다고 생각하는데, 예를 들어 대지진 등 자연이 일으키는 심각한 재해에 직면했을 때, 우리는 표현하기 어려운 것, 전율, 경외와 같은 감정과 만난다.

대재해와 같이 인간을 초월하는 존재나 힘을 만났을 때, 성스러운 것이라고 말할 여유는 없겠지만, 사람은 종종 경건해진다. 그리고 더 이상 개인의 이해에 사로잡히지 않는^(개인을 초월해서), 타인을 연민하고, 공경하고, 서로 돕는 숭고한 정신과 만나게 된다. 그러나 그것은 지금 말했듯이, 합리적인 시대가 지배하는 현실 속에서는 개인에게 의식되지 않는 영역 속으로 내밀려 버린 것이다.

'중요한 것'은 아무리 과학과 현대문명이 발달한다고 해도, 우리들이 인간인 이상 우리들 내면에 분명히 존재하는 마음의, 자연스럽고 본능적이라고도 말할 수 있는 욕구일 것이다. 그러나 지금까지 말해왔듯이, 그것은 합리적인 시대가 발전하면서 구석으로 쫓겨난 것이다.

분명히 종교라는 하나의 사회적인 조직형태와 제도는 형식화되었고, 합리적 정신을 몸에 익힌 현대인은 더 이상 종교에 중요한 의미를 두지 않게 되었다. 그러나 우리들 마음속에는 그러한 조직과 제도를 필요로 하지 않는다고 해도, 여전히 마음속에서 솟아오르는, 누구나 본능적으로 중요하다고 느끼는 마음이 존재한다. 현대 서양사회에서는 영성이라는 말이 널리 사용되고 있는데, 그것은 인간 내면에 아직 존재하고 있는 마음을 이끌어낼 필요성을 강하게 의식하고 있기 때문이다. 오늘날 종교라는 말에는 쓸모없고 오히려 유해하다고까지 말할 수 있는, 이런 저런 쓸데없는 의미가 너무나 많이 들러붙어 있다. 그래서 종교라는 용어 대신에, 너무나 중요하지만 구석에 밀쳐놓아 버린 것을 새롭게 평가해서 사용할 필요가 제기되는 것이다.

2 영성이란
무엇인가

영성^{spirituality}이라는 말이 요즘 구미
여러 나라에서 널리 사용되고 있다는 것은 잘 알려진 사실이다. 당연히
국내에서도 이 말은 사회 각지에 침투되어 있다. 하지만 그 도입과 사
용에 있어서는 논란이 많으며, 아직 영성이라는 용어는 정착되지 않은
번역어인 듯하다. 문화의 차이라고 정리해 버리면 그만일 것이다. 실제
지금까지는 적절한 번역가 없다는 것이 장애가 되어, 이 말에는 늘 어
떤 커다란 저항감이 있었다. 그러나 현재 세계에서 사용되는 상황을 객
관적으로 보면, 국내에서도 이제 종래의 태도를 크게 바꿀 수밖에 없는
상황이 되었다고 생각한다.

왜냐하면 이 말은 결코 일반사회에서만 사용되는 것이 아니라, 심
리학과 의학 분야에서 특히 학술용어로 점차 중요한 의미를 갖기 때문
이다. 근래 WHO 헌장을 수정하면서 건강개념에 영성^{spiritua}을 포함시
키자는 제안이 검토되었다. 이것은 수면 아래에서 진행 중인 커다란 물
결이 하나의 파도가 되어 나타난 것이다.

의학에서는 특히 말기치료 분야에서 '영적인 돌봄^{spiritual care}'라는
개념이 없어서는 안 될 것이 되었고, 국내에서도 그 필요성이 인식되기
시작했다.[72, 92] 이 개념이 널리 퍼짐과 동시에, 구미에서는 말기암이나
HIV로 대표되는 의료현장의 요청에 따라 특히 간호 분야에서 그 중요
성에 대한 논의가 활발하게 진행되고 있다.[38, 41, 68, 123] 또 말기의료와는
다른 것이지만, 정신의학 분야에서 진단 매뉴얼인 DSM-IV(정신장애의 진단
및 통계편람)에 '임상적 관여의 대상이 되는 것의 어떤 상태'로서 "religious
or spiritual problem"●1이란 항목이 설정된 것은 작은 활동처럼 보일
지라도 그 의미는 대단히 크다. 또 임상에 도움을 주기 위해, 영성의 평

가척도를 공부하는 연구도 활발하게 진행되고 있고,[54, 86, 158] 최근에는 의학교육에서 영성을 교과과정에 포함시키는 움직임까지 보이고 있다.[125]

한편 심리학 분야에서는 특히 심리치료와 관련하여 종래 현대사회에서 간과되었던 요소로서 영성이라는 개념을 주목하고, 그것을 바르게 평가하고자 하는 움직임이 확실히 널리 퍼져 있다.[22, 31, 53, 85, 100, 140] ●2

필자의 입장은 결코 '서양은 발전하고 있고, 일본은 늦었다.'라는 관점에 있는 것이 아니다. 적절한 번역어를 찾아내는 노력은 이후도 계속될 것이고, 그렇게 해야만 한다. 그러나 이제는 더 이상 시간적 여유가 없을 정도로, 이 말을 일본어로 옮겨야 하는 필요성이 커지고 있다.

영성이란 번역어의 사용법은 영어권에서도 시대와 함께 변화해 온 것 같고, 근래 들어 새로운 정의를 찾고자 하는 학술적 논의도 곳곳에서 이루어지고 있다. 여기에서는 이상과 같은 현상을 기초로, 여러 논의를 참조하면서 영성spiritual이란 말의 정의와 그 의의를 전망하고자 한다. ●3

spirituality의 기원은 라틴어의 명사 spiritus 혹은 형용사 spiritalis에서 유래하는 spiritualitas에서 온 단어인데, 원래 숨 또는 바람을 의미했다.[124] 이것이 영어나 프랑스어에 등장한 것은 중세 시대인데 당시에는 종교인들만 사용했던 말이었다.

영어권에서 주목받게 된 것은 19세기 후반부터 20세기 전반, 이른바 서양의 유물론 비판으로 일어난 힌두교의 우위를 설하는 운동 즉 스와미 비베카난다와 애니 베산트 등에 의한 운동에서 이 spirituality가 빈번하게 사용되면서부터다. 그러나 이것이 결코 일반사회로 퍼지게 된 동기는 아니다. 근래 영어권에서 이 말의 사용을 고찰한 논문[124]에 의하면, 현재 영어의 spirituality에는 프랑스어의 spititualit의 번역어가 새롭게 부활한 용어로써 사용되기 시작한 경위를 볼 수 있고, 1960년

대까지는 영어 사전에도 현재의 spirituality를 나타낸 설명은 보이지 않는다. 그렇다면, 역시 60년대 이후의 저항문화의 영향이 크지 않은가 생각되지만, 근거가 없는 추측은 피하고자 한다.

그렇지만 spirituality는 영어권에서도 결코 일반사회에서 오래 전부터 사용된 언어가 아니었다는 점은 유의할 필요가 있다. 국내에 도입될 때에는 종종 '이 말은 기독교를 기반으로 하는 것이기에 일본인에게는 낯설다'라는 논의가 있었는데, 서양에서도 일반인에게 낯설었던 용어라는 점을 생각하면, 기원은 기독교에 있다고 해도 이러한 견해가 정확한 것은 아니라고 생각된다. 이 말은 전통적으로 사용되지 않았던 말로 명확한 의미규정이 희박했다. 하지만 그렇기 때문에 오히려 사용되었다고도 추측된다. 현대사회의 요구에 응하여 새롭게 부활된 중요한 의미를 갖는 용어라고 생각된다. 그러면 도대체 오늘날 영성이란 무엇을 의미하는 말일까. 근래의 몇 가지 정의 가운데 비교적 이해하기 쉬운 것으로서는 불교와 심리학에도 조예가 깊은 미국의 철학자 도널드 로스팍의 정의가 있다. 그의 정의를 논의의 출발점으로 참조하고자 한다.

로스팍은 "자기와 공동체가 '성스러운 것'에 충분히 가담하여 표현할 수 있도록 생생한 변모를 촉진하는 것을 도와주는 교의와 실천에 관한 것"으로 영성을 정의한다. 그리고 "종교는 '성스러운'것으로 간주되는 것과 관련하는 교의·의식·신화·체험·논리·사회구조 등이 조직화된 형태를 의미한다."고 말하면서 이 두 용어를 명확히 구별하고 있다.[131]

즉 영성이란 종래부터 사용된 종교라는 말에서 그 조직과 제도로서의 측면을 배제한 것으로, 현대의 서양에서는 이 사용법이 가장 일반적이라고 생각된다. 로스팍은 이 정의를 통해 영성을 규정하면 현대 서양사회에서는 '종교적이지 않은 영적 접근'이 있고, 한편 '영성이 거의 혹은 전혀 없는 종교적 접근'도 있다고 말한다.

이러한 상황은 현재 일본의 경우에도 해당될 것이다. 영성이란 용어는 현대사회의 새로운 상황을 표현하는 편리하고 적합한 말로 선택되어 사용되고 있다.

3 일본의
영성

영성이란 말을 생각할 때 간과해서는 안 될 저작이 일본에 있다. 스즈키 다이세츠가 지은『일본적 영성』[153]이다. 이 저작의 초판은 제2차 세계대전 중인 1944년에 출판되었는데, 책에서 제창된 영성이라는 개념은 출판 후 요즘에 이르기까지, 그다지 큰 주목을 끌지는 못했던 것 같다. 영역은 출판되지 않았기 때문에 서양사회에 영성이란 말이 보급되는 데 끼친 영향은 없었다고 생각된다. 그렇지만 오늘날 그 의미를 돌아보는 데 충분한 가치가 있는 책이다.

다이세츠는 그 저작에서 '영성'의 사용법에 대해서 정신, 마음, 영혼 등 유사한 말과 대비하면서 논하고 있다. 그 고찰을 보면 정신과 마음이란 말에서는 결코 옛스러움을 느낄 수 없고, 오늘날에도 충분히 납득할 만한 논술이다. 상세한 것은 원저를 보기 바라며, 여기에서는 그 논의의 내용을 아주 간단하게 정리하고자 한다.

다이세츠는 우선 영성은 잘 쓰이지 않는 말임을 명기하고 난 뒤, 정신과는 구별해서 사용해야할 필요성이 있다고 설명한다. 정신이란 말은 의지이고, 주의력이고, 마음·영혼·어떤 것의 핵심으로 사용되는 말임을 대강 고찰한 뒤에, 정신이란 말은 항상 반드시 물질과 대항하는 것으로서 이원적 사상에 기초하여 사용되는 말임을 환기시키고 있다. "그렇지만 그렇게 되면 정신을 물질에 넣고, 물질을 정신에 넣는 것은 불가능하다." 이 두 가지를 포함하는 하나, 그리고 하나이면서 둘인 세계가 있다. 그것을 말로 표현하기 위한 언어가 필요하다는 것이 다이세츠가 영성을 주장하는 이유이다.

다이세츠에 따르면 영성은 종교적 의식이라고 말하는 것도 가능하다. 그렇지만 종교라고 하면 일본인의 경우 대개 종교에 대해 깊은 이해가 없기 때문에, 미신이나 신앙이라는 요소에 얽혀 있다는 오해가 생기기 쉽다. 종교의식이라고 하지 않고, 영성이란 말을 끄집어 낸 것은 이 때문이다. 종교는 영성에 눈을 뜸으로써 비로소 알 수 있는 것이고, "종교의식은 영성의 경험이다." "일반적으로 이해하고 있는 종교는 제도화된 것으로 개인적 종교경험을 토대로 하여, 그 위에 집단 의식적 공작을 더한 것이다." 영성은 종교에서도 찾아지지만, 많은 경우 단순한 형식으로 타락하고 만다. 영성이라고 부를 만한 작용이 나오지 않으면 진정한 종교가 아닌 것이다.

영성이라고 해도 특별히 작용하는 무엇이 있는 것은 아니다. 하지만 그것은 일반적으로 정신의 작용과는 다이세츠는 말한다. 정신에는 논리성이 있지만, 영성은 그것을 초월하고 있다. 정신은 분별을 기초로 하지만, 영성은 무분별지無分別智이고, 그 직각력直覺力은 정신보다도 고차원적인 것이다. "영성은 정신의 깊은 곳에 잠재하고 있는 작용으로, 이것이 눈을 뜨면 정신의 이원성은 해소되고, 정신은 그 본체 위에서 감각하고 사유하고, 의지하고 행위를 할 수 있다고 말해 두는 것이 좋을지도 모르겠다."

다이세츠의 주장에 따르면, 이 영성은 어떤 민족에 한정되어 있는 것이 아니라 보편성을 가진 것이다. 그렇지만 그 자각이 정신활동의 모든 현상에 나타나는 형식에서는 각 민족에게 차이가 있다. 그래서 '일본적 영성'을 말할 수 있다.

일본의 역사를 보면, 신도의 전통에는 아직 영성의 자각을 볼 수 없다고 다이세츠는 말한다. 영성이 일본에서 자각된 것은 가마쿠라 시대에 접어들어서이고, 법연-신란의 정토계 사상에 그 심적인情性的 측면이, 그리고 선에 그 지성적 측면이 나타나, 비로소 참된 의미에서의 종교가 일본에서 성립했다고 한다. 그리고 이 자각이 개인에게 나타나는 현상을 인칭적으로 이해한 것이 '초월적 개인[超個]'의 자각이다. 사람은 그 때, '초월적 개인의 개별적 존재[超個의 個]'로서 삶을 영위하는 것이다. [4]

이상이 다이세츠가 말한 영성의 개요이다. 참된 종교를 둘러싸고 이루어진 다이세츠의 논술은 현대의 트랜스퍼스널 심리학을 선도하는 켄 윌버의 '종교의 본격성[authentic]' 논의와 흡사하여 매우 흥미롭다. 하지만 이 논의는 이 책에서 필자가 다루어할 할 범위를 넘어선 것이다. 그렇지만 다이세츠의 종교와 영성의 구별에서, 앞에서 말한 현대 서양의 영성과 같은 취급방식이 보이는 것에는 주목하고자 한다. 다이세츠는 일본인의 경우에는 종교라는 말을 쉽게 오해하는 경향이 있기에 영성이 필요하다고 주장했던 것인데, 그것은 반드시 일본인에게만 한정된 것이 아니라, 현대인 일반에도 적용될 것이다. 이 점에서 다이세츠의 영성은 현대의 서양사회에서의 영성과 완전히 같은 사용법이라고 생각할 수 있다. 따라서 전세계에서 영성이란 말의 사용법을 일본에서 선구적으로 제안했다고 할 수 있다.

다만 다이세츠의 영성은 현재 서구사회의 사용법과 비교하면, '종교의식의 자각'이란 점에 중점이 있다. 선학자[禪學者]로서 깊은 종교적 체험에 기반을 둔 입장에서 기술한 내용은 정말이지 선의 진수를 담고 있지만, 오늘날엔 일반인들도 영성이란 말을 아주 가볍게 사용하고 있다. 그리고 일반인들의 경우는 반드시 '정신의 이원성을 해소시키는 경험'을 명확히 가리키는 것은 아닌 것 같다.

그러나 현대의 영성도 또한 '정신의 깊은 곳에 잠재해 있는 작용'이라는 점에서는 그것을 나타낸 말임에는 틀림없다. 반드시 명확하게 의식적으로 자각된 것은 아닐지 모르지만, 어떤 예감과 같은 것을 감지하는 감성, 혹은 그것을 알아차려 적극적으로 추구하고자 하는 욕구를 표현하기 위해 영성이라는 말이 사용되고 있다고 생각된다.

다이세츠의 영성과 관련된 논의를 곱씹어 보면, 영성에는 깊이가 있다고 생각된다. 다이세츠의 영성은 그 가장 깊은 레벨에서의 본격적인 자각을 표현한 것이다. 그렇지만 그 표면의 아주 얕은 레벨에서도 영성은 사람들에게 감지되고 있는 것은 아닐까. 또한 그 확고한 자각의 경험은 없다고 해도, 현대인에게 결여된 것으로서 그것을 의식하고, 그것에 관심을 갖고, 그것을 추구하고자 하는 욕구가 이 시대를 사는 민감한 감성에게는 힘있게 조금씩 어필되고 있다고 생각된다.

4　영성의
간절한 정의

　　　　　　　　　　　　'영혼은 본래 종교적이다.'라는 유명한 말은 융이 한 것이다. 인간에게는 종교를 만들어 낸 본래적인 심리적 경향이 있다. 이 심리적 경향 혹은 종교적 욕구에 대해서는 역사심리학의 입장에 서서 현대인의 종교를 다룬 유아사 야스오湯淺泰雄의 뛰어난 논문[181]을 참조하면, '살아 있는 것에 대한 불안을 해소하고, 거기에서 안심할 수 있는 절대적 헌신의 대상을 찾는 심리적 경향'으로 표현된다.

　　　영성이란 이러한 심리적 경향과 종교적 욕구를 가리키는 말이라고 생각해도 좋을 것이다. 그렇지만 현대인의 마음에는 그러한 심리적 경향을 심층적 기반으로 하지만, 물질적 풍요로움과 합리적 지성을 갖추고 있으면서, 게다가 적극적으로 삶의 의미와 목적을 찾는 심리적 경향이 보다 강하게 의식화되어 있다고 생각한다. 오늘날 영성이란 말은 이런 의미에서 보면 표층적이지만, 현대적인 용어로서 오늘을 사는 많은 사람에게 그 가치를 인정받고 있다.

　　　이상과 같이 생각하면, 현대의 영성은 간결하게 다음과 같이 정의할 수 있다. 즉 "영성이란 인간에게 본래적으로 갖추어진 삶의 의미와 목적을 구하는 무의식적 욕구와 그 자각이다."라고.[15]

　　　영성은 인간의 무의식속에 잠자고 있지만, 인생의 다양한 기회를 통해서 의식에 떠오르는 것이다. 그것은 이 책에서 말한 현대성과의 관련에서 보다 많은 사람들의 마음의 표면에 부상하고 있는 심리학적 욕구와 자각, 그리고 그것들과 관련하는 가치관 등을 폭넓게 표현한 용어이다. 그러한 욕구와 자각은 종래 그것들을 취급해 온 종교와 분리된 현대인에게 더욱 더 중요한 용어가 되고 있다.

5　현대인의
영성
탐구

제7장의 첫 부분에서 말했듯이, 현대성을 특징으로 하는 사회에서는 과거의 모든 종교적 표현은 본질적으로 도그마틱dogmatic하고 미신적인 것으로 간주된다. 그것들은 과학자에게 있어는 비합리적이고 경험적 기초를 결여한 것, 사회학자들에게 있어서는 사회도피이고 억압적 정부의 공모[마르크스], 심리학자에게 있어서는 심리학적 미성숙[프로이트], 철학자에게 있어서는 실존적 불구자[니체]에 지나지 않는다. 그래서 인간의 영성은 어디에서도 인정받지 못했다. 그리고 그것은 오로지 주관적, 개인적, 사적 영역 속으로 추방되어, 가치를 인정받지 못했던 것이다.

만약 이러한 경과 속에서 현대의 많은 사람들이 전통적 종교생활을 대신하는 것을 찾고 있다면, 종교에서 지금 무엇이 가치가 있고, 무엇이 가치가 없는지를 생각하는 것은 유용할 것이다. 영성에서 가치를 찾고자 하는 것은 그런 의미에서 아주 자연스러운 움직임임에 틀림없다. 이러한 움직임은 주관적, 개인적 세계의 탐구, 자기(나)의 탐구, 영성의 탐구와 회복이라는 형태로 현대사회의 다양한 곳에 나타나고 있다. 또한 그것은 종래의 종교라는 형태가 아니라, 개인 차원에서 이루어져 온 것이 특징이다.

이 책에서 중점적으로 말한 명상도 특정 종교조직에 들어가야 할 수 있는 것은 아니다. 서양에서 이른바 선 센터와 명상 센터, 집중적 합숙 및 워크숍 형식의 명상, 그리고 일본에서도 사찰에서 주말에 이루어지는 참선 모임과 같은 명상이 있다. 이것들은 종래의 종교와는 달리 개인의 주체적 의지를 중심으로 한다. 현대의 영성 탐구는 이러한 아주 개인적인 탐구라는 특징을 갖고 있다.

다만 개인적인 탐구가 사회와 동떨어진 고독한 작업이라고 하면, 거기에는 커다란 위험이 도사리고 있다. 서양에서 근대화가 강력하게 추진되었던 시대, 일부의 예술가와 사상가들의 고독한 탐구에서 예를 들어 랭보, 헬다린, 니체 등에게서 그 대표적인 모습을 찾을 수 있다. 그것은 지금까지 보아 온 현대성의 압박에 의한 희생이었다. 그러한 일부의 예민한 감성을 지닌 사람들의 탐구는 거대한 시스템의 움직임에 역행하는 것이기 때문에, 아주 고독한 작업이 될 수밖에 없었다.

그러나 심각한 지구환경의 위기와 인구증가의 결말 등이 과학적 데이터로 객관적으로 제시되는 포스트모던의 오늘날에는 영성의 탐구라는 것은 결코 단순한 주관적이고 사적인 것이 아니라, 많은 사람들이 공유하는 것이 되었다. 영성의 탐구는 결코 사회와 동떨어진 고독한 것이 되지는 않을 것이다. 현대의 지구환경의 위기, 또한 목전에 있는 거의 모든 문제는 근본적으로 우리들 인간 한 사람 한 사람이 만들어낸 것이고, 우리들 한 사람 한 사람이 집합적으로 만드는 여러 가지 증상이라는 견해도 성립한다.[163] 이런 관점에서 우리가 찾을 수 있는 것은 한 사람 한 사람이 이러한 마음의 자세를 갖고 있으면 결국 우리들 한 사람 한 사람이 아픔을 나눌 수 있다는 것이다. 영성의 탐구와 회복 그리고 그것을 표명하는 것은 오늘날에서는 오히려 사람과 사람과의 관계를 더욱 깊게 하는 것이다.

6 개인과
종교

　　　　　　　　여기에서 '한 사람 한 사람'이란 말을 강조하는 것은 우리들의 시대가 '개인의 시대'라고 생각하기 때문이다. 근현대라는 우리들의 시대는 개인을 확립하는 것, 그리고 그 개인이 각각 갖고 있는 자유로운 의지와 생각을 존중하면서 커다란 진보를 이루어왔다고 말할 수 있다. 그러나 종교에는 이렇게 구축되어 온 개인을 다른 누구에게 혹은 집단에게 쉽게 맡기고 마는 요소도 크다. 우리들이 개인의 시대를 만들어 왔기 때문에, 괴로워하고 있는 것일지도 모른다. 하지만 종교가 아무리 인간에게 중요한 것이라도, 우리들은 모든 것을 던져 버리고 종교에 귀의할 수는 없으며, 그래서도 안 될 것이다.

　　우리들은 개인과 영성을 되살리는 것, 모두를 소중하게 하는 것에서 출발해야 한다. 그리고 사회와 분명한 연결을 갖는 영성을 키워내는 것이 필요하다. 오늘날 우리들 한 사람 한 사람은 '자신을 알고 싶다'는 욕구가 점점 커지고 있다.

　　과연 우리 현대인들은 자기 자신을 얼마나 알고 있는 것일까. 현대에 일어나고 있는 다양한 자기 파괴적인 요소는 우리들에게 본래 갖추어져 있는 인간성과 영성의 숭고한 성질과 가치로부터 우리들이 소외되고 있음을 직접적으로 반영하고 있는 것은 아닐까. 그렇다면 현대에 일어나고 있는 명상과 불교와 신비주의 등에 대한 높아진 관심과 예부터 존재해 온 다양한 인간의 영적 전통에 대한 관심의 대두는 인간이 그러한 소외로부터 회복의 길을 찾기 시작한 움직임으로 볼 수 있는 것으로 결코 경시해서는 안 되는 것이다. 그 속에는 모두 현대인이 배워야할 중요한 근본적 인식이 어떤 형태로든 나타나 있다. 그리고 욕망에 사로잡힌 자기 파괴적 행동을 피하고, 모든 존재는 관계적으로 상호 의존되어 있음을 자각하고, 타자와 지구의 자연에 대한 연민과 공경의 중요성을 자각할 수 있는 인간이 갖추고 있는 고결한 인식이 나타나 있다.

7 명상의 시대에서
현대사회의
심리치료

영성에 대한 현대의 높은 관심은 커다란 눈으로 보면, 자발적으로 일어난 인간의 자연치유의 과정이라고 볼 수 있다. 베버가 말한 합리화는 오랜 기간에 걸쳐 사회구조상 변화를 의미하는 것만이 아니라, 동시에 프로이트가 말한 마음의 방어기제로서의 합리화이기도 하다. 합리화의 과정은 영성(영성만이 아니라, 여성성, 자연, 신체를 모두 포함한다)을 무의식의 안쪽에 억압해 왔다고 할 수 있다. 합리화는 현대인에게 다양한 증상을 만들어 낸 것이다.

우리의 마음 그리고 인간이라는 존재는 합리적인 존재가 아니다. 그것은 살아 있는 생명이며, 위대한 자연의 순환 체계의 한 부분이다. 지성으로 아무리 종교를 부정해도 생명이 만들어 낸 마음, 즉 인간이 본래 갖추고 있는 심리적 욕구인 영성이 체험적 사실인 한, 결코 부정될 수 없는 것이다.

합리화로 인해 잃어버린 사회 시스템의 하나인 통과의례도, 인간의 생명 그리고 마음이라는 자연의 순환 체계가 형태로 나타난 것이라고 할 수 있다. 단순하게 형식으로서의 통과의례를 부활시키자고 말해 보았자 아무것도 시작되지 않겠지만, 그러한 시스템을 만들어 낸 생명의 자연스러운 순환체계에서 나타난 마음의 움직임은 인간인 이상, 개인 속에서 결코 사라지지 않는다. 그 격동은 현대성을 통해 억압된 것을 회복하고, 균형을 잡고자 하는 마음의 자연스러운 건전한 움직임으로써 한 사람 한 사람의 내면에서 장막이 걷힐 때를 기다리고 있다.

과학의 힘을 통해 이른바 자신들의 외부에서 일찍이 없었던 번영을 구가해 온 덕분에, 내면의 영성을 더욱 더 강하게 희구하기 시작한 현대인들은 걸핏하면 균형을 크게 잃고 마는 위험을 내포하고 있다. 여러 번 강조했지만, 외부에 나타나 있는 현상과 여러 증상을 우리들 한 사람 한 사람의 마음이 반영된 것이라고 한다면, 지금 우리들에게는 개개인의 의식 변화가 요구된다. 그리고 외부의 비대해진 물질적 번영의 뒤에 가려져 상대적으로 소홀히 한 우리들의 내부의 목소리, 즉 마음의 움직임을 분명히 받아들여, 균형을 회복하는 것이 요구된다. 다만 그것은 과학이 없었던 '그 옛날 좋은 시절'로 돌아가야 한다는 것이 아니다. 그것은 애초 불가능하다. 또한 현대문명에 등을 돌려, 다만 '자연으로 돌아가라'고 말해서 끝나는 것도 아니다.

불교와 그 위대한 가르침과 함께 오랜 기간 면면히 이어져 온 명상이란 전통적 실천법이 갖고 있는 엄청난 가치에 눈을 돌리는 것은 이런 의미에서 매우 중요하다. 현대인은 지금 자신들 내면에서 솟아오르는 마음을 되찾고자 하는 강한 충동을 촉진시키면서, 이 과학시대를 살아가기 위한 새로운 방향을 모색하기 시작한 것은 아닐까. 명상적 실천과 현대 심리치료에 현대인이 높은 관심을 보이는 것은 개인의 내면을 탐구하여 자신을 치유하고자 하는 것만 아니라, 시대적 흐름을 헤쳐 나가면서 미래를 준비하기 위한 마음을 갖출 필요성을 강하게 느꼈기 때문은 아닐까. 신비한 과학 이전으로 돌아가자는 것이 아니라, 마음의 가능성을 크게 열어 개인이 소외되지 않고 분명히 사회 속에서 살아가게 하는 것, 그것이 지금 인간 사회에 필요한 것이다. 역사 속에서 부상해 온 명상의 시대를 발을 헛디디지 않고 당당하게 살아가는 것이 우리들에게 부과된 치유와 변용에의 길일 것이다. 그것은 현대이기 때문에 분출된 것이고, 현대이기 때문에 분명하게 받아들일 수 있게 된 것이다.

알버트 아인쉬타인이 남긴 다음의 말에는 현대를 살아가는 우리들 한 사람 한 사람의 과제가 훌륭하게 응축되어있다.

> 인간은 우리가 우주라고 부르는 전체의 일부이며, 시간과 공간으로 인해
> 한정된 일부이다. 사람은 자기 자신, 자기의 사고, 자기의 감정을 다른 것
> 에서 분리한 존재이다. 즉 어떤 종류의 의식의 시각적 망상으로 체험되는
> 존재이다. 이 망상은 우리들에게 있어서 일종의 감옥과 같은 것으로, 우
> 리들을 개인적 욕망과 가장 가까운 얼마 안 되는 사람들에 대한 애정에
> 한정해 버리고 만다. 우리들의 과제는 애정의 바퀴를 넓혀, 이 감옥에서
> 자신을 해방시키고, 살아 있는 것, 그리고 자연 전체를 그 아름다움 속에
> 서 끌어안는 것이다.[52]

여기에는 이 책에서 탐구해 온 불교와 현대 심리치료의 관계와 관련된 중요한 내용이 시사되어 있다. 제3장에서 자세히 고찰했는데, 불교가 말하는 자기는 실체가 없는 것이라는 주장은 현대 심리학적 입장에서 보아도 충분히 이해할 수 있다.

우리들은 죽음의 불안을 교묘하게 회피하면서, '누군가'가 되고자 한다. 즉 자기를 동일화[집착]함으로써 삶을 영위한다. 그러나 사람을 실체라고 생각하여 집착하는 것은 모두 죽음을 회피하기 위한 대리 만족에 불과한 것이다. 그것은 강에 떠 있는 뗏목에 달라붙음으로써 자신이 강임을 잊어버리는 것과 같은 것이다. 우리들은 우주라고 부르는 전체로부터 분리되어, 자기 자신, 자신의 사고와 감정이 분리된 존재로 '시각적 망상'을 체험하고 있다.

그것은 바로 '일종의 감옥과 같은 것'이다. 불교는 그 감옥에서 빠져 나올 길이 분명히 있음을 고통을 명확히 인식한 깊은 자비심의 눈으로 여실하게 보여주고 있다. 그것은 분명히 우리 현대인의 과제이다. 개인적 욕망과 자기를 포함한 가까운 소수의 사람들에 대한 애정에 한정되고 마는 것이 아니라, 그 집착에서 벗어나, 자기 자신을 해방하는 것[무아]이 우리의 과제이다.

　무명이란 존재를 자각하고, 망상에서 눈을 뜨는 그때, 살아 있는 것은 살아가는 아름다움으로써 있는 그대로의 모습을 그곳에 나타낸다. 그 아름다움을 분명히 끌어안고 걸어가는 것이야말로 삶의 의미와 목적이다.

　불교는 우리들이 그러한 과제를 극복하기 위한 심리치료이다. 그리고 또한 현대 심리치료의 실천에서도 그것을 근저에서 받쳐주는 위대하고 뛰어난 지침으로서, 지금도 깊고 강한 울림을 주고 있다.

<u>각주</u>

[1] 이 항목은 일본에서는 '종교 또는 신의 문제'로 번역되고 있는데, spiritual을 신이라고 번역하는 것은 오역에 가까울 것이다. 설명을 덧붙이자면 이 문제의식은 실제, 미국에서 자아초월 심리학／정신의학의 보급과 추진을 위해 노력하는 정신과 의사들의 그룹에서 제기하여 채택된 것이다.[156]

[2] 의학계 최대의 문헌검색 시스템인 medline의 키워드를 검색해 보면^(2000년 10월 현재), 과거에 528건의 논문 등록이 있다. 그 내역은 최근 10년간의 것이 461건을 차지하고 있고, 5년간 발표논문은 346건, 최근 2년간은 154건으로 급속하게 증가하고 있음을 알 수 있다. 또한 심리학계 최대의 psyc LIT의 검색에서는 등록총수는 3,105건이고, 1978년부터 1982년의 5년간 등록수는 46건이었지만, 그 후 5년간 2,277건으로 증가, 이후 매년 증가를 계속하여, 최근에는 과거 3년간 등록수만 보더라도 1,769건이 등록되었다. 이 숫자만을 보면, 적어도 의학과 심리학의 분야에서, 이후 이 말이 일본에서도 결코 무시할 수 없는 것이 될 것은 분명하다.

[3] 영성에 대한 더욱 자세한 검토는 별고에서 언급했기 때문에 관심있는 분은 그 책을 참조하기 바란다.

[4] 개인의 초월^{|超個|}은 글자 그대로 자아초월^{transpersonal}이다. 서양심리학에서 탄생한 트랜스퍼스널과 완전히 같은 의미다. 이 말은 전쟁 중에 스즈키 다이세츠가 이미 일본에서 제창한 개념이었다.

● 후기

　　　　　　　일본 사회에서 고유문화로서 불교와 선은 특별히 중요한 위치에 있다. 나는 이 책에서 일본의 불교 특히 선禪의 재발견과 재인식을 목표로 하였다. 대부분의 현대인은 종교에 강한 경계심을 느끼면서 한편으로는 그런 경계심 때문에 무엇인가 중요한 것을 잃어버렸다고 느끼게 된다. 선의 경우 선종이라는 종교로서의 선禪이 분명히 있다. 그러나 '선은 종교가 아니다.'라는 인식도 우리의 마음 한편에 남아 있다. 실제 일본의 역사에서는 종교와는 관계없이 선을 중시한 전통이 있다. 요즘도 때때로 참선하는 저명한 정치가나 스포츠 선수의 모습을 볼 수 있는 것은 선을 종교로 간주하지 않는 문화적 인식이 남아 있기 때문이다.

일찍이 선은 일본인의 정신적 지주의 하나로 커다란 역할을 담당해 왔다. 그 전통은 특히 정치, 경제, 사상을 비롯한 각 분야의 리더들에게 중요시되어 왔다. 그러나 시대의 변화와 함께 언제부터인가 그 힘은 쇠락해 갔다.

쇠락의 전환점에는 제2차 대전에 대한 정치적 부담도 분명 크게 작용했을 것이다. 최근에 이 문제를 다룬 최근 외국인의 책(『선과 전쟁 – 선불교는 정쟁에 협력했는가』 光人社 간행)이 일본뿐만 아니라 여러 나라에서 출판되었다. 전쟁에 대한 책임이 매우 크다는 것은 말할 필요도 없다.

그렇지만 그것 역시 시대의 커다란 흐름에서 생겨난 것이다. 그러나 과거와 같이 몇몇 지도자들이 국가에 압도적인 영향력을 행사하던 시대는 완전히 종언을 고했다. 현대사회는 그런 경험을 바탕으로 탄생한 시민의 시대, 대중의 시대, 개인의 시대, 여성의 시대이다.

오늘날 특히 서양사회에서 선에 주목하는 것은 새로운 시대에 생겨난 의식이다. 이것은 지금의 일본에서도 매우 중요한 의미가 있다. 그것은 결코 엘리트만의 것이 아니라, 시민사회에서 살아가는 '개인들의 정신적 지주'라는 새로운 의미로 재발견된 것이다. 세계는 지금 일본인 개개인에게 귀중한 정신적 지주의 재발견을 재촉하고 요구하고 있다.

이 책에서 명상이라는 말을 많이 사용했다. 현재 일본에서는 명상이라고 하면 여러 가지 이유 때문에 즉각 거부감을 나타내는 경우도 있다. 그러한 상황을 생각하여, 사용을 최대한 자제할 수도 있었다. 그렇지만 현재의 세계적 동향을 고려하면, 명상meditation의 현대적 의의를 제쳐두고는 불교와 선을 제대로 이해하는 것은 불가능하다고 생각한다.

본문에서 1960년대 후반 이후의 시대적 흐름을 강조한 것은 명상에 대한 관심으로 이어진 정신문화의 움직임을 특별히 중요하다고 생각했기 때문이다. '사랑과 평화'를 소리 높여 부르짖던 시대정신은 인류에게 결코 한때의 유행으로 간주되어서는 안 된다. 명상에 대한 관심은 당시의 많은 사람들이 마음속에서 진지하게 추구한 '평화'의 기원으로 이어지고 있다.

평화는 우선 자기(와의 대화) 속에서 자라남으로써, 다른 사람과의 평화로 확대해 가는 것이다. 그 길을 진지하게 추구하려는 정신이 오늘날 명상에 대한 관심의 핵심이다. 그러한 정신적 기치를 높이 들고 소중하게 지켜낸 많은 이들의 의식을 이어, 분명히 전승하고 싶다.

그러한 세계적 움직임의 중요한 방향성이 선의 재발견에 있다고 나는 생각한다. 오늘날 명상에 대한 사람들의 관심이 선의 재발견과 재인식으로 직접 이어지지 않는 것은 잘 알고 있다. 그러나 현대에 새롭게 조명되는 명상이 얼마나 중요한지 알게 될 날이 반드시 오리라 믿는다.

그리고 특히 지금까지 선과 가깝지 않았던 중장년층의 많은 여성들이 선을 배워 실천할 날이 오길 기대한다. 왜냐하면 현재 일본 사회의 정신문화를 근간에서 지지하는 사람들이 '명상'과 '선'에 관심을 갖고 실천한다면 앞으로 사회를 변혁하는 데 커다란 힘이 생길 것이기 때문이다. 그러한 내면적 힘을 갖춘 진정으로 아름다운 여성들이 많아지길 마음 깊이 기원한다.

요즘 들어서 전쟁을 경험한 대선배인 여러 선생님들로부터 장래에 대한 비관적인 견해를 부쩍 자주 듣게 되었다. 선배님들의 말씀처럼 요즘 일본사람들은 분명히 자긍심을 잃어버린 듯하다. 현재의 상황을 '제2의 패전敗戰'으로 받아들이는 견해도 있다. 그래서인지 개인의 확립과 자립정신의 필요성을 강조하는 글을 자주 보게 되었다.

제2차 세계대전 후 물질문명은 급격한 발전을 거듭했지만 그 이면에는 정신문화에 대한 경멸과 미성숙한 자아가 자리하고 있다. 온 국민이 하나가 되어 경제적 고도성장을 위해 집단의 가치와 이익을 가장 우선시하였다. 경제성장을 위해 개인의 희생은 필연이었다.

개인의 확립은 예부터 일본의 지식인들이 논의해 온 주제였지만, 시대가 발전하면서 그 내용과 중요성은 많은 사람들의 의식과 분리된 채 현재에 이르게 되었다.

근대의 서양은 강한 자아를 구축해 왔다. 만약 일본이 서양에 대항할 만큼 충분히 강한 자아를 만들지 못했다고 생각한다면, 그것은 분명 '제2의 패전'과 같은 패배의식이 자리하고 있을지도 모른다. 그렇기 때문에 새삼 서양적인 개인의 확립을 요구하는 논의는 지극히 당연한 일이다. 그렇지만 지금 일본에서 문제가 되는 개인의 확립은 반드시 서양을 뒤쫓는 것은 아니다. 본래 개인의 확립은 어떤 물건처럼 외국에서 수입할 수 있는 것이 아니다. 아무리 모방한다고 해도 결국은 껍데기에 불과하다는 것이 명확해진 것이 오늘날 상황이 아닌가.

개인의 확립이 무엇인지 간단히 말하기는 어렵지만, 그 의미는 '기사구명'이란 말에 잘 나타나 있다. 자신이 어떻게 해서 지금에 이르렀는가를 잘 살펴, 그것을 의식화하여 깊이 자각하는 것이 '개인의 확립'과 '자립 정신'을 구축하는 것이다. 그렇게 생각하면, 서양인의, 중국인의, 한국인의 … 그리고 일본인의 개인의 확립은 각자의 특색을 띤 '개인의 확립'일 것이다. 그것은 세계화가 현대인에게 제시한 새로운 과제이다.

서양에서 이루어지는 논의에는 분명히 뛰어난 내용들이 많다. 하지만 오늘날 우리가 새롭게 발견하고 인식한 기사구명의 태도는 서양인이 동양을 바라볼 때 갖는 태도와는 다른 내용일 것이다. 그 과정에서 자신의 발밑을 살피는 일이 얼마나 중요한지 자각할 필요가 있다. 그것이 이 책이 추구하는 것이다.

이 책은 그 입구의 주위를 아주 조금 돌아다녔을 뿐이다. 그렇기 때문에 거기에서 본 풍경은 아직 명확하게 깨끗하지는 않다. 필자의 힘이 부족함을 겸허하게 통감하고, 평소 수련이 미숙하기 때문이라고 깊이 자각하고 있다. 하지만 알아차림을 반복하는 것이 기사구명己事究明이다. 정말 둔감하지만 이제부터는 서양의 논의를 뛰어넘어, 나 자신의 알아차림의 길을 계속하고자 새롭게 마음을 다진다.

앞으로 세계 여러 나라에서 이러한 분야의 다양한 연구에 대한 요청이 있을 것이다. 그러한 요청에 부응할 수 있도록 책임 있는 사람들에 의해 이 분야에 대한 현대적 연구가 더욱 활발하게 진행되기를 기대한다. 그리고 그러한 활동이 앞으로의 시대에 필요한, 동양의 풍부한 정신문화의 뛰어난 가치를 끌어올리는 노력으로 이어지길 진심으로 기원한다.

수천 년 역사의 종교적 전통인 불교를 '심리치료'로 이해하고, 나아가 '선을 재발견한다'는 것은 불교와 선의 전통과 깊이 관련된 많은 사람들로부터 너무나 당치 않은 일이라고 책망을 들을지도 모르겠다. 이 책은 결코 불교를 비판하는 것이 아니다. 오히려 불교에 대한 동경과 기대를 크게 표명한 것이라고 말하고 싶다. 나의 말에 귀를 기울여 준다면, 아마도 조금이라도 도움이 될 것이라고 믿는다. 학문이 부족해서 불교를 잘 모르는 점에 대해 많은 지도를 부탁하는 바이다.

이렇듯 선과 불교에 관하여 동서양이 논의하게 된 것은 역사적인 사명을 띠고 신명을 바쳐 서양에 불교를 전파한 위대한 선각자들의 노력 덕분이다. 釋宗演 스님, 古川堯道 스님, 釋宗活 스님, 後藤瑞巖 스님, 佐〃木指月 스님, 紫山全慶 스님, 佐〃木承周 스님, 前角博雄 스님, 鈴木俊隆 스님, 千崎如幻, 鈴木大拙, 久松真一 선생님. 이외에도 많은 선각자들의 영전에 예를 올리면서 엄한 질책을 구하는 바이다.

마지막으로 이 책의 집필과 간행에 도움을 주신 많은 분들에게 감사의 말씀을 전하고 싶다.

하나조노대학의 학장이신 西村惠信 선생님은 책이 완성되는 데 많은 도움을 주셨다. 그리고 평소 지도해 주신 점에 깊이 감사의 말씀을 드린다. 또 하나조노대학의 사회복지학부장이신 林信明 선생님은 책이 간행될 때 귀중한 의견을 주셨다. 이 자리를 빌려 감사의 말씀을 드린다.

이 책의 내용은 필자가 전에 도쿄의과대학 정신신경과에 근무할 때부터 조금씩 써 놓은 내용도 포함되었다. 그때 많은 분들이 지도해 준 것 역시 적잖이 반영되었다. 특히 미숙한 필자에게 젊은 시절부터 세세히 지도해 주신 飯森真喜雄 현 주임교수님을 비롯, 三浦四郎衛 명예교수님, 清水宗夫 명예교수님, 故加藤正名 명예교수님에게 이 자리를 빌려 다시 한 번 깊이 감사의 말씀을 드린다.

오랜 선의 전통에 기반한 하나조노대학과 인연을 맺어, 현재는 많은 여러 선생님들로부터 귀중한 지도를 받는 행운을 얻고 있다. 선과 불교의 치밀함과 엄격함은 절로 발을 움츠러들게 하지만, 그 실천의 방법에 대해 기회가 있을 때마다 귀중한 가르침을 받고 있다. 특히 하나조노대학 문학부 교수이신 安永祖堂 선생님, 제프 쇼와 선생님으로부터 평소 귀중한 가르침을 받고 있기에 깊이 감사의 말씀을 드린다.

또 이 책을 집필하면서 자아초월 심리학·정신의학에서 활동할 때 늘 벗이자 스승으로서 귀중한 시사를 해 주는 미국의 정신과 의사와 심리학자들로부터 많은 격려와 귀중한 조언을 받았다. 그 중에서도 켈리포니아의 어바인 대학에 있는 정신의학교실 교수 Roger Walsh, 샌프란시스코 대학의 의학부 임상 조교수 Bruce Scotton 선생의 따뜻한 도움을 이 자리를 빌려 감사의 말씀을 드리고 싶다. 그리고 필자가 미국에 머물 때에, 매번 친구로서 걱정해준 MA레코딩의 CEO 태드 가핑클과 성 마리아 팔각당의 벗 Juno에게 마음으로부터 감사의 뜻을 전한다.

또한 일본에서 자아초월 심리학·정신의학 분야에서 활동할 때에 깊은 식견으로 많은 귀중한 지도를 해 주신 쿠마병원(隈病院)의 고문 加藤清 선생님, 오우비린(桜美林)대학 명예교수 湯浅泰雄 선생님, 고마자와(駒沢)대학의 교수 佐々木雄二 선생님, 리츠메이칸(立命館)대학 교수 林信弘 선생님, 도쿄(東京)대학 교수 島薗進 선생님, 와세다(早稲田)대학 교수 春木豊 선생님, 전 류코쿠(龍谷)대학 교수 西光義敞 선생님, 토요(東洋)대학의 명예교수 恩田彭 선생님을 비롯, 여러 고문, 이사 선생님들께 깊은 감사의 말씀을 드린다. 그리고 늘 평소에 가까이에서 커다란 도움을 주시는 리츠메이칸대학의 中川吉晴, 사가미(相模)여자대학의 松本孚, 니혼(日本)대학의 合田秀行, 사가미여자대학의 西川勇一, 쇼와가쿠인(昭和学院)단기대학의 田中影吾 씨에게 특히 이 자리를 빌려 감사를 전한다.

그리고 이 책의 출판을 흔쾌히 허락해준 교토 法蔵館의 西村七兵衛 사장님, 上別府茂 편집장 및 꼼꼼한 편집과 수차례에 걸쳐 도움과 충고를 해 주신 岩田直子 씨에게 마음으로부터 감사드린다.

때마침 교토는 벚꽃이 활짝 피었다. 벚꽃에 물든 일본의 아름다운 봄은 세계에 자랑할 만한 귀중한 정신문화의 원류를 구축한 것 가운데 하나이다. 현대를 '정신이 부재한 시대'라고 하지만, 누구의 마음에나 평등

하게 있는 '아름다움을 보는 의식'을 소중히 간직하면서, 일본의 연구
가 세계와 교류를 크게 넓혀 발전하기를 기원한다. 선과 불교에 대한
심리학적 접근은 일본의 아름다운 정신문화를 재발굴하고, 다가오는
사회와 세계에 도움이 될 힘이라고 확신한다.

2003년 4월 교토에서

안도 오사무安藤 治

<u>참고문헌</u>

[1]   Achterberg, J. Imagery in Healing. Boston and London, Shambhala, 1985.(『自己治癒力
      －イメージのサイエンス』井上哲彰 譯, 日本 敎文社, 1991).
[2]   秋月龍珉 『十牛圖·坐禪儀 － 禪宗四部錄(上)』春秋社, 1989.
[3]   Alexander, F. Buddhistic Training as an Artificial Catatonia. Psychoanalytic Review, 18,
      129-145, 1931.
[4]   American Psychiatric Association. Diagnostic and Statistical Manual of Mental
      Disorders, 4th Edition(DSM-IV). APA, Washington, 1994.
[5]   安藤治「離人症の精神療法過程と描畫 － 描畫による身體－主體性の回復」日本藝術療法
      學會紙, 卷17, 1號, 15-23, 1986.
[6]   安藤治「自己臭症の精神療法過程と描畫」日本藝術療法學會紙, 卷19, 1號, 1988.
[7]   Ando, O. Zen Sickness and the Crisis of Hakuin. Transpersonal Perspectives in
      Psychology(Los Angeles). vol. 4, No.1, 13-18, April, 1992.
[8]   安藤治「離人症の治療」臨床精神醫學, 21(8), 1295-1304, 1992.
[9]   安藤治『瞑想の精神醫學 －トランスパーソナル精神學序說』春秋社, 1993.
[10] 安藤治 「トランスパーソナル精神醫學の胎動－アカデミズムの壁を越えて」 イマーゴ,
      卷7, 104-117, 靑土社, 1993.
[11] 安藤治·富沢治·関口宏·飯森眞喜雄 「祈禱性精神病の今日的意義をめぐって －宗敎的實
      踐による精神變調への精神醫學的視點」精神科治療學, 卷9(1), 313-320, 1994.
[12] 安藤治 「トランスパーソナル心理學と宗敎」季刊「アズ」 33號 『宗敎とユング心理學』,
      新人物往來社, 169-174, 1994.
[13] 安藤治(編)『トランスパーソナル学』卷1, 雲母書房, 1996.
[14] 安藤治「ユングとトランスパーソナル心理學」『プシケー』1997.
[15] 安藤治·佐々木清志·結城麻奈 「心理療法と靈性 －その定義をめぐって」 トランスパー
      ソナル心理學/精神醫學(學會紙), 卷2(1), 1-9, 2001.
[16] 安藤治「心の時代と現代心理學」『ユング心理學と現代の危機』河出書房新社, 2001.
[17] 安藤治 「佛敎への心理學的アプローチ」 トランスパーソナル心理學/精神醫學(學會紙),
      卷3(1), 1-8, 2002.
[18] 安藤治·桝屋二郎·中村珠己·佐々木清志 「實存的不安(靈性)への心理療法 －身體技法と
      繪畫療法の意味について」 日本藝術療法學會紙, 卷32, 2號, 22-32, 2001.
[19] Ansbacher, H. Alfred Adler. in comprehensive Textbook of Psychiatry. eds. H. Kaplan, A.
      Freedman, B. Sadock. 3rd ed., Baltimore ; Williams and Willkins, 724-740, 1980.
[20] Assagiori, R. Psychosynthesis : A Manual of Principle and Techniques. Psychosynthesis
      Research Foundation, 1965.(『サイコシンセシス』国谷誠朗·平松園枝 譯, 誠信書房,
      1997).
[21] Astin, J.A. Stress reduction through mindfulness meditation. Effects on Psychological
      symptomatology, sense of control, and spiritual experience. Psychotherapy &
      Psychosomatics. 66 (2), 97-106. 1997.
[22] Banner, D. G. Toward a Psychology of Spirituality: Implications for Personal and
      Psychotherapy. Journal of Psychotherapy and Christianity. vol.8(1), 19-30, 1989.
[23] Becker, E., The Denial of Death. New York: Free Press, 1973.(『死の拒絕』今防人 譯, 平

凡社, 1989).

[24]   Benson, H. Yoga for Drug Abuse. New England Journal of Medicine, 281(10), 11-33, 1969.

[25]   Benson, H., Beary, J. F., Carol, M. P. The Relaxation Response. Psychiatry, 37, 37-46, 1974.

[26]   Benson, H., Wallace, R. K. Decreased Blood Pressure in Hypertensive Patients who Practice Meditation. Circulation, 46(supplement), 516(abstract), 1972.

[27]   Benson, H., Frankel F. H. et al. Treatment of anxiety: a comparison of the usefulness of self-hypnosis and a meditational relaxation technique: an overview. Psychother Psychosom 28(229-242), 1978.

[28]   Boals, G. F. Toward a Cognitive Reconceptualization of Meditation. Journal of Transpersonal Psychology. 10, 143-182, 1978.

[29]   Boestler, R. W., Kornfeld, H. S. Meditation as a Clinical Intervention. J. psychosocial Nursing, 25(6), 29-31, 1987.

[30]   Bogart, G. The Use of Meditation in Psychotherapy: A Review of the Literature. Am. J. Psychotherapy, vol. XIV(3), 383-412, 1991.

[31]   Boorstein S. Transpersonal psychotherapy. Am. J. Psychother. Summer 54(3), 408-423, 2000.

[32]   Boss, M. Eastern Wisdom and Western Psychotherapy. in Wellwood(ed). The meeting of the Ways. New York, Shocken, 1979.

[33]   Boudreau, L. Transcendental Meditation and Yoga as Reciprocal inhibitors. J. Behavior Therapy and Experimental Psychiatry. 3:97-98, 1972.

[34]   Bradwein, J., Dowdall, M. Can East and West Meet in Psychoanalysis? Am. J. Psychiatry, 142, 1226-1227, 1985.

[35]   Buddha, G. 『ブッダのことば―スッタニパータ』 中村元 譯, 岩波文庫, 1984.

[36]   Buddha, G. 『ブッダの眞理のことば·感興のことば』 中村元 譯, 岩波文庫, 1978.

[37]   Bullis, R. K. Spirituality in Social Work Practice. Taylor & Francis, 1996.

[38]   Cairns, A. B. Spirituality and religiosity in palliative care. Home Health Nurse. vol.17(7), 450-455, 1999.

[39]   Canda, E. R., Smith, E. D. (eds.). Transpersonal Perspectives on Spirituality in Social Work. The Haworth Press, 2001.

[40]   Carrington, P. Freedom in Meditation. New York: Doubleday, 1978.

[41]   Carson V(ed). Spiritual Dimentions of Nursing Practice. Philadelphia, PA, FA Davis, 1971.

[42]   Chandler, J. P. Teachings of Mahatma Gandhi. Lahore: The India Book Works, 375, 1945.

[43]   Clark, D.M., Salkovskis, P.M. Respiratory Control as a Treatment for Panic Attacks. J. Behav. Ther.&Exp. Psychit. vol. 16(1), 23-30, 1985.

[44]   Corton, G. Can East and West Meet in Psychoanalysis? Am. J. Psychiatry. 142, 1226-1227, 1985.

[45]   Datey, A., Deshmukh, S., Dalvi, C. "Shavasan": A Yogic Excercise in the Management of Hypertention. Angiology, 20, 325-333, 1969.

[46]   Deikman, A. J. Experimental Meditation. J. Nervous and Mental Disease, 136, 329-343, 1963.

[47]　　Deikman, A. J. Deautomatization and the Mystic Experience. Psychiatry, 29, 324-388, 1966.

[48]　　Deikman, A. J. The Observing Self. Beacon Press, Boston, 1982.

[49]　　Delmonte, M. M. Meditation and anxiety reduction: a literature review. Clin. Psycho. Rev. 5(91-102), 1985.

[50]　　Doka KJ. The spiritual needs of the dying. Doka KJ, Morgan JD(ed). Death and Spirituality, Baywood Publishing Company, New York, 143-150, 1993.

[51]　　Dubs, G. Psychospiritual Development in Zen Buddhism : A study of Resistance in Meditation. J. Transpers. Psychol., 19(19-86), 1987.

[52]　　Einstein, A. Words in Goldstein, J. The Experience of Insight. Boulder, Colo., Shambhala, p.126, 1983.

[53]　　Elkins, D. N., Hedstrom LJ, Leaf JA, Saunders C. Toward A Humanistic Phenomenological Spirituality: Definition, Description, and Measurement. J Humanistic Psychology, vol.28(4), 5-18, 1988.

[54]　　Ellison CW. Spiritual well-being : Conceptualization and measurement. J Psychol Theol 11, 330-340, 1983. .

[55]　　Engler, J. Therapeutic Aims in Psychotherapy and Meditation. In Transformation of Consciousness. Wilber, K., Engler, J., Brown, D., Eds. Shambala, Boston, 1986.

[56]　　Epstein, M., Lieff, J. Psychiatric Complications of Meditation Practice. In Transformation of Consciousness, Shambhala, Boston, 1986.

[57]　　Epstein, M., Meditative Transformations of Narcissism. J. Transpersonal Psychology. 118, 143-158, 1986.

[58]　　Epstein, M., Thought without a thinker : Psychotherapy from a Buddhist Perspective. Basic Books, 1995.

[59]　　Fenichel, O. problems of Psychoanalytic technique. Psychoanalytic Quaterly. New York, 1941.(『精神分析技法の基本問題』安岡誉 譯, 金剛出版, 1988).

[60]　　French, A. P., Schmid, A.C. Transcendental Meditation, Altered Reality Testing and Behavioral Change. Journal of Nervous and Mental Disease, 161(1), 55-58, 1975.

[61]　　Freud, S. Analysis of a phobia in a five-year old boy. In J. Strachey(Ed. and Trans.), The standard edition of the complete psychological works of Sigmund Freud. London: Hogarth Press, 1955.(原典は1999).(「ある五歳兒の恐怖症分析」『フロイト著作集 5』高橋義孝ほか 譯, 人文書院, 1969).

[62]　　Freud, S. Recommendations to physicians practising psychoanalysis. In J. Strachey (Ed. and Trans.), The standard edition of the complete psychological works of Sigmund Freud. London : Hogarth Press, 1958.(原典は1912).(「分析醫に對する分析治療上の注意」『フロイト著作集 9』小此木啓吾 譯, 人文書院, 1983).

[63]　　Gendlin, E. T. focusing. Bantam Books, Inc., New York, 1981.(『フォーカシング』村山正治·都留春夫·村瀬孝雄 譯, 福村出版, 1982).

[64]　　Girodo, M. Yoga Meditation and Flooding in the Treatment of Anxiety Neurosis. J. Behav. Ther. & Exp. vol.5(157-160), 1974.

[65]　　Godman, D. (ed). Be as you are: The Teachings of Sri Ramana Maharshi. New York: Arkana, 1985.

[66]　　Goleman, D. Meditation and consciousness: An Asian Approach to Mental Health. Am. J.

Psychotherapy., 30: 41-54, 1976.

[67]　Habermas, J. 『コミュニケイション的行爲の理論』(上·中·下), 河上倫逸·藤沢賢一·丸山高司ほか 譯, 未來社, 1985-87.

[68]　Halstead M. T., Mickely J.R. Attempting to Fathom the Unfathomable : Descriptive Views of Spirituality. Seminars in Oncology Nursing. vol.13(4), 225-230, 1997.

[69]　Harman, W. Old Wine in New Wineskins. in J. Bugental. ed. Challenges of Humanistic psychology, New York; McGraw-Hill, 323, 1962.

[70]　Heath. H. The Maturing Person. in Beyond Health and Normality: Explorations of Exceptional Psychological Wellbeing. New York, Van Nostrand Reinhold, 1983.

[71]　Honsberger, R. The Effect of Transcendental Meditation upon Bronchial Asthma. Clinical Research, 21:368, 1973.

[72]　平林直次·飯森眞喜雄 「ターミナルケアにおけるスピリチュアルケアの必要性」 總合病院精神醫學, 卷10(1), 55-59, 1998.

[73]　Honey, K. Neurosis and Human Growth. W. W. Norton & Co. Inc.: New York, 1950.(『自己實現の鬪い』対馬忠 監修, アカデミア出版社, 1986).

[74]　Iron, P. E. Spiritual issues in death and dying for those who do not have conventional religious belief. Doka KJ, Morgan JD(ed.). Death and Spirituality. Baywood Publishing Company, New York, 93-112, 1993.

[75]　James, W. Psychology: Briefer Course. 1892.(『心理學』(上·下) 今田寬 譯, 岩波文庫, 1992.

[76]　Jung, C. G. Die Grosse Befreiung: Einfuhurung in den Zen Buddhismus, Leipzig, 1939. (「禪の瞑想」『東洋的瞑想の心理學』湯浅泰雄·黒木幹夫 譯, 創元社, 1983).

[77]　Jung, C. G. A psychological commentary: The Tibetan Book of the Great Liberation. Oxford, 1954.(「チベットの大いなる解脱の書」『東洋的瞑想の心理學』 湯黒泰雄·木幹夫 譯, 創元社, 1983).

[78]　Jung, C. G. Collected works vol.11. Psychology and Religion: West and East. London: Routledge, 1958.

[79]　Jung, C. G. Two Essays on Analytical Psychology. Bollingen Foundation Inc. New York, 1966.

[80]　Jung, C. G. Memories, Dreams, Reflections. New York, Random House Inc, 1963.(『ユング自傳-思い出·夢·思想』河合準雄·藤縄昭·出井淑子, みずの書房, 1972).

[81]　Jung, C. G. On psychic Energy. The Collected Works of C. G. Jung, vol. 8, Princeton University Press, 1975.

[82]　Kabat-Zinn, J. Full Catastrophe Living. Dell Publishing, NY., 1990.(『生命力がよみがえる瞑想健康法』春木豊 譯, 實務敎育出版, 1993).

[83]　Kabat-Zinn, J. Effectiveness of a Meditation-Based Stress Reduction Program in the Treatment of Anxiety Disorders. Am. J. Psychiatry 149, 7, 936-943, 1992.

[84]　Kabat-Zinn, J. An Outpatient Program in Behavioral Medicine for Chronic Pain Patients Based on the Practice of Mindfulness Meditation: Theoretical Considerations and Preliminary Results, General Hospital Psychiatry 4, 33-47, 1982.

[85]　Karasu TB. Spiritual psychotherapy. Am. J. Psychother. Spring 53(2), 143-162, 1999.

[86]　Kass J., Friedman R., Lesserman J., et al. Health outcomes and a new Index of Spritual Experience. J. Scientific study Religion. vol.30, 203-211, 1991.

[87]　　　Kenndy, R. Self-induced Depersonalization Syndrome, Am. J. Psychiatry, 133(11), 126-1328, 1976.

[88]　　　北本佳子 「障害者に對す福祉專門職の援助の方向 －ソーシャルワークにおける自己覺知概念の展開から」 リハビリテーション研究, 87, 25-29, 1996.

[89]　　　Kohr, R. Dimentionality in Meditative Experience. J. Transpersonal Psychology, 9(2), 193-203, 1977.

[90]　　　Kornfield, J. Living Buddhist Master. University Press, Santa Cruz, CA, 1977.

[91]　　　Kubler-Ross, E. On Death and Dying. Mcmillan Company, 1969.(『死の瞬間 －死にゆく人々との對話』 川口正吉 譯, 読売新聞社, 1971).

[92]　　　窪寺俊之 「末期患者の靈性アセスメント」 キリスト敎主義敎育, 24, 127-151, 1996

[93]　　　kutz, I., Borysenko, J. Z., Benson, H. Meditation and psychotherapy: A Rationale for the Integration of Dynamic Psychotherapy, Am. J. Psychiatry. 142, 1-8, 1985.

[94]　　　Kutz, I., Borysenko, J. Z., Benson, H. Meditation as an Adjunct to Psychotherapy : An Outcome Study, Psychother. Psychosom. 43, 209-218, 1985.

[95]　　　Langer, E., Blank, A., Benzion, C. The Mindfulness of Ostensibly Thoughtful Action: The Role of Placebic Information on Interpersonal Interaction. Journal of Personality and Social Research 36, 635-642, 1978.

[96]　　　Langer, E., Playing the Middle Against Both Ends. The Usefulness of Adult Cognitive Activity as a Model for cognitive Activity in childhood and Old Age. in Yussen, S.(ed.). The Development of Reflection. New York, Academic Press, 1982.

[97]　　　Langer, E., The Psychology of control. Beverly Hills, Calif. Sage, 1983.

[98]　　　Lazarus, A. A. Psychiatric Problems Precipitated by Transcendental Meditation. Psychological Reports. 10, 39-44, 1976.

[99]　　　Levine, S. Healing into Life and Death. Double day, NY. 1987.(『癒された死』 高橋裕子 譯, VOICE, 1993).

[100]　　　Lukoff D. The importance of spirituality in mental health. Altern Ther Health Med. Nov; 6(6), 81-87, 2000.

[101]　　　Maslow. A. Toward a Psychology of Being. (2nd ed.). Prinston: Van Nostrand, 1968.

[102]　　　Maslow, A. The Further reaches of Human Nature. Viking Press, 1971.(『人間性の最高價値』 上田吉一 譯, 誠信書房, 1973).

[103]　　　Mathers, E. W., Zevon, M. A,. et al., Peak Experience Tendencies: Scale Development and Theory Testing. J. Humanistic Psychology., 22, 92-108, 1982.

[104]　　　McDonald, K. How to Meditate. Wisdom Publications, 1984.(『チベットメディテーション―チベット佛敎の瞑想法』 ペマ·ギャルポ·鹿子木大士郎 譯, 日中出版, 1992).

[105]　　　水野弘元 『佛敎の基礎知識』 春秋社, 1971.

[106]　　　Mora, G. Recent American Psychiatric Developments, in American Handbook of Psychiatry. New York; Basic Books, 1960.

[107]　　　Murphy, M., Donovan, S. contemporary Meditation Research; A Summary of the Field with a Bibliography of 926 Entries, The Esalen Institute Transformation Project, San Francisco, 1985.

[108]　　　Murphy, M., Donovan, S. The Physical and Psychological Effects of Meditation. Esalen Institute, 1988.

[109]　　　Naess, A. Self-Realization: An Ecological Approach to Being in the World. The

Trumpeter 4(3), 35-42, 1987.

[110] 中村元『自己の探求』青士社, 1987.

[111] 中里至正·松井洋(編著)『異質な日本の若者たち —世界の中高生の思いやりの意識』ブレーン出版, 1997.

[112] 西村惠信『己事究明の思想と方法』法藏館, 1983.

[113] Noble, K. D. Psychological Health and the Experience of Transcendence. The Counseling Psychologist, 15, 601-614, 1987.

[114] Odajnyk. W. V. Gathering the Light: A Psychology of Meditation. Shambhala, 1993.(『ユング心理學と瞑想』湯浅泰雄 監譯, 安藤治·是恒正達 譯, 創元社, 1997).

[115] Ornstein, R. The Psychology of Consciousness. San Francisco, W. H. Freeman, 1972.

[116] Osis, K., Bokert, E. Dimentions of the Meditative Experience. J. Transpersonal Psychology, 5. 109-135, 1973.

[117] Otis, L. Adverse Effects of Transcendental Meditation. In D. H. Shapiro, R. N. Walsh(Ed.), Meditation: Classic and Contemporary Perspectives, New York: Aldine, 1984.

[118] Otto, R. Das Heilinge. 1939.(『聖なるもの』山谷省吾 譯, 岩波文庫, 1968).

[119] Parry, S. J., Jones, R. G. Beyond Illusion in the Psychotherapeutic Enterprise. In Beyond Therapy. Claxton, G. (ed.). Wisdom Publications, London, 1986.

[120] Patel, D.H. Twelve-month follow up of Yoga and Biofeedback in the Management of Hypertension. Lancet, 1, 62-65, 1975.

[121] Perls, F. Gestalt Therapy Verbatim. Lafayette, Calif. REal People Press, 124, 1969.

[122] Perls, F.S. The Gestalt approach and Eye Witness to Therapy. Science and Behavior Books Inc., 1973.(『ゲシュタルト療法』倉戸ヨシヤ 監譯, ナカニシヤ出版, 1990).

[123] Post-White J, Ceronsky C, Kreizer M, et al. Hope, spirituality, sense of coherence, and quality of life in patients with cancer. Oncol. Nurs. Forum 23, 1571-1579, 1996.

[124] Principe W. Toward defining spirituality: Sciences Religious Studies in Religion. 127-141, 1983.

[125] Puchalski CM, Larson DB. Developing Curricula In Spirituality and Medicine. Academic Medicine, vol. 73(9), 970-974, Sep.1998.

[126] Rank, O. Will Therapy and Truth and Reality. New York, Knopf, 1936.

[127] Reibel, D. K., Greeson, J. M., Brainar, G. C., Rosenzweig, S. Mindfullness-based stress reduction and health-related quality of life in a heterogenous patient population. General Hospital Psychiatry. 23(4), 2001.

[128] Rogers, C. R. The Necessary and Sufficient Conditions of Therapeutic Personality Change. In Journal of Consulting Psychology. 21, 95-103, 1957.(「パースナリティ變化の必要にして十分な條件」伊藤博 編譯『サイコセラピーの過程』〈ロジャーズ全集　第4巻〉岩崎學術出版, 1966).

[129] Rogers, C. R. A Theory of Therapy, Personality and Interpersonal Relationships as developed in the Client Centered Framework. In Koch, S.[ed.]. Psychology: A study of Science. vol.III, McGraw-Hill, 1959.(「クライエント中心療法の立場から發展したセラピー, パースナリティおよび對人關係の理論」伊藤博 譯編『パースナリティ理論』〈ロジャーズ全集 第8巻〉岩崎學術出版, 1967).

[130] Roth B. Creaser T. Mindfulness meditation-based stress reduction: experience with a bilingual inner-city program. Nurse Practitioner. 22(3), 150-152, 1997.

[131]   Rothberg D. The Crisis of Modernity and the Emergence of Socially engaged Spirituality. Revision, vol.15, 105-114, 1993.

[132]   Rothman, J. C. The Self Awareness Workbook for Social Workers, Allyn & Bacon, 1999.

[133]   Russel, E. W. Consciousness and the Unconsciousness: Eastern Meditative and Western Psychotherapeutic Approaches. J. Transpersonal Psychology, 18(1) ; 51-72, 1986.

[134]   Russel, R. Report on Effective Psychotherapy and Legislative Testimony. Lake Placid, N. Y.: Hilgarth Press, 1981.

[135]   Salkovskis, P. M. JONES, D. R. Respiratory Control in the Treatment of Panic Attacks: Replication and Extension with Concurrent Measurement of Behavior and pCO_2. Brithish J. Psychiatry, 148(526-532), 1986.

[136]   Schuyler, D. A Practical Guide to Cognitive Therapy. W. W. Norton New York, 1991.(『シュ ーラーの認知療法入門』 高橋祥友 譯, 金剛出版, 1991).

[137]   Scotton, B. W., Chinen, A. B., Battista, J. R.(ed.). Textbook of Transpersonal Psychiatry and Psychology. Basic Books, New York, 1996.(『テキスト／トランスパーソナル心理學 ・精神醫學』安藤治・池沢良郎・是恒正達 譯, 日本評論社, 1999).

[138]   Shafii, M. Adaptive and Therapeutic Aspects of Meditation. Int. J. Psychoanal., 54, 431-443, 1973.

[139]   Shafii, M., Lavel, R., Jaffe, T. Meditation and the Prevention of Alchohol abuse. Am. J. Psychiatry., 132, 942-945, 1975.

[140]   Shafranske E. P., Gorsuch R. L. Factors associated with the Perception of Spirituality in Psychotherapy. Journal of Transpersonal Psychology, vol.16(2), 1984.

[141]   Shapiro, D. H., Zifferblatt. Zen Meditation and Behavioral Self-control: Similarities, Differences, and Clinical Applications. Am. Psychologist, 31, 519-532, 1976.

[142]   Shapiro, D. H., Zifferblatt, S. M. An applied Clinical Combination of Zen Meditation and Behavioral Self-control Strategies: Reducing Methadone Dosage in Drug Abuse. Behavior Therapy, 7, 694-695, 1976.

[143]   Shapiro, D. H. Zen Meditation and Behavioral Self-control Strategies applied to a case of generalized Anxiety. Psychologia, 9(3): 134-138, 1976.

[144]   Shapiro, D. H., Zen Meditation: Self-regulation Strategy and Altered Consciousness. New York, Aldine, 1980.

[145]   Shapiro, D. H. Overview: Clinical and Physiological Comparison of Meditation with other Self-control Strategies. Am. J. Psychiatry. 139(3), 267-274, 1982.

[146]   Siegel, B. S. Peace, Love & Healing: Bodymind communication and the Path to Self-healing. Harper Collins, 1989.(『シーゲル博士の心の健康法』新潮文庫, 1993).

[147]   Simonton, C. Getting Well Again. J. P. Tarcher, Los Angeles, 1978.(『ガンのセルフ・コン トロール －サイモントン療法の理論と實際』近藤裕 監譯, 創元社, 1982).

[148]   巢元方 『諸病源候論』 牟田光一郎 譯, 南京中醫學院校, 綠書房, 1988.

[149]   Speca, M., Carlson, L., Goodey, E., Angen, M. A randomized wait-list controlled clinical trial : The effect of a mindfulness meditation-based stress reduction program on mood and symptoms of stress in cancer outpatients. Psychosomatic Medicine. 62, 613-622, 2000.

[150]   Stiles, W. B., Shapiro, D. A., Elliot, R. "Are All Psychotherapies Equal?" in American Psychologist. February 1986.

[151]   Stroebel, C., Glueck, B., Passive Meditation : Subjective and Clinical comparison with Biofeedback. In G. Schwartz, D. Shapiro(ed.) Consciousness and Self-regualtion. New York: Plenum, 1977.

[152]   Suzuki, D. T., From, E., Martino, R, D. Zen Buddhism and Psychoanalysis. Harper & Brothers. 1960.(『禪と精神分析』小堀宗柏·佐藤幸治·豊村左知·阿部正雄 譯, 東京創原社, 1960).

[153]   鈴木大拙『日本的靈性』岩波文庫, 1972.

[154]   Trungpa, C. Transcending Madness. Boston, Shambhala, 1992.

[155]   Tulpule, T. E. Yogic Exercises in the Management of Ischemic Heart Diseases. Indian Heart Journal, 23, 259-264, 1971.

[156]   Turner RP, Lukoff D, Barnhouse RT, et al. Religious or spiritual problem: Aculturally sensitive diagnostic category in the DSM-IV. J. Nerv. Ment. Dis. 183, 435-444, 1995.

[157]   植木雅俊『マザー·テレサと菩薩の精神 —佛敎の論理觀を求めて』中外日報社, 1977.

[158]   Vella-Brodrick DA., Allen FCL. Development and psychometric validation of the Mental, Physical, and Spiritual Well-being Scale. Psychol Rep. 77, 659-674, 1995.

[159]   Walley, M. R. Applications in Mental Health Care. In Beyond Therapy. Claxton, G. (Ed.). Wisdom Publications, London, 1986.

[160]   Walsh, R. N., Roche, L. Precipitation of acute Psychotic Episodes by Intensive Meditation in individuals with a History of Schizophrenia. Am. J. Psychiatry. 136(8), 1085-1086, 1979.

[161]   Walsh, R. A Model for Viewing Meditation Research. J. Transpersonal Psychology, 14(1), 69-84, 1982.

[162]   Walsh, R. The Ten Perfections: Qualities of the Fully Enlightened Individual as Described in Buddhist Psychology. in Beyond Health and Normality: Explorations of Exceptional Psychological Wellbeing. New York, Van Nostrand Reinhold, 1983.

[163]   Walsh, R. Staying Alive: Psychology of Human Survival. Shambhala, 1987.

[164]   Walsh, R., Vaughan, F.(ed.). Path beyond Ego. J. P. Tarcher, 1994.

[165]   Walsh, R. The Problem of Suffering: Existential and Transpersonal Perspectives. The Humanistic Psychologist, 23, Autumn 1995.

[166]   Washburn, M. The Ego and the Dynamic Ground. SUNY Press, 1995.(『自我と力動的基盤』安藤治·是恒正達·高橋豊 譯, 雲母書房, 1997).

[167]   Waterman, A. Individual and Interdependence. American Psychologist, 36, 762-773, 1981.

[168]   Watson, G. The Resonance of Emptiness. Curzon Press, 1998.

[169]   Watts, A. Psychotherapy East and West. Pantheon Books, 1961.(『心理療法 東と西』滝野功 譯, 誠信書房, 1985).

[170]   Weber, M. 『資本主義の倫理とプロテスタンティズムの精神』大塚久雄 譯, 岩波文庫, 1989.

[171]   Wellwood, J. The Psychology of Awakening: Buddhism, Psychotherapy and the Path of Personal and Spiritual Transformation. Boston: Shambhala, 2000.

[172]   WHO. Cancer pain relief and palliative care. WHO technical report series No. 804, 1990.(『がんの痛みからの解放とパリアティブ·ケア』武田文和 譯, 金原出版, 1993).

[173]   Williams, A., Kolar, M., Regar, B. E., Pearson, J. C. Evaluation of a wellness-based mindfulness stress reduction intervention: A controlled trial. American Journal of

Health Promotion. 15(6), 422-432, Jul-Aug, 2001.

[174]　Wilber, K. The Spectrum of Consciousness. Wheaton; Theosophycal Publishing House, 1977.(『意識のスパクトル1·2』吉福伸逸·菅靖彦 譯, 春秋社, 1985,86).

[175]　Wilber, K. The Atman Project. Theosophycal Publishing House, 1980.(『アートマン·プロジェクト』吉福伸逸ほか 譯, 春秋社, 1986).

[176]　Wilber, K. Eye to Eye : The Quest for the New Paradigm. New York, Anchor Press, 1983.(『眼には眼を』吉福伸逸ほか 譯, 靑士社, 1987).

[177]　Wilber, K. A Sociable God: A Brief Introduction to a transcendental Sociology. Boston and London, Shambhala, 1983.(『構造としての神 －超越的社會學會入門』井上章子 譯, 靑士社, 1984).

[178]　Wolman, T. Can East and West Meet in Psychoanalysis? Am. J. Psychiatry, 142, 1227-1228, 1985.

[179]　Woolfolk, R. Carr-Kaffashan, L., Mcnulty, T. F. Meditation Training as a Treatment for Insomnia. Behavior Therapy, 7(3), 359-366, 1976.

[180]　Wuthnow, R. Peak Experience : Some Empirical Tests. J. Humanistic Psychol. 18, 59-75, 1978.

[181]　湯滝泰雄 『日本人の宗敎意識 －習俗と信仰の底を流れるもの』 名著刊行會, 1981.

심리치료와 불교

선과 명상에 대한 심리적 이해와 적용

2010년 8월 30일 초판 1쇄 발행
2025년 2월 28일 초판 9쇄 발행

지은이 안도 오사무 • 옮긴이 인경 스님 · 이필원
발행인 박상근(至弘) • 편집인 류지호 • 편집이사 양동민
편집 김재호, 양민호, 김소영, 최호승, 정유리 • 디자인 쿠담디자인
제작 김명환 • 마케팅 김대현, 김대우, 이선호, 류지수 • 관리 윤정안
콘텐츠국 유권준, 김희준
펴낸 곳 불광출판사 (03169) 서울시 종로구 사직로10길 17 인왕빌딩 301호
　　대표전화 02) 420-3200 편집부 02) 420-3300 팩시밀리 02) 420-3400
　　출판등록 제300-2009-130호(1979. 10. 10.)

ISBN 978-89-7479-584-9(03220)

값 20,000원

독자의 의견을 기다립니다. www.bulkwang.co.kr
잘못된 책은 바꾸어드립니다.
불광출판사는 (주)불광미디어의 단행본 브랜드 입니다.